晚年杜月笙

1 | 2
3 |
4

1. 旧上海三大亨：杜月笙（左）、张啸林（中）与黄金荣（右）
2. 黄金荣
3. 上海滩闻人聚会
4. 各界名流参加杜氏祠堂落成典礼

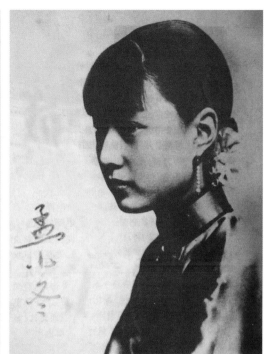

1	2
3	4

1. 沈月英

2. 孟小冬

3. 杜月笙与孟小冬结婚照

4. 杜月笙任世界书局董事

1
——
2

1. 杜氏祠堂
2. 杜月笙墓

民国枭雄
杜月笙

巫解 著

作家出版社

图书在版编目（CIP）数据

民国枭雄：杜月笙 / 巫解 著 . — 北京：作家出版社，2024.3
ISBN 978-7-5212-2705-5

I. ① 民… II. ① 巫… III. ① 杜月笙（1888-1951）- 传记
IV. ① K828.9

中国国家版本馆 CIP 数据核字（2024）第 018272 号

民国枭雄：杜月笙

作　　者：巫　解
责任编辑：丁文梅
装帧设计：小贾设计
出版发行：作家出版社有限公司
社　　址：北京农展馆南里 10 号　　　邮　　编：100125
电话传真：86-10-65067186（发行中心及邮购部）
　　　　　86-10-65004079（总编室）
E-mail:zuojia@zuojia.net.cn
http://www.zuojiachubanshe.com
印　　刷：唐山嘉德印刷有限公司
成品尺寸：152×230
字　　数：360 千
印　　张：21.5
版　　次：2024 年 3 月第 1 版
印　　次：2024 年 3 月第 1 次印刷
ISBN 978-7-5212-2705-5
定　　价：52.00 元

目 录

Contents

第一章
少年立志出乡关

历史是逝去的今天，今天是明天的历史。从这个角度看，一切过去和未来，都是当下。

站在当下，可以检阅时光链条的任何一个节点，以及这个节点上的每一个人物。接下来，我将把这个节点定在公元一八八八年，人物是杜月笙。

于是，时光飞速逆流，带着我们回到并不遥远的一八八八年。

一八八八年，正是清末光绪十四年。此时的大清王朝已经病入膏肓，风雨飘摇中随时都有崩塌的可能。

这一年，中国大地上发生了很多事——京城、山东、东北奉天等地都发生了不同程度的地震，而安徽怀宁等地则遭遇了水灾。另外，首任台湾巡抚刘铭传正式上任，台湾省正式建立。

如果这些都不算什么的话，那另外两件事大概可以算是大事了——一八八八年十二月十七日，北洋水师在山东威海卫的刘公岛正式成立。几乎同一时间，慈禧老佛爷一声令下，开始大肆修葺供她消暑的颐和园。

本来，这两件事不该发生交叉，但充满戏剧性的是，修葺颐和园所用的三千万两白银，是以海军经费的名义筹措的。也就是说，本该拨给北洋水师的军饷，被挪用到了颐和园的建造上。

这两件事合在一起，就成了清王朝灭亡前的一件大事。而此时，内忧外患的清王朝距离它最后的葬礼只剩下区区二十三年了。

总之，这是一个乱世。所谓乱世，必是充满了变数的年代。既有变数，就会有英雄、枭雄粉墨登场，大展手脚。

杜月笙，可谓生逢其时——这年的八月二十二日，在上海浦东高桥镇的一栋旧房里，杜月笙呱呱坠地。接生婆看了看这个不起眼的小肉疙瘩，平平常常，毫无特色。她洗了把手，接过杜家微薄的酬金，连声喜都没道，就颠着小脚回家去了。她不会想到，这个出生于贫困之家的小娃娃，日后会飞黄腾达、八面威风，几乎把整个上海滩玩弄于股掌之上。

这也不能怪接生婆有眼无珠。与大多数非凡之人出生时的盛况不同，杜月笙生得太普通了，既无神物驾临，也无红光满室，他的母亲更没有梦到月亮、太阳、星星之类的星球坠入怀中——而这些异兆，历来被当作传奇人物的人生起点。细细琢磨，有点类似赢在了起跑线上的感觉。

不过，如果一定要寻找特别的地方，那就是这一天正好是阴历七月十五，民间俗称的"鬼节"。所以，这个孩子一出生，家人都说他带有一身鬼气。尽管如此，幼小的杜月笙还是给家庭带来了无尽的欢乐。

杜文卿是杜月笙的父亲，这个老实巴交的中年汉子，一直在为生活努力奔波着。他曾在茶馆当过跑堂，也在码头做过丁役，后来终于有了点本钱，就与人合作在几十里外的杨树浦开了一家小小的米店，但时势艰难，买卖越来越不好做。

杜月笙的母亲朱氏，靠着给有钱人家洗洗衣服，有点微薄的收入，辛苦持家。但屋漏偏逢连夜雨，就在杜月笙刚满周岁的时候，朱氏病了。没办法，朱氏只好抱着襁褓中的杜月笙，步行几十里，去投奔在杨树浦开米店的丈夫。

可是，杜文卿米店的情形，也好不到哪里去。店中存下的陈米，早已卖了出去，而米价却一天天见涨，卖米的这些钱，根本就买不来多少新米。

眼看着一天比一天难以为继，偏偏这时候妻子和儿子又来了，而且朱氏还有病在身。

面对这种情况，杜文卿更加忧愁。好不容易把朱氏的病治好，米店却眼看着开不下去了。于是，朱氏就和丈夫商议，进纱厂做工。当时，杨树浦有好几家纱厂，很多女子在里面做工。

谁知境况略略有所好转，就遭遇了不测风云——再次生育的朱氏因难产与世长辞。

看看刚刚死去的妻子，再看看刚来到这个人世的女儿，还有尚不懂事的儿子，杜文卿悲痛难抑，号啕大哭。哭完之后，他还得挺起脊梁，料理妻子的后事。杜文卿倾其所有为妻子买了一口白皮棺材，然后在亲人的帮助下，总算是把灵柩抬回了高桥镇。

朱氏的死，使杜文卿一下子苍老了许多。但他必须挺着，如果他死了，一对刚刚失去母亲的小儿女还能依靠谁呢？他把杜月笙和他的妹妹一同抱回杨树浦，三人相依为命。

对杜文卿来说，生活太艰难了——忍受着丧妻之痛不说，还要挣钱糊口，还得照顾年幼的孩子，他实在是支持不下去了。最后，在亲友的劝说下，为了给三人都留条活路，他只好忍痛把女儿送给了别人。

这件事在杜月笙幼小的心灵中留下了什么印记，我们不得而知。但可以猜想到的是，从那一刻起，他对生活的感受肯定不再布满阳光。

许多年后，沧海桑田，杜月笙成为名动全国的知名人士之后，曾千方百计寻找这位胞妹，但直到他逝世，骨肉团圆的愿望也没能实现。也许，那个襁褓中的孩子早就夭折了。

众生皆苦，我佛慈悲。生活之残酷无情，对谁都是一样的。

一八九二年，杜月笙四岁。这一年，不幸再次降临到这个明日大亨的身上。这年冬天，杜文卿突然染病，尚不及医治，便一命呜呼了。

所幸的是，杜月笙的生母辞世以后，杜文卿又续弦张氏。这才使父母双亡的杜月笙有了一个扶持他的继母。张氏为人善良、知书达理，对待杜月笙如同己出。

杜文卿辞世后，生活的重担就全压在张氏身上了。沉默寡言的张氏，此时无比坚强。她一边照料着杜月笙，一边设法为杜文卿筹备衣衾棺木。一切办理妥当后，母子俩一身孝服，哭着扶柩还乡。

和杜月笙生母死时一样，此时这娘俩也无钱埋葬杜文卿。她带着杜月笙，把杜文卿的棺材放在朱氏的旁边，然后也用稻草覆盖。

这两口棺材在那条田埂上放置了许多年。数年后，不知为何，两口棺材之间长出一棵黄杨树，枝繁叶茂，盖住了那两口棺材。

二十多年后，杜月笙已经成为名动一时的上海滩大亨。此时，他最大的心愿就是好好把父母安葬了，以慰他们的在天之灵。可是，杜月笙一生笃信风水。迁葬父母这样的大事，他当然得找风水先生看看。结果，几位风水先生看后都告诫杜月笙，那两口棺材万万不能乱动，否则风水就会被破坏，尤其是那棵黄杨树，关系到杜氏后代的命运，一定要保护好。杜月笙听信了风水先生的劝告，直到后来，他在高桥镇建起杜氏宗祠后，也没有把父母的灵柩下葬。

张氏领着杜月笙料理好杜文卿的丧事后不久，又回到了杨树浦，独自支撑门户，继续开杜文卿遗留下的米店，以资度日。

一八九三年，杜月笙五岁，张氏在极度贫困的情况下，勒紧裤腰带，把他送进了一家私塾，让他启蒙读书。

第二年，由于社会局势的恶化，张氏拼命维持着的米店还是没能支撑下去，只好关门停业。此时，走投无路的张氏，带着六岁的杜月笙又回到高桥镇。

回到高桥镇后，杜月笙母子一度失去了生活来源。幸好张氏吃苦耐劳，起早贪黑为人洗衣服，赚几文钱，聊以度日。尽管境遇如此艰苦，张氏还是节衣缩食，每月拿出五角钱，把杜月笙送到另一家私塾读书。一连读了三个月，到第四个月时，张氏实在拿不出钱来交学费了，她抱着杜月笙痛哭了一夜。

杜月笙从此辍学回家。

俗话说："福无双至，祸不单行。"杜月笙八岁那年，更致命的打击又降临到了他的头上——把他视若己出的继母张氏突然失踪了。

当时，在浦东一带有一个叫蚁媒党的流氓组织非常猖獗。他们声势浩大、行径卑劣，专打弱小女子和年轻寡妇的主意，先是对其威逼利诱，一旦得逞后，要么逼其改嫁他人，要么直接卖进青楼。

有人猜测，张氏也许是被蚁媒党所拐，但杜月笙尚在年幼，家中又无他人，根本无法调查追究，只好不了了之。

此外，也有人说，张氏可能因为不堪生活的重负，自己跑了。

反正，不管怎么说，张氏是活不见人、死不见尸。而杜月笙从此彻底变成了无依无靠的孤儿，流落街头，加入了高桥镇野孩子的行列，整天在茶馆、赌棚间流走，东家一顿，西家一顿，聊以活命。

后来，好在他还有个亲人，就是生母朱氏的母亲——他的外婆，收留了这个孤苦伶仃、饥寒交迫的孩子，给了他一个容身之所。

生活虽暂时安定下来，但杜月笙却早就成了一个野孩子。十三岁那年，他加入了当地的一个小团伙。团伙里都是一群游手好闲的少年，他们有的偷、有的骗、有的赌。

近朱者赤，近墨者黑。在这些人的熏染下，杜月笙开始偷东西拿出去卖掉，再用这些钱去赌博。

赌钱，永远是输多赢少，所谓"十赌九输"就是如此。一旦输红了眼，什么事情都做得出来。

一次，杜月笙在赌场里输完最后一个铜板后，依依不舍地走了出去。可就在快走出门口的时候，听到赌场里头吆五喝六的声音，身体里一股原始的狠劲涌了上来。

他走回刚才的赌台，对着老板说："我再赌五个铜板。"

老板不客气地说："小叫花子，你还有钱赌吗？"

杜月笙伸手从裤腰带里摸出一把刀子，扎在赌桌上，瞪着血红的眼睛说："我的右手小拇指，值不值五个铜板？"

也许是被小小年纪的杜月笙这种杀气给镇住了，老板同意再让他赌一把。

结果，他又输了。

一看自己又输了，他可不能真的把小拇指头留在这里，于是转头就朝门口跑去。可赌场里的打手岂能让他轻松逃脱，一把就把他抓了回来。

杜月笙心想，这回完了，弄不好小拇指头就得留在这了。可他神情却相当自然，看不出一点波澜。

"难道你不怕我剁你手指？"赌场老板再次被这个孩子的气势镇住了。

"愿赌服输，爷爷今天就把它留你这儿了。"也不知是哪里来的这股子血性，说着，杜月笙把右手小拇指伸了出来。

赌场老板哈哈一笑，说："我要你个手指头有何用？给老子把这个小兔崽子的衣服剥下来！"然后他又说了一句，"这衣服是你欠我的五个铜板，留下衣服赶紧给老子滚！"

打手三下五除二，将杜月笙的小褂子、小裤子通通扒了下来。然后，在他的小屁股上重重地扇了一巴掌，大声呵斥道："滚吧！"

杜月笙不想就这么离开，毕竟被人扒光可不是一件光彩的事。他在想，如何才能把衣服抢回来，哪怕只是抢回一条裤子也好啊，至少可以遮羞。但打手根本不给他这个机会，而是一个劲儿地往外轰他，"快点给老子滚！"

杜月笙一看没办法，只好悻悻地走出门去。

在门口外，估摸着打手们追不上的时候，杜月笙突然停住，朝着赌棚内大骂道："×你姥姥的，总有一天，我会让你们跪在老子面前磕头求饶。"

从这件事上我们可以发现，十三岁的杜月笙已经开始表现出了他日后借以闯荡上海滩的重要素质——一种傲视群雄、蛮横霸道的狠劲。以后无论是对金钱、欲望、社会地位的追逐，还是情感世界中的猎取，杜月笙始终都带着这股在高桥镇练就的狠劲。

骂完后，杜月笙大大咧咧地朝家中走去。

杜月笙到家的时候，一家人正在吃午饭。首先看到他的是舅父。舅父见他光溜溜地回来，心中的气不打一处来，一步冲上去，狠狠地拧着他的耳朵问："小兔崽子，你又闯什么祸了？"

杜月笙既不喊疼，也不回答，任凭耳朵在舅父的手里变成了麻花。

这种无声的反抗让舅父的怒火更加旺盛，舅父手上的力道更重了，仿佛下一秒钟杜月笙的耳朵就会离开他的身体。

可任凭舅父多么用力，杜月笙就是不搭腔。

这下轮到舅父害怕了，真要把外甥的耳朵拧下来，那就麻烦了。想到这，他不甘心地松开了手，朝着杜月笙大吼道："你赶紧滚，滚得越远越好，永远别再回来。"

其实，即使舅父不赶他，杜月笙也不想在高桥镇继续胡混下去了，他知道在这个破地方不会有什么大出息。不远处的大上海，五花八门、五光十色，那里才是男儿大显身手的地方。打定主意后，他决定跟自己唯一的亲人外婆告个别。然后，边走边讨饭，一路讨进上海。

在老外婆眼里，此番离别，恐怕是再也不会见面了。回想起杜月笙坎坷的身世，老外婆心中一酸，忍不住热泪盈眶。

临别时，老外婆从身上摸出几个铜板，连着请乡邻写的一封介绍信一块儿塞在杜月笙的小包袱里，再将包袱挂在他的肩上，老泪纵横地说："孩子，以后外婆就不在你身边了，全靠你自己照顾自己啦。"

杜月笙也早已泪流满面。他转过身，扑通跪倒在地，给老人磕了三个响头，然后哭着说："外婆，若以后不能风风光光回家，我发誓永远不再踏进高桥镇半步！"说完，他起身走上船头跳板，扭过头去，不再看自己的故土半眼。

船开了。

这头，船头上立着一个倔强的少年，眼睛望着大上海的方向；那头，一位风烛残年的老人，立在凉风里，满脸泪痕。

出发了！日后翻转上海滩易如反掌的那个枭雄，即将初次迈进供他表演的那个十里洋场。

他在心里大喊："高桥镇，别了！上海滩，老子来了！"

第二章
水果行里做个小伙计

一九〇二年春天，杜月笙终于踏进了令众多冒险家魂牵梦绕的上海滩。此时，他只有十四岁。

杜月笙在上海滩的第一个落脚点，是位于十六铺的一家叫鸿元盛的水果行。这家店的老板是杜月笙老家一位邻居的亲戚。十六铺一带地处上海水陆交通要道，当时许多中外轮船公司都沿黄浦江建有码头，商贾云集，熙来攘往，甚是热闹。

见到老板后，杜月笙赶忙拿出外婆给的介绍信。老板看完信，又打量了一下杜月笙，觉得他身体虽不算强壮，但脑子看上去比较灵活，就收留了他，让他在店里当学徒。所谓学徒，就是听老板和师兄们使唤，跑跑腿、打打杂。不过，学徒只管吃住，没有工资，每月只有两块钱的零用钱。

最初的几个月，杜月笙老老实实待在店里，随时听候老板和师兄们的吩咐。他勤快，头脑又活络，总能将事情做得十分漂亮。渐渐地，他得到了老板的认可，开始受到重用。

鸿元盛做的是水果批发买卖，从更大的水果行或者直接从到码头的轮船进货，然后再转手批发给专门零售的水果行和小摊贩，从中赚取差价。

杜月笙得到老板的赏识后，开始参与码头接货和联系小水果行、小摊贩，很快就摸清了店里的经营方式，再加上他比较聪明能干，将兜揽生意做得蒸蒸日上。

从水果行的小天地里走出来后，杜月笙开始见识到了上海滩的丰富多彩。虽然这仅仅是大上海的小小一角，但这足以让从乡下来的杜月笙大开眼界。

十六铺的街道上，大烟馆、赌馆、花烟间应有尽有，鳞次栉比。其间，车夫、小贩、赌徒、小流氓等各色人等，鱼龙混杂。进入这个环境之后，杜月笙如鱼得水。之前，他虽然在水果行里老老实实地干活，但那不过是初到上海滩为了生存不得不为罢了。

杜月笙知道，外边的世界虽然精彩，此刻却还没有他的半点位置。不过他暗暗发誓，总有一天这江湖上会有属于他的名号。

此时，也许没人会理睬一个小小的水果行伙计的弥天梦想，但多年之后，他们眼睁睁地看着杜月笙把这个誓言变成了现实。

在外边跑了一段时间后，杜月笙很快就对十六铺的每条街道每个巷子都了若指掌。他发现有一个叫小东门的地方，特别有吸引力，因为那里有数不清的小赌摊和小赌馆。

杜月笙从小就有赌瘾，自从发现了这个好地方后，他潜藏已久的赌瘾被再次激发。只要一有机会，他就会跑到小东门一试身手。由于囊中羞涩，他只能在路边的小赌摊上玩玩掷色子，输赢不大，聊慰心瘾。

渐渐地，杜月笙就对此失去了兴趣。小打小闹不符合杜月笙的性格，于是他暗暗积攒零花钱，想到大一点的赌馆里去一试身手。

一天，杜月笙怀揣攒了许久的几块钱，钻进一家赌馆，玩起了推牌九。这是杜月笙的挚爱，直到他飞黄腾达，成为上海滩的大亨之后，依然对推牌九情有独钟。

这天，杜月笙的运气不错，到快要天黑的时候，他口袋里的钱已经翻了好几倍。眼看着天色已晚，水果行就要关门了，他只好忍痛收手，恋恋不舍地走出了赌馆。

不料，刚走出赌馆没多远，杜月笙就被几个专门敲诈陌生赌徒的小流氓给拦住了。

为首的一个敦实威武，一把扯住杜月笙的领子，说："小瘪三，知不知道这是谁的地盘，赢了钱就想走？赶紧把钱拿出来，哥几个饶你不死。"

杜月笙哪会那么容易就把到手的钱掏出来，他不软不硬地说："凭什么？"

为首的小流氓没想到今天碰上个硬茬儿，微微一笑道："凭什么？就凭爷爷的拳头硬。"说罢，他大手一挥，"给我打！"

他身后的几个小流氓听到命令后，一拥而上，瞬时，拳头、棍棒一齐朝杜月笙打来。

杜月笙也是打着架长大的，他一点都不畏惧，左冲右杀，与这帮小流氓混战成一片。无奈，对方人多势众，他不一会儿就被打翻在地，只有招架之功，没有还手之力了。

正在这个时候，忽然传来一个女人的声音："阿根啊，你们咋又跟人打架了？"

杜月笙一看来了救星，赶紧大喊："阿姐，救我啊！"

那几个小流氓一听杜月笙喊"阿姐"，马上都停了手。因为这个女人是附近一家小妓院的老鸨，其外号正是唤作"大阿姐"。杜月笙喊她"阿姐"，几个小流氓都以为他跟大阿姐有什么关系。

而大阿姐只看了杜月笙一眼，就打心眼里喜欢上了这个长相俊秀、眼神活泛的少年。于是，她继续跟那个叫阿根的说："都是自己人，干吗下手这么狠啊，瞧给打的。"

看起来大阿姐在阿根面前比较有威望，听到大阿姐的话后，阿根赶紧把杜月笙扶起来，抱拳说道："不知道是大阿姐的人，得罪了，得罪了。"

杜月笙打量了一番那个叫阿根的人，发现他身体强壮、勇猛过人，是个不凡的人物，于是有心结交于他，就把口袋里的钱全部掏出来，递到阿根的手里，说："刚才是兄弟我冒犯各位了，这点钱留给哥几个买酒喝。"

阿根见杜月笙如此豪爽，又当着大阿姐的面，哪里好意思要，便推托道："不能要，不能要。刚才得罪了兄弟，还没谢罪呢！这样，钱你收好，我们哥几个还要请你喝酒。"

杜月笙则坚持要把钱送给阿根。

这个时候大阿姐发话了，她接过杜月笙的钱，塞进他的兜里，说："钱你收回去，阿根你也不用请客。今天阿姐我做东，请你们吃酒，从今往后，你们就都是兄弟了。"

小哥几个都大声说好，一块儿跟着大阿姐朝她的小妓院走去。在路上，杜月笙悄悄地把钱塞到大阿姐手里，坚持要她收下。大阿姐拗不过他，就收下了。

席间，杜月笙得知，阿根本名顾嘉棠，原来是一名花匠，人称"花园阿根"。阿根不仅身体健壮，而且会武术，后来成了杜月笙的得力干将，为杜月笙扬名立万立下了不小的功劳。

同时，在大阿姐的授意下，杜月笙正式拜她为干妈。

当晚，喝完酒之后，杜月笙回到水果行时已经很晚了。不出所料，他被老板一阵训斥。杜月笙丝毫没在意，他知道水果行不是他的久居之地。之后，杜月笙的心越来越野，经常夜不归宿，老板看他不再专心干活，就干脆把他打发走了。

杜月笙从此无拘无束，开始流落街头，与那帮小兄弟们混在一起。

自由是有了，但自由的前提是得吃饱肚子。跟杜月笙混在一块儿的那些小混混，经常是吃了上顿没下顿，这让杜月笙很失望，但他又找不出生钱的门路。没办法，如此胡混了一段时间之后，他只好重新回到自己的老本行——卖水果。

恰好，自己在鸿元盛时的师兄王国生，自立门户，开了一家叫潘源盛的水果行。当初，杜月笙跟王国生的关系不错，他便找到王国生，希望能在潘源盛谋得一个差事。

王国生向来对杜月笙比较欣赏，认为他脑瓜聪明、讲义气，于是便收留了他，并对他礼遇有加。

杜月笙是个知恩图报的人，王国生这么对他，令他十分感动，他决定不再胡混，好好帮着王国生做生意。

杜月笙心思活泛，又讲义气，在他的帮助下，潘源盛的生意越来越好。王国生看在眼里、喜在心上，他跟杜月笙说："月笙啊，如此做下去，我敢打赌，不出两年，你也能独立门户，开一家自己的水果行。"

杜月笙的志向虽不在此，但听到王国生这么说，内心还是很高兴的，于是干起活来更加卖力。

如此过了数月。

直到有一天，杜月笙在外出要账的时候，碰着了顾嘉棠。

顾嘉棠一见杜月笙，立即埋怨道："好久不见了，是不是把兄弟们给忘了？"

杜月笙忙说："怎么会？只是最近手头的活太多，实在是忙不过来。"

"几个月不见，你变得这么老实了。"顾嘉棠看他一副诚实的模样，忍不住笑了。

杜月笙不好意思地嘿嘿一笑。

顾嘉棠接着说："我刚发了一笔小财，走，走，一块儿去试试运气。"

杜月笙知道，顾嘉棠是要拉他去赌博。之前，他已经下决心戒赌，所以刚开始杜月笙不肯，但实在拗不过顾嘉棠的盛情，就跟着去了。他想，就破这一次戒，下不为例。

但到了赌场后，杜月笙就像一匹脱缰了的马，一发不可收拾。他一赌就是三天两夜，直到把自己积攒的钱和刚讨要回来的账目上的钱都输光，才失魂落魄地回到潘源盛。

王国生看到他这副模样，立刻就知道了事情的原委。他告诫杜月笙道："凡事都得有个度，你这样连着几天不回来，太耽误店里的生意了。"在得知杜月笙把店里的钱也输光了之后，王国生更是一声叹息，不知道该说什么好。

杜月笙则在心底暗暗发誓："我一定会把账上的亏空补上。"

王国生语重心长地说："账上亏空就亏空了，只要你以后好好干活，别再去赌就行了。"

王国生的大度，让杜月笙愧疚万分。

但赌瘾一旦上来，就如洪水猛兽，他根本控制不了。况且，他还想着把账上亏空的钱赢回来。

就这样，杜月笙的赌瘾又泛滥成灾，成了赌馆的常客。

杜月笙的运气实在太差，几乎每赌必输，账上亏空的钱也越来越多。到最后，杜月笙一发狠，决定豁出性命，试一试自己的老千之术，把钱给赢回来。

抽老千是赌场的大忌，一旦被觉察，即使不丧命，也会被弄成残废。杜月笙深知这一点，但此刻，他觉得自己没有别的选择了。

很遗憾，大概是杜月笙的千术太拙劣了，他刚使出来，还没赢得一个铜板，就被人发现了。

好在杜月笙机灵，他拔腿就跑。

这次他的运气不错，赌场的人居然没有追上他。

一口气跑到潘源盛水果行之后，他二话没说，就昏倒在地上。这可把王国生给吓坏了。他赶紧扶杜月笙上床，并派人赶紧去请大夫。杜月笙一病就是一个多月，在王国生的悉心照料下，总算是可以下床走路了。

生病的时候，看着王国生忙前忙后的身影，杜月笙心里非常难受，他太愧对这个老板了。

"国生哥，我欠你的太多，将来我发达了，一定报答你。"

王国生却说："自家兄弟，不说这个，你先把病养好再说。"

王国生越是宽容大度，杜月笙心里的愧疚越重。他觉得自己没脸继续在这里待下去了，再待下去只会继续拖累朋友。

从鬼门关走了这一遭，杜月笙变得更加无畏了，他决心在上海滩闯出一片天地，可这个理想靠在水果行里老老实实地卖水果是不可能实现的。于是，病好了之后，他就离开了潘源盛水果行。

杜月笙又跟那帮小兄弟混在了一起。

他常常跑到江边的赌摊上掷骰子、押注，后来又进赌棚推牌九，上江边小船上搓麻将。赢了钱，就请那帮朋友大喝一顿；输了钱，再去偷、抢、卖水果。

当时，杜月笙经常领着这帮小兄弟在十六铺一带徘徊。看到有水果船开来，就潜登上去，半偷半抢，然后一起在大街及茶楼、烟馆、赌场叫卖。

在这段时间，由于娴熟的削水果的技巧，杜月笙被人送了两个外号，一个是"水果月笙"，一个是"莱阳梨"。但杜月笙知道，卖水果只能赚几个小钱度日，是饿肚子的时候才不得不做的事情。

后来，他发现了一个更好的营生——抛顶宫，于是便领着一帮小混混专心地干起了这个营生。

"顶宫"即帽子，是旧上海小混混说的黑话。抛顶宫就是几个人配合，趁行人不注意的时候，抢走他头上的帽子，然后转手卖掉。

不得不说，杜月笙确实聪明，干一行就能精通一行。没多久，杜月笙又练出了一手抛顶宫的好功夫。通常，他跟在一个人后边，待走到人群拥挤的地方，往前轻轻一挤，这人头顶上的帽子就不翼而飞了。接着，那顶帽子就像安装了发动机一样，从上空掠过人群，十分准确地落在十丈远的一个同伙手里。整个过程一气呵成，动作干脆利落，堪称一绝。一天下来，几只顶宫到手，然后拿到旧货摊上一转手，便有几块银圆进账，小兄弟几个又可以吃喝几顿了。

在这一行干久了，杜月笙又渐渐感到不满足了，这毕竟只是些小混混干的勾当，要想发达，必须从小混混混成大混混，必须有靠山。而上海滩黑道上，最有势力的当数青帮。

于是，杜月笙决定拜老头子，入青帮。

第三章
拜老头子入了青帮

杜月笙要拜的老头子叫陈世昌。在旧上海的青帮中，陈世昌只是一个不大不小的流氓混混。后来陈世昌稍有名气，倒是因为有杜月笙这样一个得意门生。

陈世昌住在小东门，小名福生，因靠套签子谋生，人称"套签子福生"。所谓套签子，就是一种下等的赌博：一个铁筒，插上三十二只牌九，下尖上方，做签子状；或十六支铁签，分别缠上五根、四根、三根、二根、一根不等五色丝线。摊主与赌客，各人抽五支。赌牌九的话，则配出两副大牌，比较大小，赌颜色即比谁的颜色多。摊主一手抱签筒，一手挽竹篮。竹篮里装的是花生糖果，既可以叫卖，又可以作为赌品，当然也可以赌现钱。陈世昌在上海滩虽不显眼，但他天天摆摊日子也还算过得去。

因为同是小东门一带的混混，所以杜月笙跟陈世昌比较熟。当杜月笙决定拜老头子时，第一个想到的就是陈世昌。虽然陈世昌自己没什么大本事，但却生有一双慧眼，认定杜月笙日后必然不是等闲之辈。杜月笙把这个想法告诉陈世昌，陈世昌眼睛没眨一下就满心欢喜地同意了。

陈世昌告诉杜月笙，三天后开香堂，正式收他为徒。

和杜月笙一起开香堂拜老头子的同参兄弟有十多个，其中一个叫袁珊宝，是跟随杜月笙多年的好兄弟。日后，在杜月笙称霸上海滩的过程中，他立下了赫赫战功，是杜月笙不可或缺的左膀右臂。

三天后的深夜，月朗星稀。杜月笙和袁珊宝怀着兴奋的心情，从小东门出发，前往八仙桥的一座小庙，拜师仪式将在那里举行。他们俩早已准备好了拜师红帖，袋里放着一个敬师的红包。在进香室以前，按照帮里的规矩，他们都只能算是佬子，拜师完毕之后才能正式成为青帮的一员。

青帮是旧中国的第二大帮会，其势力仅次于洪门，相传已有三百余年的历史。关于青帮的起源有许多种说法，但实际上它是在清朝雍正初年为承运漕粮而形成的。

话说雍正年间，朝廷为了畅通粮运之道，张出皇榜，由钦差田文镜招募勇谋之士兴办水路粮运。当时，杭州有三位异姓好友揭皇榜愿受此任。这三位依年岁长幼而分，分别是翁宕、钱坚、潘清。

翁宕是江苏常熟人，字福亭，号德慧，祖籍山东聊城。翁宕秀才出身，但体会到书生百无一用，遂弃文从武，投奔嵩山少林寺学习武术。学成下山后，加入天地会，与一干绿林好汉为反清复明的大业奔走。

钱坚是江苏武进人，字福斋，号德正。钱坚的父亲是个商人，他从父亲那里继承了精明的脑瓜。但在十六岁那年，钱坚的父母先后去世。钱坚对经商没什么兴趣，遂弃商从武，研习拳术，后加入天地会，与翁宕同属天地会首领张岳的部下。

潘清是浙江杭州人，字清宇，号德林。潘清的祖业殷实，所以家境一直都很富裕，潘清从小就很聪明，读书识字，过目不忘，在诗词歌赋方面也很有天赋，后来也是弃文从武。

上述三人，被称为青帮"后三祖"。既然有"后三祖"，那自然就有"前三祖"。

"前三祖"中，第一代祖师为明永乐朝的文渊阁大学士金幼孜，后来成为五台山的高僧，法号清源禅师。第二代祖师是罗清，是清源禅师的徒弟。第三代祖师是陆逵，号道元，是罗清的弟子。

其实，上述三人与青帮的形成没有什么直接关系，只因陆逵是青帮创立者翁岩、钱坚、潘清三人的师父。于是，追根溯源，便有了"前三祖"。

青帮创立初，翁岩、钱坚、潘清三人共同创建了三堂六部二十四辈，并制定十大帮规，使青帮发展为非常严密的帮会组织。三堂是：翁佑堂、潘安堂、钱保堂。六部为：引见部、传道部、掌印部、用印部、司礼部、监察部。二十四辈按"清静道德，文成佛法，仁伦智慧，本来自信，元明兴礼，大通悟学"排列，一字一辈。十大帮规为：一、不准欺师灭祖；二、不准扰乱帮规；三、不准蔑视前人；四、不准江湖乱道；五、不准扒灰放笼；六、不准引水带跳；七、不准奸盗邪淫；八、不准以卑为尊；九、不准开闸放水；十、不准欺软凌弱。

青帮曾经鼎盛一时，但在太平天国运动之后，势力几乎被清洗殆尽，帮众遂作鸟兽散。直到鸦片战争后，上海成为繁华的开放口岸，很多青帮的徒子徒孙便云集于此，以各种方式谋生，重振了青帮的势力。

辛亥革命前，上海青帮中以"大通悟学"四字辈居多，而以"大"字辈为最高。陈世昌是"通"字辈，杜月笙拜陈世昌为老头子，按顺序列为青帮中的"悟"字辈，是很低的辈分了。

拜师的当晚，杜月笙和袁珊宝怀着忐忑的心情来到事先约定的小庙。他们到达时，陈世昌和邀来撑场面的一些青帮前辈已经等候多时了。

但拜师有拜师的规矩，杜月笙和袁珊宝不能直接进入庙门，而要经过一定的程序，才能进入。

只见，杜月笙这帮人在一个引见师的带领下，走到门前。

片刻之后，引见师在门上轻轻敲了三下，里面便有人高声问道："来者何人？"

引见师不慌不忙地通报姓名，然后按照开香堂的规矩，里面问一句，引见师答一句，都是青帮约定俗成的切口。按青帮立下的规矩，在开香堂仪式中，任何人都不能答错一个字。

只听里面的人问道："此地抱香而上，你可有三帮九代？"

引见师答道："有！"

里面又问："你带钱来了吗？"

引见师又答："一百二十九文，内有一文小钱。"

一切都对答如流。庙门"吱呀"一声敞开，引见师便把杜月笙等人领到神案之前。

神案上摆着十七位祖师的牌位，正当中的一位是"敕封供上达下摩祖师之禅位"。

神案前，陈世昌端坐在一张靠背椅上，他的两旁并排坐着前来赶香堂的前辈。

接着，有人端来一盆水，从陈世昌开始，按辈分的长幼，一一净手。净完手之后，又有人端上来一大碗海水，从陈世昌开始，依次传下去，一人一口，喝时嘴巴不许碰到碗边——这是斋戒。

斋戒完毕后，抱香师走出行列，高声念道："历代祖师下山来，红毡铺地步莲台；普度弟子帮中进，万朵莲花遍地开。"

这是请祖诗。在抱香师念诗的过程中，杜月笙等人在各祖师牌位前磕头烧香，这时庙门被关紧，抱香师宣布："本命师参祖！"

所谓"本命师"，就是这帮新人要参拜的师父，也就是陈世昌。

此语刚落，陈世昌离座就位，面向神案，先默默念了一首杜月笙一个字都没听明白的诗，然后自报家门道："我陈世昌，上海县人，报名上香。"他报完之后，连着磕了三个头。在他的背后，在场的人纷纷如法炮制向着神案磕头。接下来，杜月笙等人跟随着引见师参拜命师，之后又参拜在场的本门爷叔。

参拜完毕，杜月笙又学着众人的样子，把预先准备的拜师帖和赘敬呈递上去。拜师帖是一幅红纸，正面当中一行字——"陈老夫子"；右边写三代简历，自己的姓名、年龄、籍贯；左边由引见师领先签押，附写上了年、月、日。而按照规矩，在拜师帖的反面写着一句誓词："一祖流传，万世千秋，水往东流，永不回顾！"

递上拜师帖之后，赞礼师分给每人三炷香，杜月笙等人捧香下跪，恭听传道师介绍帮内历史。

介绍完毕，陈世昌俯望着跪着的众人问道："你们进帮，是自身情愿，还是受人劝说？"

众人皆大声答道："自身情愿！"

听罢众人的回答，陈世昌继续大声说道："既是自愿，要听明白，本青帮不请不带，不来不怪，来者受戒。进帮容易出帮难，千金买不进，万金买不出！"

跪在地上的一帮人异口同声地回答道："是，是！"

接下来，是拜师仪式的最后一步。只听陈世昌威严地喊道："小师傅们受礼！"

受礼完毕后，拜师的仪式就算是完成了。

最后，陈世昌给新收的徒弟们讲起青帮帮规及帮内各种切口、暗号、动作、手势……讲完这些后，他又严肃地说："你们掌握了这些，无论走到什么码头，只要青帮人在，亮出牌号，就能得到帮助。但如对错，被视为冒充，则会招来杀身之祸。今后你们都是'悟'字辈的人了，要熟记切口，好自为之。"

自此，杜月笙及其十余位同参兄弟便正式成为青帮成员了。

第四章
黄公馆里寻个靠山

有了青帮做靠山之后，杜月笙已不再是那个靠着卖水果和抛顶宫聊以果腹的小瘪三了，他决定带领着小兄弟们大干一场。

当然，此时的所谓"大干"不可能和日后的叱咤风云相比，但它却是通往大亨之路的必要的历练。这个时期，他主要做诸如抢收小货、拉船、拆梢之类的营生。

所谓"抢收小货"，就是强行收买、包买由轮船水手从香港以及海外带来的走私货。"拉船"就是半路拦截农家小船，这些小船都是从浙江等地运送蔬菜、水果到上海的，他们以远低于市场价的价格，强行买进小船上的农产品，然后再以市场价卖出，转手渔利。"拆梢"即敲诈勒索，就是对那些没有靠山的小本经营的商户进行敲诈勒索。

凭着过人的胆识和脑瓜，杜月笙在十六铺一带声名鹊起。渐渐地，他又不满足了，觉得这样下去不会干出什么名堂。

他需要一个鲤鱼跳龙门的机会。

不久，这个机会就来了。

陈世昌有个师兄弟叫黄振亿，一向对杜月笙十分赏识。一天，他问杜月笙道："我想把你介绍给黄老板做事，你愿意吗？"

听到"黄老板"三个字，杜月笙一阵激动，仿佛身上的血都涌了起来，连忙答道："如果我能帮黄老板做事，日后一定报答爷叔的大恩。"

这个黄老板，就是当时上海滩鼎鼎大名的黄金荣。黄金荣是法国巡捕房里的华探头目，无论是财力还是势力，都可算得上首屈一指。

黄金荣祖籍浙江余姚，生于江苏苏州，出身小商人家庭。小时候读过几年私塾，十三四岁时来到上海，在他姐夫开的瑞嘉堂裱褙店学手艺。但他厌烦刷糨糊、贴绫纸，喜欢流连于娱乐场所——尤其是戏台旁。二十多岁时，回到苏州开了一家老天宫戏馆，并慢慢在苏州白相人中占了一席之地。

黄金荣身材矮胖，头颅硕大，有一张正田字脸，可谓天庭饱满、地阁方圆，他两颊多肉，嘴润唇厚，在他那张紫糖脸上隐约可见一块麻皮，这便是他绰号"麻皮金荣"的由来。同时，他有一对大眼睛，睁开眼睛时，目光炯炯，好像可以看穿别人的五脏六腑似的，但是，他威而不凌，严而不厉。他穿长袍、布鞋、白布袜，不管情绪喜怒哀乐，一开口便先冲出一句："触那娘！"

黄金荣的太太叫林桂生，人称"桂生姐"，可谓女中豪杰，是黄金荣不可或缺的贤内助。她原是苏州府一个捕快的妻子。有一回，黄金荣单枪匹马跑到这位捕快家中办交涉。那位捕快是一个温暾水，遇事畏首畏尾，相形之下，黄金荣倒显得器宇轩昂，十分有派头。于是，林桂生对自己的窝囊丈夫暗生嫌弃之心，并对黄金荣生了爱慕之情。

二人眉目传情，一来二去，林桂生就跟那个捕快脱离了关系，嫁给了黄金荣。

当时，法租界巡捕房的工作日益繁重，急需招揽一批吃得开的好手，替他们担任"包打听"的工作。黄金荣有一位好朋友叫刘正康，此公是苏州商会会长，黄金荣是刘家的座上宾。有一次，黄金荣在刘家遇见了求才若渴的法租界头脑，该头脑久闻黄金荣大名，对他极为赏识，希望他能为之所用，到巡捕房做事。黄金荣并没有立即答应，而是回去跟夫人林桂生商量。这位见识超凡的夫人想了想，说："你先问问那边的条件，只要能保持你个人的自由，不太束手束脚，那就可以做。"

次日，黄金荣给那位法租界头脑答复道："事情我可以答应，但对'捕房中人不得兼营别业'这一条无法接受，我这个人对于名利看得很淡，唯有一桩，兴办娱乐事业是我的嗜好。我不能为了当你们的包打听，放弃我公余之暇的个人自由。"

法租界头脑考虑了半晌，答应了黄金荣的要求。于是，黄金荣放下在苏州的营生，把老天宫戏馆交给他的徒弟徐复生打理，自己带上夫人去上海就职了。

黄公馆坐落在法租界的同孚里，那是一条有着八栋两层小楼的弄堂，整条弄堂的房子都是黄金荣的，他自家住一栋，余下七栋住的都是他的朋友和手下。

关于黄金荣的这些发家史，都是黄振亿告诉杜月笙的。黄振亿讲完这些后，又说："你回去收拾一下，明天我就带你去黄公馆。"

杜月笙说了些感激的话，一溜小跑回到住所，把这个消息告诉了好兄弟袁珊宝。袁珊宝似乎比他还高兴，急忙帮着他收拾行李。一边收拾一边说："我听说，咱们有个同参兄弟马祥生也在黄公馆做事，你去了可以找他，兄弟间相互有个照应。"一切收拾好后，杜月笙又跑去跟王国生道了个别。

第二天，杜月笙准时来到约定的地方，跟着黄振亿，朝着同孚里走去。

一路上，他既激动又紧张。激动的是，上天终于给他一个飞黄腾达的机会；紧张的是，他不知道自己有没有能耐抓住这个机会。

此时，很多往事像幻灯片一样刷刷地在脑子里飞过：父亲的去世、继母的失踪、自己流落街头的日子、码头上白发苍苍的老外婆……

杜月笙突然有种想哭的冲动。的确，他的身世太凄惨了，他经历了太多同龄人不可能经历的事情。但他硬生生地把眼泪逼了回去，并在心里暗暗发誓："我杜月笙一定要抓住这个机会，一飞冲天。"

不一会儿，黄公馆就到了。从进入黄公馆大门的那一刻起，杜月笙的眼睛就没闲着：雄伟的门楼、宽阔的天井、门廊两边那些神气活现的保镖，以及天井里来来往往的各色人等，都让杜月笙目不暇接。

保镖通报之后，黄金荣在一个小赌桌旁接待了他们。

只见黄振亿走到一个方头大耳的胖子面前，恭恭敬敬地说："黄老板，我介绍的小囡子来了。"

"喔，让我瞧瞧。"那个胖子放下手里的牌，回过头来，上下打量着杜月笙。

杜月笙知道，这个人就是大名鼎鼎的黄金荣了。看到黄金荣扫描仪一样的目光，杜月笙一阵紧张。但仅仅是片刻之后，他就放下了这份紧张，并在心里告诉自己：如果连这点场面都紧张，以后还能成什么大事？

这个心理暗示起了作用，他平和地迎接着黄金荣的目光，毫无半点怯懦。

"蛮不错。"黄金荣端详了一会儿，点头说道。在黄金荣看来，眼前这个小囡子虽然身体略显瘦弱单薄，但眼中毫无胆怯之色，必定是个狠角色。

得到黄老板的首肯，杜月笙心中一阵激动，但脸上依然平静如水。

"你叫什么名字？"黄金荣接着问。

"小的姓杜，木土杜。名月生，月亮的月，学生的生。"杜月笙答道。

"月生"是杜月笙的本名，直到他发迹之后，结交了当时的国学大师章太炎，才在对方的建议下，改为"月笙"。

"好！好！"听到如此儒雅的回答，黄金荣乐得哈哈大笑，"奇了怪了，我这里的小囡子个个都叫生，苏州来了个徐复生，还有顾掌生、马祥生……"

听到马祥生的名字，杜月笙一阵高兴。看来袁珊宝的消息不假，马祥生果然也在这里。

由于跟马祥生是同参兄弟，杜月笙获准跟他住在一块儿。

马祥生住在厨房的灶披间。灶披间是与厨房毗连的一间小屋，里面有两张单人床，一张是留给杜月笙的，另一张住的就是马祥生。

由于初来乍到，而马祥生又是杜月笙唯一的"熟人"，所以，碰到任何疑问，杜月笙就向马祥生请教，可马祥生总是故作高深地说："往后你自己多看看，自然就明白了。"

为了早一点摸清黄公馆的底细，以便成为黄公馆的得力干将，杜月笙一改过去的种种恶习，洗心革面重新做人，尤其是赌和嫖这两大样，在很长一段时间内坚决不沾，终日少说多做、内敛隐忍、冷静观察。上自黄金荣、林桂生，下至底层的身边人，每个人的脾气嗜好，他都牢牢记住，用心揣摩，以供不时之需。

自打进入黄公馆，杜月笙虽然是处处小心、仔细观察，但有很多谜一直藏在他的心里，令他百思不得其解。

比如，黄金荣虽然在巡捕房任职，但几乎不用去上班，每天早晨很晚才起床，吃过午饭，就跟几位赌友玩牌，一玩就是三四个小时。四五点钟，赌局结束，四位赌友嘻嘻哈哈地结赌账，相约明天继续。吃过晚饭，再到澡堂里泡泡澡，让人搓搓背、捶捶腰腿，如此一天就算过去了。

杜月笙很奇怪，难道黄金荣只是挂个空衔，不用具体做事吗？

后来，通过观察，杜月笙明白了，其实黄金荣是二十四小时都在做事。不管是在他用餐的时候，还是赌牌、泡澡堂的时候，甚至在睡觉的时候，总会有捕房的人来，俯身凑近他的耳朵，低声报告出了什么事情。于是，黄老板眉头一皱，眼睛珠子转两转，偏过头去在报告者的耳边简单明了吩咐个三言两语，报告者连连点头应诺，旋即离去。不用多久，事情就解决了。

原来，黄金荣在法捕房领一份薪水，而在家里却供养着十几个人，一旦出事，侦查的、抓人的、办交涉的，自然有人替他代劳。所以，不管发生了什么事，他都只要动动嘴皮子，事情就解决了。

这个谜解开了，但另一个谜又产生了——凭着法捕房的那份微不足道的薪水，怎么支撑黄公馆里惊人的开销呢？

不说别的，单是每年的隆冬季节，黄老板一次性给叫花子们发放的新棉衣、新棉裤就有三千套，外加三千银角子，更不用说平日的用度、赌资，以及发给手下人的薪水了。

而黄老板在施舍这些钱物的时候，眼睛都不眨一下，可见这些在他眼里不过是些小钱。在当时的杜月笙看来，黄老板简直是富可敌国了。

可是，这么多的钱是从哪里来的呢？

终于，有一件事替杜月笙解开了谜团，令他豁然开朗。

有一天，杜月笙刚刚从外边回来，立刻感觉到黄公馆的气氛十分紧张。一排人站在大厅两边，大气不敢出，黄金荣坐在中间的椅子上，看起来十分愤怒。他赶紧小心地站到马祥生身旁，心里想：大概是出大事了。

就在这时，黄金荣发话道："哪个做了家贼，自己站出来。要等到让我查出来，那后果你们心里清楚。"

说完后，黄金荣环视一圈。

此时，静得吓人，众人连喘气都不敢大声。但片刻之后，众人你看我，我看你，一脸疑惑，就是没人站出来。

黄金荣一看这情况，反而平静了许多，大手一挥说："行了，都去做事吧。"

众人解散后，他留下几个心腹，吩咐道："不要对外声张，你们给我暗地里查。"

回到灶披间，杜月笙才从马祥生那里得知，原来是公馆里失窃了，丢了两包很小的东西——"糖年糕"。杜月笙曾不止一次见过，装满"糖年糕"的麻袋运到黄公馆时，时间多半在月黑风高的深夜。只要是此物运到，黄公馆一定会戒备森严，就连与此无关的自家人，都必须老老实实待在屋里，不能看也不能问。

那天黄公馆里有一只麻布袋，被人悄悄打开了。黄老板赶紧叫人把"糖年糕"倒出来清点，结果少了两块。

于是，就出现了大厅里黄老板大发雷霆的一幕。

这事发生后，一连几天，黄公馆里都是草木皆兵、人人自危，唯恐自己被怀疑为那个家贼。

好在，没过几天，真相终于大白于天下。

原来，有个在黄公馆当差的下人，自家兄弟从乡下来看他。没想到他的兄弟见财起意，趁着众人不备，就顺了两块"糖年糕"。回到乡下后立即脱手，卖了几百块大洋，买了新房子，还娶了新媳妇。

失窃的事情发生后，此人也怀疑过自己的兄弟，但他又一想：一个乡下人哪有这么大的胆子。为了保险，他托人回去一趟，要问清此事。

当回来的人告诉他"你兄弟刚买了新房子、娶了新媳妇"时，他一切都明白了，吓得两腿一软，瘫在了地上。

为了自保，他赶紧把此事报告了黄金荣，并跪在地上磕头如捣蒜，替自家兄弟求情。

没想到，黄金荣微微一笑，说道："既然不是家贼，那我就不算塌台，也就算不上什么大事情了。这事就算过去了吧。"

这事过后，黄公馆里又恢复了往日的活力。

得知此事后，杜月笙的第一个反应就是眼睛瞪得跟铜铃似的：那么两块东西就值一千块大洋？后来他才弄明白，那不是普通的糖年糕，而是传说中的鸦片。

原来那一麻袋一麻袋的东西都是烟土啊！他心里的谜底终于解开了，难怪黄老板手面这么阔绰，原来靠的是这个啊。那不用说，黄公馆的核心圈子就是运烟土的那帮人了。他暗下决心，一定要跻身运送烟土的行列。

暗下决心之余，杜月笙才想到黄金荣饶恕窃贼的一幕，于是在心里暗叹：黄老板不愧是英雄豪杰，胸怀就是宽广，这么大一件事情，就这么了结了。

但他又有点狐疑，虽然不是家贼所为，黄老板不算塌台，但连黄公馆里都失窃，黄老板岂不是很没面子，他怎么会这么容易放过窃贼呢？

这个新谜在杜月笙心里盘旋了很久。直到有一天，他看到那人在背地里抹眼泪，一问才知道他那偷了"糖年糕"之后买房成亲的兄弟，好日子没过几天就突发暴病死了。

杜月笙心里一惊。

难道是……他不敢多想。只是，从此之后，他更加小心了。

第五章

抱紧老板娘的大腿

虽然杜月笙决心要进入黄公馆的核心圈子，但此时他还只是个最底层的小伙计，距离核心圈子还有十万八千里。

他知道此事急不得，只能好好表现，耐心地寻找机会，从而博得老板的赏识，以求上位。

不久，杜月笙敏锐地发现，黄公馆的主人虽是黄金荣，但有一个人却是黄金荣最信任的智囊兼助手，黄金荣对她几乎是言听计从，甚至还有点惧怕。这个人就是黄金荣的夫人林桂生。

来黄公馆之前，杜月笙就听黄振亿提起过林桂生，知道她不是一个平凡的女人。如今通过自己的观察，杜月笙更认定眼光犀利、作风豪爽的林桂生乃女中豪杰。

杜月笙觉得，只要抱住桂生姐的大腿，讨得她的欢心，获得她的信任，就一定有出头之日。不过，照黄公馆里的规矩，林桂生平时很少在小伙计跟前露面，杜月笙也就几乎找不到见着她的机会。

但是，也许上天注定杜月笙不是一个凡胎俗物，所以一次又一次地给他提供千载难逢的好机会。而聪明的杜月笙也从来不辜负上天的眷顾，一次次地紧紧抓住了机会。这次，依然如此。

话说林桂生得了一场大病，而当时流行一种迷信的说法：如果在病人床边派些年轻力壮的小伙子守护，靠着他们头上的三把火——也就是所谓的阳气足，可以镇邪驱魔，有助于病人的康复。

　　于是，杜月笙作为这些小伙子中的一员，就被安排到林桂生的病房里值班。但他与别人有所不同，别人只是把这当成一个额外的任务，而他却把这当成一个上天赐予的机会。所以，别人仅仅是人在，但心不在；而杜月笙不但牢牢守在床边，而且全神贯注，耳到、眼到、手到、脚到、心到——但凡桂生姐一声呻吟，或者一个眼神，他都心领神会，立刻奉上桂生姐想吃的、想喝的、想要的，但凡老板娘有什么差遣或需要，他总是竭尽全力、漂漂亮亮地去替她办好。

　　这一切，林桂生都看在眼里，记在心里。

　　半个月后，林桂生的病渐渐痊愈，她把这归于杜月笙的守护有功，在家人和朋友面前，时常夸上两句说："莫看杜月笙是个孤小人，无依无靠，他的额骨头倒是蛮高，运道邪气好。"

　　当时，人们的迷信观念还很深厚，不论是江湖上的朋友，或是捕房里的人物，对于某一个人的运道好不好，一向极为重视。某人运道好了，吉星高照，他出马建功的机会自然比较多；否则的话，如若印堂发暗，满脸晦气，老板或上司极可能将他冷藏一段时期，请他休息休息，以免他的坏运道连累了大家。

　　杜月笙既然被认为吉星高照，又深得老板娘的欢心，那在黄公馆的地位必然是扶摇直上。但即便如此，他还是没能进入那个负责运送烟土的核心圈子。因为运送烟土关系到黄公馆的核心利益，半点都马虎不得。参与此事的人，个个都是精兵强将，需要胆识过人、行事机智，杜月笙虽然符合行事机智的要求，但还没有什么事情可以证明他胆识过人。

　　正在这个时候，机遇再一次垂青杜月笙——黄公馆的一个惊险事件，为杜月笙证明了一切。

一天半夜，林桂生紧急把黄公馆的所有男角色都召集到大厅，一脸严肃地告诉大家，有一票烟土的买卖，一只大麻袋已经得手，交给一人雇黄包车拖到黄公馆。可负责断后的人都回来了，而运货的那人却迟迟未到，恐怕是出了什么意外，需要赶紧派人去查找。而这天黄金荣恰巧带着一帮得力干将在外办事，所以只能是矬子里拔将军，看在黄公馆里的男角色中，有没有人敢承接此事。

林桂生说完之后，大家面面相觑，没人敢担当此事。

看着眼前这帮脓包，林桂生急得团团转，时间不等人啊，时辰一过，麻袋运送出城，那黄老板的台就塌定了。试想，黄老板自己就是法租界巡捕房的总探长，如果连他的货色都被劫，那传出去岂不砸了黄老板的招牌？

其实，杜月笙早就拿定了主意：这可是一个天赐良机，万万不可错过。但他并没有急不可待，而是稍微拖了一会儿。这样做，一是为了避免给人急于立功表现自己的印象，二来也能让桂生姐认识到自己与其他人的不同。

片刻之后，他才上前一步，沉稳地对林桂生说："老板娘，我去跑一趟吧。"

这让林桂生吃了一惊。她万万没想到，黄公馆里有那么多虎背熊腰的伙计，但在紧要关头，站出来的却是这个瘦小的杜月笙。

林桂生的眼里充满了赏识的意味，但同时还夹杂着一点怀疑。在这无兵可派的当口，她也只能让杜月笙去试试了。

"那就派你去，要不要人帮忙？"林桂生问道。

"不用。"杜月笙说得斩钉截铁。

杜月笙想得很清楚，既然这是一个千载难逢的机会，那是成是败都由自己一人承担，不想跟人分享。只有这样，一旦事成，才能证明自己的分量。

问明白运送货物的路线，杜月笙向林桂生借了一支手枪，自己又带上一把锐利的匕首，踏着坚定的步子迈出黄公馆，跳上一部黄包车，也不说让车夫拉到哪儿，只是命他向前快跑。

黄包车在飞驰，杜月笙的脑子也在飞速旋转：劫了烟土后，那贼会向何处去呢？

此刻，可谓万分火急，留给杜月笙考虑的时间越来越少。但他迅速让自己冷静下来，慢慢琢磨出了门道：既然那贼劫的是黄公馆的货，那他绝对不敢留在黄老板的地盘——法租界。同时，上海县城一到夜晚便四门紧闭，那贼也进不去，因而他唯一能去的地方就是挨着法租界的英租界。

考虑清楚后，他又细细盘算了一下时间和行程，然后胸有成竹地对车夫说："快点，洋泾浜！"

洋泾浜是法租界和英租界的接壤处，中间有一道小河沟，浜南是英租界，浜北是法租界。杜月笙想，那贼要想从法租界进入英租界，必然经过此处。而按时间来看，他肯定还没有进入英租界。所以，在洋泾浜守株待兔，肯定能大功告成。

夜色昏暗，无月无星，街上也没有路灯，杜月笙坐在车上，一边紧握着手枪，一边耳目并用，仔细搜索着可疑的人影。果然，杜月笙的判断是正确的，追出去没多远，他就发现了一辆形迹可疑的黄包车。

他朝着车夫大叫："快，跟上前面那辆黄包车。"

车夫赶紧加快脚力。

一麻袋烟土有一百多斤重，再加上长途奔袭，所以前面的黄包车走得极慢。不一会儿，就被杜月笙赶上了。

黑暗中，杜月笙迅疾地跳下车，然后以迅雷不及掩耳之势，在偷土贼尚未反应过来的时候，已经把枪口对准了他的脑袋。

"朋友，你失风了！"杜月笙镇定地说道。

说话的当口，杜月笙的眼睛紧紧盯着车上那个人的胳膊，只要他有掏武器的动作，就立即开枪。但那偷土贼显然不是什么行家里手，两只手被一百多斤的麻袋压在底下，动弹不得。

"兄弟是哪条道上的？"偷土贼哆哆嗦嗦地问道。

"待会儿你自然会知道，把手举起来，下车。"杜月笙命令道。

那贼好不容易把自己从麻袋底下挪出来，乖乖地举着双手下了车。杜月笙赶紧搜身，把那贼身上的匕首取出来，扔出一丈多远。

这下他彻底放心了，偷土贼身上再无武器。

杜月笙对吓成一团的车夫说："这事与你无关，待会儿你只要把这包东西送到同孚里的黄公馆，我不但不怪罪你，还会赏你两块大洋。"

那车夫正吓得浑身筛糠，听到杜月笙这话，如同喜从天降，就是不给他钱，他也只有听命的份儿，何况两块大洋对一个车夫来说也是不小的收入。

他赶紧点头，连忙说："遵命，遵命。"

目睹刚才杜月笙干净利索处理事情的方式，偷土贼认定他一定是黄公馆里的大人物，于是跪地求饶道："兄弟就是混口饭吃，没想到冒犯了黄公馆，大哥饶命啊！"

杜月笙微微一笑，道："放心吧，没人会要你的性命，黄公馆什么时候'做'过人啊？"

那贼如释重负，起身想走。

"慢着！不要你的命，但你总得跟我回黄公馆，向老板做个交代吧？"

偷土贼刚刚平静的神色立马又紧张了起来。

杜月笙又是微微一笑，说："莫紧张，我们桂生姐是刀子嘴豆腐心，菩萨心肠，最多骂你一顿，然后你离开上海滩，不要再让黄公馆的人看见就是了。"

那贼赶紧谢过杜月笙，然后跟着他坐上黄包车，与拉着烟土的黄包车一块儿朝黄公馆奔去。

车子抵达黄公馆后，在门口等候的兄弟们赶紧把麻袋搬进去，同时把偷土贼押进大厅，另有人立即把此事报告了林桂生。

林桂生听说人赃俱获，着实吃了一惊，不得不对瘦弱的杜月笙刮目相看。

她满脸喜色地跑下楼，亲自迎接今晚的英雄。

杜月笙看到林桂生，若无其事地汇报道："老板娘，货已搬进厨房，人在客厅里，等候您发落。"

杜月笙一脸的平静，仿佛刚才的事情与他无关似的。这令林桂生更是大吃一惊，她原以为，如此一个小伙计立了如此一份大功，一定会绘声绘色地讲述自己如何智勇双全、如何擒获偷土贼，以邀功请赏。

但没想到，眼前这个瘦弱的小伙子居然只是轻描淡写，甚至连轻描淡写都算不上，只是简单地汇报了一下结果。

"真是个人才。"林桂生在心里暗叹。

"好，你下去休息吧。"林桂生对着杜月笙说。

然后，她来到偷土贼面前。与杜月笙预想的一样，林桂生虽然是破口大骂，骂得要多难听有多难听，但也仅仅是停留在"骂"的层面，既没要那贼的性命，也没动他一毫一发。

骂完后，她一挥手，道："滚吧，滚出上海滩，不要再让我看见你。"

那贼磕头谢恩，从此远走他乡。

立此大功后，杜月笙充分证明了自己，从此成为林桂生最信任的心腹干将。而黄老板从林桂生那里听闻此事后，也着实吃了一惊，并渐渐地对杜月笙委以重任。

杜月笙知道，他离那个核心圈子越来越近了。

第六章

进入核心圈子

成为林桂生的心腹后，杜月笙开始接手一些外派差事。比如，林桂生会安排他去黄金荣开的"共舞台"收盘子钱——戏馆里的前座和花楼包厢座位前，除香茗外还摆上果品，供观众享用，任你吃不吃都得付钱，而且价钱昂贵，这是一笔好收入，行话叫盘子钱。

接着，林桂生又派他到妓院去取月规钱，到赌场去"抱台脚"。

杜月笙晓得，这不仅是对他的信任，更是对他的考验。因此倍加小心，恭谨从事，每次收到这些钱款后，当即回到黄公馆，把款子如数上交给林桂生，一分不差。

杜月笙的优异表现彻底打动了林桂生，在她的力荐下，杜月笙终于打入了黄公馆的核心圈子——抢烟土。

抢烟土是个不用本钱却利润无限的买卖，而且抢烟土甚至不需要多大的牺牲，只需要拥有强大的后台和畅通的信息。

当时，鸦片由远洋船只自海外运来，为了避免从吴淞口到英法租界码头一带的重重关卡，必须在轮船靠岸前先将违禁品鸦片卸下。他们卸货的方式非常巧妙，算准了每夜黄浦江涨潮的时候，将装满烟土的麻袋一个个往水里抛，"土麻袋"浮在水面，体积大，目标明显，等到潮汐退去时，他们或派出舢板打捞，或由预伏在岸边的好手，利用竹竿挠钩，一个个地拉上岸去。

于是，抢土的好汉们如法炮制，先驾着舢板躲在暗处，看到"土麻袋"浮上来，便立刻靠近，然后用挠钩钩过来，拖上岸装进车里就跑。这种劫土方式，用江湖上的暗语来说，即为"挠钩"。

此外，抢土的方式还有"套箱"和"硬爬"。

先说"套箱"。

烟商接货后，一般都会存进土栈。当时的土栈，都设在十六铺附近的新开河一带，这里是英、法、华三界接壤地段，各方势力犬牙交错，便于掩护。在运输过程中，为掩人耳目，烟商将鸦片分装在煤油箱里，由土栈里一箱箱地搬进搬出。抢土者便在光天化日之下，驾着马车在运土者附近转悠，在车中藏有煤油箱木匣，一有机会，便以迅雷不及掩耳之势，将木匣套在煤油箱上，搬上马车便逃，令运土者措手不及，无法追赶。

而所谓"硬爬"，顾名思义，就是硬抢。从事"硬爬"勾当的人，或者直接拦路打劫，或者趁其不备打闷棍。凡此种种。

黄公馆里的烟土，就是通过上面三种方式获得的。在抢土的行动中，各有分工。黄老板负责提供信息，老板娘林桂生负责在黄公馆坐镇指挥，而黄老板手下的得力干将则负责具体的抢土。

一天，黄金荣得到消息，一个南京大客商从租界买了五千两烟土，分装十大包，打算由龙华周家渡上船，从黄浦江由水路偷运到嘉兴去。

这是个好机会，林桂生当然不会放过，她立即派出以歪脖子阿光为首的八人去抢烟土。此时，杜月笙已是抢土大将中的一员。

当晚，阿光率众人埋伏到离周家渡几百米的地方，并把几根烂木头堆在路中央做路障。

不一会儿，运土的马车就到了。马车上坐着五个人，一个车夫和四个保镖。看到前面的路障，车夫赶紧停住马车，骂骂咧咧地准备招呼人下车清除路障。

车夫的话音刚落，只听"呼啦"一声，车夫的脖子被套进了一个绳圈，绳圈那头使劲一拉，他就被拖下车来。车厢里的人一看不好，正要掏家伙，可太晚了，此时几支手枪与匕首，已对准了他们。

套绳圈的是杜月笙，他当年干过抛顶宫的营生，练就了一手甩帽子的好功夫。而恰巧这功夫与甩绳圈相通，于是他稍一练习便派上了用场。

捆绑住保镖和车夫后，阿光等人赶紧从车上翻滚下几口酒坛子，敲碎后从中扒出烟土，用麻袋一装，扛上肩膀。片刻之间，便不见了踪影。

半个时辰后，他们在一间事先约定好的小屋里聚齐，一点烟土数目，竟多了两包。

领头的阿光眼珠子一转，拔出匕首，把两包烟土切成八块，让每人拿一份。杜月笙待在一边不敢拿，阿光朝他吼道："莱阳梨，你怕什么？老板娘要我们抢的是十包，这两包是多出来的。快拿着！"

杜月笙想了一下，迫于形势，不得不伸出手，把自己的那份揣在怀里。但拿归拿，回到黄公馆之后应该怎么做，他在心里已经盘算好了。

看到众人都拿了属于自己的那份，歪脖子阿光呵呵一笑，继而又瞪着眼发狠道："这事就我们几个知道，要是有人敢到老板、老板娘那里去告密，老子就赏他个'三刀六洞'。"

当抢土的八个人回到黄公馆时，林桂生已叫人在厨房里备好酒菜、点心，她自己则端坐在大厅里等候着。

麻袋抬到大厅后，林桂生让人将麻袋里的烟土取出，一包包放在桌上，让她点数过目。看到十包烟土丝毫不差，她十分满意，一面招呼大家坐下吃喝，一面挑出一包打开纸包，叫杜月笙切成几份，分给大家。然后对着杜月笙说："月笙，待会儿把烟土送到我房间里。"

说完，她就上楼去了。

林桂生住在二楼，她的房间，除贴身侍女以外，只有杜月笙可以进去。

众人回房休息后，杜月笙将烟土搬进了林桂生的房间，锁入大铁箱后，他迟疑了一下，并没有立即离开。

林桂生看了他一眼，问道："怎么，还有事？"

杜月笙等的就是这句话。他快步走到林桂生跟前，把一小包烟土交到林桂生手里，然后把阿光私分烟土的事从头到尾说了一遍。

林桂生听了，柳眉倒竖，勃然大怒，当即就要拿阿光治罪，但转念又一想，这样岂不是把杜月笙给出卖了？

于是，她忍住怒火，说道："月笙，你先回去休息吧，这事明天处理，你不要声张。"

杜月笙下楼，心里长出了一口气。

第二天晚上，林桂生与黄金荣并排坐在大厅里，周围站着金九龄、顾掌生、金廷荪、马祥生等几个徒弟。

"叫歪脖子。"黄金荣一声令下。

顾掌生跑到门口一招手，候在门外的阿光哆哆嗦嗦地迈进大厅。

黄金荣虎起麻脸，不动声色地问道："阿光，昨晚抢到了几包烟土？"

阿光一愣，心知事情十有八九是败露了，但他以为黄金荣没有证据，就侥幸地答道："师父，十包。"

"放屁！"黄金荣勃然大怒，"你这个欺师灭祖的货，都敢骗到老子头上来了。你说抢了十包，可上午巡捕房报案为什么是十二包？"

阿光的腿一下子就软了。

扑通一声，他跪到地上，紧接着就是砰砰的磕头声，嘴里说："小的该死，小的该死，师父饶命啊。"

黄金荣完全不理睬他，一巴掌拍在茶几上，吼道："家有家法，帮有帮规，把这杂种拖出去，晚上扔进黄浦江里喂鱼！"

阿光一看求黄老板不管用，就赶紧朝着老板娘林桂生磕头，一面磕一面哀求道："师母，救命啊，小的再也不敢了。看在我没有功劳还有苦劳的分上，求师父师母饶了我这条狗命吧。"

此时，昨晚参与抢土的其他七人都赶了过来，众人一块儿跪下求饶。

一直沉默着的林桂生，此时发话道："那两包烟土，你藏到哪儿去了？"

阿光赶紧回道："小的没有独吞，分给另外七位兄弟了。但是……但是，小的拿了双份。"

"你是领头人，那这主意是你出的吗？"

"是小的一时财迷心窍，我对不起师父师母。"

林桂生冷笑一声，道："阿光，为了这么一点小钱你就敢欺师灭祖，真没出息。"

顿了一下，林桂生看了一眼黄金荣，接着说道："念你之前一向对师父忠心耿耿，今天就放你一条性命。赶紧滚出上海滩，不要再让我看到你。"

"谢谢师母，谢谢师父，我这就滚出上海滩，这就滚。"阿光像被判了死刑的囚犯忽然得了特赦令一样，磕头如捣蒜。

阿光退下后，林桂生对跪在地上的其他七人说："一人做事一人当，这事与你们无关，都起来吧。"

众人起身后，因愤怒而气喘吁吁的黄金荣猛吸了几口雪茄，对着一旁的顾掌生说："掌生啊，以后歪脖子管辖的那块活计都由你负责。"

"掌生一直不错，肯定能担当大任。另外，让月笙帮着你干。"林桂生不失时机地补充道。

黄金荣看了看杜月笙，说："那就这样，月笙也挺能干的。"

一切都安排妥当后，众人都要离去。

黄金荣单独把杜月笙留住，告诉他说："歪脖子那狗娘养的，按规矩得挨三刀六洞。既然你师母发话了，就饶他一命。不过规矩不能破，这样吧，你去跑一趟，让他留下一个手指头。"

杜月笙一愣，继而小心翼翼地说："现在，他只怕已离开上海滩了吧？"

杜月笙在巧妙地推辞，他做事向来讲究刀切豆腐两面光，如此明目张胆得罪人的事，他不愿意做。

但黄金荣不给他推脱的机会，听到杜月笙的问题后，他胸有成竹地说："不会，那个婊子养的是江苏青浦人，现在末班车早开走了，航船要等到明天。他肯定还在上海，就看你有没有能耐拿回他的手指了。"

杜月笙心中一惊，他费尽心力在老板和老板娘面前建立起的良好形象不能坍塌，他不能让黄金荣认为他是个无能的人。想到这，他当即说道："师父放心，我这就去。"

黄金荣从边上摸出一把短柄利斧，递给杜月笙，又问道："你需要带几个人去？"

"不用。我一人就能完成任务。"

说完，杜月笙揣起斧子，匆匆而去。

歪脖子阿光在黄公馆外租了一间小屋，平日没事的时候，常邀兄弟们到家里喝酒，杜月笙也去过。

杜月笙想，阿光在上海滩别无去处，应该就在那小屋里。

但这手指头怎么取呢？杜月笙犯了难。硬来肯定是不行的——这不符合杜月笙的做事风格。

想了一会儿，杜月笙成竹在胸。他拐进一家熟食店，买了一些熟食，又去附近的小店里卖了两瓶白酒。提着这些东西，他快步朝阿光的小屋走去。

果然不出杜月笙所料，他赶到时，阿光正直挺挺地躺在床上，一边直勾勾地盯着天花板，一边大口大口地抽着烟。

看到杜月笙推门进来，歪脖子阿光霍地跳起来，不知什么时候，手中已多了一把匕首，他冷冷地问道："月笙老弟，莫不是老板反悔了，让你来取我性命？"

杜月笙凄然一笑，扬了扬手里的酒和熟食，道："你多想了，兄弟我是来给你送行的。"

直到这时，阿光才反应过来，是啊，要来杀他的话，杜月笙就不会拿着酒食，再说，也不会是他一个人。

阿光请杜月笙坐下，然后闩上门。二人打开酒食，对饮起来。

酒过三巡之后，杜月笙摸出几块大洋，递到歪脖子阿光手里，说："兄弟一场，如今你落难，我也帮不上什么大忙。这几块钱你拿着做盘缠吧。"说完后，他眼圈一下子红了。

这让歪脖子阿光大感意外。之前，他与杜月笙的交情也就算是一般，没有特别深。而此刻自己落难时，曾经的好兄弟没一人前来相送，反而是这个杜月笙……

"真是难时见真情啊！我阿光虽不说朋友成群，但自以为也交了几个好兄弟，可如今……唉，不说了。兄弟你的情我领了，钱你拿回去。以后有什么用得着我阿光的地方，肝脑涂地。来，喝酒。"借着酒劲，阿光大发感慨。

"兄弟不会是嫌少了吧？"杜月笙问道。

"怎么会呢？"阿光连忙说。

没想到，杜月笙又从口袋里掏出几块银圆，对歪脖子阿光说："我这还有几块，但这是我的盘缠，要不兄弟一块儿拿去吧，我再想办法。"

"你的盘缠？怎么，兄弟你也要离开上海？"阿光彻底愣住了。

"不离开不行啊！"杜月笙叹道。

"老板和老板娘都那么器重你，你在黄公馆前途无量啊，为什么要离开呢？"

杜月笙看火候到了，就把黄金荣给他的那把短柄利斧拽了出来，放到桌子上，说道："不瞒你说，黄老板命我取你一根手指头，这把斧子就是他交给我的。"

阿光一下子愣在那里。

杜月笙喝了一口酒，继续说道："但咱们是兄弟，我怎么能下得去手呢？可黄老板看不到手指，肯定不会轻饶了我。喝完这顿酒，我也准备逃命了。"

说完，杜月笙撕下一只鸡腿，大口地嚼起来。

就在这时，借着酒劲，阿光突地抄起斧子，手起斧落，一根血淋淋的指头已经送到了杜月笙面前。

杜月笙惊得说不出话来，他完全还没来得及反应。

阿光扯下一块布条包住没了无名指的左手，凄然一笑，道："月笙老弟，快拿去交差吧！"

杜月笙热泪纵横，双手抱拳，说："杜月笙终生不忘兄弟的恩德，后会有期。"

说罢，他拿起断指，推门而出。

留下满手鲜血的阿光，在那里继续猛灌着义气之酒。

路上，手握阿光断指的杜月笙感慨万千。其实，他心里也不好受。但自古以来，一将功成万骨枯。只读过几天书的杜月笙虽然不知道这句话，但他明白这个道理。为了自己的前程，他不得不这么做。

"阿光，对不住了。"在心里默念完这句话后，杜月笙长叹一声，大踏步朝黄公馆走去。

回到黄公馆，他不动声色地把断指交给了黄金荣。

黄金荣看到杜月笙的神情，心中一惊：靠一人之力，干净利落地完成任务，而且毫无居功之色，这个人日后必成大器。

第七章
有钱大家一起花

自从受到重用后，杜月笙漂亮地干了几件大事，于是在黄公馆的地位扶摇直上。

对于杜月笙的表现，黄金荣和林桂生看在眼里，记在心里。

一天，林桂生把杜月笙叫到跟前，说："月笙，我给你谋了个好差事。"

杜月笙一脸恭谨地站在那里，静等林桂生的下文。

"公兴记赌台你知道吧？从今天起，你去那里抱台脚，照例吃一份俸禄。你告诉他们老板，就说是我让你去的。"

听了林桂生的话，杜月笙喜出望外，但他并没有太多表露，照例不动声色地说："多谢桂生姐，我这就去。"

公兴记是法租界的三大赌场之一，在这里混事的人，都是拿得出手的响当当的人物。杜月笙能被派去这里抱台脚——即当保镖，可见林桂生对他的偏爱。

从林桂生那里出来，杜月笙就兴冲冲地赶往公兴记。

他找到老板，说明了来意。没想到，那老板一句话就把他给憋了回来，"年轻人，空口无凭，谁知道你是真是假。"

杜月笙无奈，只得灰溜溜地回到黄公馆。

但他并没有告诉林桂生，因为在他看来，这是一件很丢脸的事情，他不想让林桂生跟着一块儿塌台。

"公兴记那边每月给你多少俸禄啊？"几天后，一个偶然的机会，林桂生忽然记起了此事，就问起杜月笙。

杜月笙本不想主动提起这事，但被林桂生问到，就只好一五一十地将事情的原委和盘托出了。

林桂生没等听完，就柳眉倒竖，勃然大怒道："狗东西，岂有此理！他不是要凭证吗？走，我亲自给他送去。"

杜月笙看到林桂生发怒，就劝道："要不算了吧？"

"不行！"林桂生说得斩钉截铁，"这已经不是你一个人的事了，走！"

顷刻间，林桂生领着杜月笙，还有一众保镖，浩浩荡荡地赶到公兴记。

听说大名鼎鼎的林桂生亲自驾到，赌场老板赶紧出来相迎。

林桂生瞟了赌场老板一眼，然后指着杜月笙，说："这个人你认识吧？"

没几天的事，赌场老板哪能忘了呢，于是赶紧回话道："认识，认识。"

"认识就好。听说你跟他要凭证？好，今天凭证自己来了。"

赌场老板被吓出一身冷汗，赶紧赔着笑脸说："桂生姐，都是误会，误会啊。我哪里敢要您的凭证啊？"说完，他又赶紧招呼账房道："快去给这位兄弟取五十块大洋来，以后按月准时发放。"

账房领命退下。

林桂生一看赌场老板恭恭敬敬的模样，心想：事也办了，气也出了，得饶人处且饶人吧。想到这，她转怒为笑，一指赌台，说："我难得来赌场，今天趁着兴头，也玩几把。"

赌台老板长出一口气，他知道，这是林桂生给他面子，让他有个下台的台阶。

"桂生姐赏光，求之不得啊，快请，快请。"

林桂生坐上赌台，赌场老板在边上殷勤地伺候着，又是端茶，又是递毛巾,又是赔笑,十分周到。

林桂生这天手气出奇地好,几把下来,面前已经堆满了赢来的筹码。

正当玩得兴起的时候,林桂生突然想起自己的身份,玩几把也就罢了,不便在这里久留。想到这儿,她微微一笑,转过头对着侍立在身边的杜月笙说:"月笙,你来接着玩,我回去有些事情要处理。"

看到林桂生要走,赌场老板赶紧起身相送。

杜月笙接过林桂生的牌,继续玩下去。说来也是奇怪,杜月笙今天的手气也是出奇地好,没一会儿工夫,就赢了将近三千块。

按照杜月笙以往的脾气,手气如此之好,当然得继续赌下去,赌他个昏天黑地才算过瘾。但此时的杜月笙,早就不是那个为了过瘾就可以不顾一切的小混混了。他想,自打进入黄公馆之后,戒赌戒嫖,小心做人,为的是能出人头地。好不容易在老板和老板娘面前赢得了一个好印象,不能因为滥赌让此前的努力功亏一篑。

想到此,杜月笙满脸堆笑,朝着左右的牌友一抱拳,说道:"按照规矩,赢钱的不能赢了就走。但兄弟我实在还有事情要办,回去晚了,恐怕黄老板要怪罪。今天杜某坏规矩了,先走一步,各位多多包涵。"

说罢,他头也不抬,收拾好筹码换成大票,揣进兜里,朝门口走去。走到门口,叫了一辆黄包车,对着车夫吩咐道:"黄公馆。"

看着杜月笙的背影,赌场里输了钱的那几位,满脸的不爽,却又敢怒不敢言,一则杜月笙是黄公馆的人,二则杜月笙已经把话说开了。于是,只好自认倒霉。

回到黄公馆后,杜月笙快步走进林桂生的房间,掏出钱,递到林桂生手里,一脸恭敬地说:"桂生姐,我把您赢的钱带回来了。"

林桂生一数,吃了一大惊,好家伙,居然有两千四百块。在当时,这可不是一个小数目!

"月笙啊,这钱是你赢的,拿着当零花吧,我不要。"林桂生轻描淡写地说。

这是她的心里话。当初她只是让杜月笙代她玩几把，她离开时，桌上不过区区一百多块，没想到杜月笙竟然有本事把它变成了两千四百块。对于林桂生来说，这点钱算不了什么，但对于杜月笙来说，却是巨款。他能够原封不动地拿回来交给林桂生，充分说明了他的大气和诚实。于是，林桂生决定用这笔钱奖赏他。

但杜月笙拒绝了，他平静地说："桂生姐，这钱我不能要。开始的本金是你的，赢的钱当然也该是你的，我不过是借了你的好手气而已。"

林桂生听到这里，不禁哈哈一笑，道："没想到，你还挺有原则的。这样吧，四百块我拿着，算是我的本金，剩下的两千块归你。不要再推托了，不然我就生气了。"

既然林桂生把话说到这份上了，杜月笙再拒绝就有点呆傻了。

他朝着林桂生鞠了一躬，笑着说："那多谢桂生姐了。"说罢，乐呵呵地出了房门。

其实，林桂生之所以把这笔钱给了杜月笙，一则是出于对他的赏识，二则是对他的考验——她想看看，杜月笙到底怎么处置这笔钱。

话说杜月笙怀揣两千块钱之后，顿觉腰板挺直了许多，走起路来也比以前更有底气。这让他明白，一个女人的自信可以依靠相貌，但一个男人的自信却只能依靠金钱。

回到住的地方后，他看到马祥生正好坐在床上。

"祥生，需要用钱不？尽管说。"杜月笙对着马祥生说道。

马祥生瞅了他一眼，没精打采地说："你别逗我了。你自己都穷得叮当响，还指望你借钱给我啊？"

"那是以前，现在兄弟我有钱了，"说话间，杜月笙拿出一百块，塞到马祥生的手里，"尽管花，不够再跟我说。"

马祥生彻底惊呆了，说句实话，自打进入黄公馆，大概他身上的存款从未超过一百块。

"月笙，你发财了？"

"一笔小财，两千块。"

"啊！"马祥生惊得嘴都合不拢了，"你突然哪来这么多钱，不会是偷的吧？"

"当然不会。咱能干那种事吗？真要干了，丢的不是自己的脸，丢的那可是黄公馆的脸，是师父师母的脸，我哪敢啊？"

"那这钱是从哪来的？"

杜月笙诡异地看了马祥生一眼，笑道："反正是正道来的。至于怎么来的，天机不可泄露也。"

二人笑成一团。

笑罢，马祥生又问道："月笙，你打算怎么花这笔钱啊？"

杜月笙那想了一下，说："我没想过。但我要先回十六铺一趟，去看看我的老朋友。"

"我要是有两千块，我就去开家店铺，做老板。"杜月笙的回答让马祥生有点失望。

对于马祥生的这个建议，杜月笙微微一笑，不置可否。此时，他想的是，如何与十六铺的老朋友们一起分享这两千块钱带来的快乐。

第二天，他向林桂生请了一天假，然后叫了一辆黄包车，满心欢喜地朝十六铺奔去。

杜月笙首先找到自己的好兄弟袁珊宝。当年，杜月笙赌得身无分文的时候，袁珊宝没少帮他。有时候，为了让杜月笙渡过难关，他甚至脱下自己身上的衣服，让杜月笙拿到当铺当了。而自己光溜溜地躺在床上，等着杜月笙赢了钱，再把衣服赎回来。

这份情谊，杜月笙当然不会忘记。回到十六铺，他首先找的就是袁珊宝。

看到多日不见的杜月笙，袁珊宝高兴坏了。

"月笙哥，你现在越来越气派了。"袁珊宝说。

"咱兄弟有福同享、有难同当。我气派了，也要让你气派气派。"杜月笙说着，掏出两百块钱，塞到袁珊宝手里，"拿着！"

袁珊宝看到杜月笙出手这么阔绰，忍不住问道："月笙哥你哪来这么多钱？"

杜月笙微微一笑，说道："兄弟放心，这钱来得正大光明。真要是偷的抢的，我就不会给你了，以免连累你。"

袁珊宝还是没有接，继续说道："那也不要给我这么多。月笙哥，你现在不同往日了，应酬花钱的地方肯定很多，所以你得计划着点。"

杜月笙没理他，硬是把钱塞进袁珊宝的口袋，假装生气地说："少啰嗦，让你拿着就拿着。"

袁珊宝看杜月笙十分坚持，就乐呵呵地收下了。

从袁珊宝那儿离开，杜月笙又来到师兄王国生所开的潘源盛水果行。

看到杜月笙衣着光鲜地回来，王国生发自内心地为他高兴。

"月笙，看你的精神头儿，应该在黄公馆混得不错吧？"王国生跟杜月笙拉起了家常。

"多亏老板和老板娘，还算不错。"在自己的好兄弟面前，杜月笙实话实说。

"看到你现在这样，我真替你高兴。"王国生兴高采烈地说。

杜月笙不好意思地挠挠头。

说了一会儿家常后，杜月笙把王国生拉到一个没人的地方，掏出三百块钱，说道："国生哥，当初多亏你收留我，我才没有流落街头。可我在你的店里，却没有好好干活，因为赌博，还亏空了账上的许多钱。这点钱，是我的一点心意，你一定要拿着。"

王国生看杜月笙说得这么恳切，心里十分感动，但他不想要杜月笙的钱，于是说："月笙，你能这样说我很感动。但那都是过去的事了，过去的事就不要提了。钱你拿回去，你现在正处于事业的上升期，肯定比我更需要钱。"

但杜月笙坚决不肯，强行把钱塞进王国生的口袋里。王国生拗他不过，只好收下。

跟王国生告别后，杜月笙又分别拜访了自己的老头子陈世昌和当初把自己推荐到黄公馆的爷叔黄振亿，并给了每人一百块钱以表孝心。两个老前辈拿着徒弟的孝敬，心里乐开了花，纷纷表示：自己当初没有看错人，月笙真是个有情有义的敞亮人。

除了这几个最重要的人之外，杜月笙在十六铺还有很多兄弟朋友。这些人，他也都一一拜访。拜访的时候，这个给三十，那个给五十。转眼间，装着两千块钱的口袋就快要见底了，但杜月笙丝毫没有在意，按照他日后的说法：钱没了可以再来，但交情没了就很难再续了，所以交情比钱重要。

杜月笙舍财求交情的风格贯彻了他一生，也正是这种处事风格，让他在日后的地位达到了一个比黄金荣更高的高度。

把这一切事情都了断之后，当晚，他又请袁珊宝和王国生吃了顿饭。席间，三人谈起当时的落魄日子，免不了一阵唏嘘。尤其是说到杜月笙得重病的那次，三人更是泪眼婆娑。当时，要不是袁珊宝和王国生的悉心照料，杜月笙也许早就不在人世了。

这些往事都让杜月笙感到朋友的宝贵。

吃完饭后，已是晚上八点多。杜月笙并没有立即回去，因为他还有一个人要去拜访，她就是杜月笙的干妈——大阿姐。

看到杜月笙，大阿姐简直不敢相信自己的眼睛。她急忙迎上去，满面春风地说："月笙，听说你在黄公馆混得阔绰了，难得还记得我这个大阿姐。"

杜月笙赶紧满脸赔笑，说道："哈哈，怎么会忘了我干妈呢？"

"那怎么这么久了才来看我？"大阿姐嗔怪道。

杜月笙急忙解释道："我也常常想来看望干妈，但黄公馆事情多，我一直走不开。今天，好不容易请了一天假，这不就赶紧跑来看干妈了。"

听到杜月笙这么说，原本就是假装嗔怪的大阿姐马上喜笑颜开，说道："我就知道月笙不是那种无情无义的小人。来，让干妈好好疼疼你。"说话间，对杜月笙又拍又捏。

杜月笙赶紧求饶，同时掏出一百块送到大阿姐手里，说道："请干妈笑纳。"

大阿姐一看到钱，更是喜得开怀大笑，也不推辞，一边笑一边把钱塞进口袋，嘴里说道："月笙出息了，有钱了。"

杜月笙又陪着她嬉笑了一会儿，便起身告辞。

大阿姐知道黄公馆规矩严，也没有挽留，一路把他送出了花烟间。

两人最后告别的时候，大阿姐好像突然想起了什么，拉住杜月笙的手，问道："你先别急着走，我问你个事，有媳妇了没？"

"干妈啊，我现在这么穷，谁会愿意嫁给我啊。"杜月笙乐了。

"俗话说，好运来了挡不住。我看你的好运就快来了。这样吧，这事包在我身上，我一定给你物色一个好媳妇。"大阿姐说道。

"那谢谢干妈了。"

"跟我还客气啥，等事情有了眉目，我托人捎信给你。"

"好，那我走了。"

在大阿姐的目送下，杜月笙坐上黄包车，渐渐消失在人流中。

第八章

立了两个大功

经过一天的折腾，回到黄公馆之后，杜月笙一摸口袋，两千块钱已经所剩无几。但他并没有觉得可惜，相反，他觉得这钱花得值——既了却了从前欠的人情债，又维系了兄弟情义，他心里觉得舒坦。再说，这钱虽然花光了，但他在公兴记赌台那边还有一份按月发放的俸禄，所以不用担心手里没钱花。

杜月笙在公兴记那边干得十分出色，帮着老板把这个赌场的秩序维持得井井有条，很得老板的赏识，俨然成了那帮抱台脚的头目。黄公馆那边的事情，他也是尽心尽力，不管是黄老板还是林桂生吩咐的事情，都能漂亮地完成，因此在黄公馆的地位也是一天天上升。

一天，林桂生把他叫到身边，安排他处理几件小事。领命后，杜月笙刚要转身离开，林桂生把他叫住了，问道："那两千块钱花完了吗？"

杜月笙一听林桂生问起这事，心里顿时紧张了起来。两千块不是个小数目啊，可他几乎一天就把它花完了。他心里在打鼓，林桂生会不会怪他花钱太大手大脚啊？

但又转念一想，花都花了，就实话实说吧。于是，他只好硬着头皮回答道："花完了。"

令他意外的是，林桂生没有怪罪他的意思，反而笑眯眯地说："手条子挺宽嘛，像个做大事的人。那你跟我说说，这钱你都花在哪里了。"

杜月笙心里的石头落了地，便一五一十地把花钱的经过描述了一遍。

林桂生听完，露出一个赞许的微笑，但没有说话，只是把手一摆，说："好，我知道了，你去办事吧。"

杜月笙走出门后，林桂生欣喜万分。本来林桂生就有意用这两千块钱试试杜月笙的斤两，如今她得到了最想看到的结果。

当晚，她就把这事告诉了黄金荣，并且把杜月笙好好夸奖了一番。她说："如果他拿这两千块钱去狂赌滥嫖挥霍掉了，那他再有胆量、再有心计，也不过是个小混混，成不了什么大气候；如果他拿这两千块钱去开店买地，做起了小买卖，那他尽管会发点小财混个温饱，但绝对不适合在咱们这行混。可事实是，他拿这钱去偿还旧日欠下的人情债、去结交朋友，那他就是条汉子，眼光长远，有情有义，日后一定会成为你的得力助手，你得好好提拔提拔他。"

听完林桂生的话，黄金荣也大喜过望，一边搓手，一边说："这杜月笙确实值得好好栽培。"

不得说，林桂生和黄金荣看人的确有眼光，但他们看得还不够准确。因为日后的杜月笙不仅仅满足于做黄公馆的顶梁柱，他要做的是超越黄金荣，做上海滩的头号人物。后来的事实证明，他做到了。

听到黄金荣的肯定，林桂生又趁热打铁地说道："不如这样，找个时日，让他开香堂收徒弟，自立门户吧。如此一来，他能放开手脚去做事，黄公馆就多了一支悍勇的力量。"

黄金荣想了一想，说："这个是早晚的事，但现在还不行，得寻个机会，不然那些比他资历老的肯定不服气。"

林桂生觉得黄金荣言之有理，就不再坚持。

经过这场谈话后，黄金荣和林桂生对杜月笙更加器重，想尽办法在众人面前提高杜月笙的威望，只待一个时机，就让他自立门户。

而杜月笙也感觉到了这份器重，做事更加卖力。老板吩咐的每件事情，他都处理得干净利落，有板有眼，令众人不得不信服。

没多久，杜月笙就被提拔为公兴记赌台那帮抱台脚的真正头目，成了赌场的管理人员。

此时，杜月笙觉得自己必须有一股嫡系的力量了。不然，这个头目就难以做好。要有自己的力量，开香堂收徒弟是必须迈出的一步。

杜月笙不知道黄金荣和林桂生是否会支持自己的这个想法，所以一直忍着没提。直到有一天，他觉得实在忍不住了，不提不行了，就把这事委婉地透露给了林桂生。没想到，这正中林桂生的下怀，她当场表态，她和黄老板都支持此事。

杜月笙吃了定心丸，就紧锣密鼓地物色起了徒弟。

杜月笙的开山弟子名叫江肇铭，此人嗜赌如命，且赌术高超，人称"赌场郎中""摇摊能手"。杜月笙看他是个人才，就挑了一个黄道吉日，请来自己的师父陈世昌和大恩人兼爷叔黄振亿坐镇，又请了几个同辈的师兄弟捧场，正式收他为徒。杜月笙是"悟"字辈，江肇铭低一辈，就是"觉"字辈。

接着，杜月笙又连续收了几个徒弟。如此一来，杜月笙开始有了自己的心腹干将，在这帮徒弟们的帮衬下，杜月笙在管理赌场时就更加得心应手了。

自打杜月笙开香堂收徒弟之后，黄公馆里的众人都预感到，杜月笙的好运来了，不久的将来，可能就要自立门户了。

连别人都能预感到，杜月笙本人不可能感觉不到。但他仍然低调做人、全力做事，并没有因此而趾高气扬，也没觉得高人一等。他肯定也知道，要完成鲤鱼跳龙门的那一跳，他还需要一件令众人心服口服的大功劳。

俗话说，运气来了，赶都赶不走。收徒后没多久，立功的机会就来了。

当时，一向生意兴隆的公兴记赌台，因为"剥猪猡"和"大闸蟹"两件事的影响，生意一落千丈。杜月笙看在眼里急在心里，他要想办法解决这两个难题。

"剥猪猡"是指从赌场出来的赌客被潜伏在路边的劫匪抢劫财物，单单抢劫财物倒也罢了，关键是劫匪抢劫得非常彻底——连赌客的衣物也全部扒光，使得赌客就像一只被剥掉皮的光溜溜的猪。来赌场赌博的客人，很大一部分是或富或贵的社会名流，对于这些人来说，被抢点财物倒还没什么大不了，但被人剥得光溜溜，那该是多么丢人的事情。曾经被剥过的人，或者听到别人被"剥猪猡"的人，就不会再来公兴记赌台了。这样一来，赌场的生意怎会不一落千丈。

杜月笙决定亲自调查此事。

一天晚上，杜月笙和大徒弟江肇铭打扮成一般赌客的模样，从赌场里大摇大摆地出来，专门向着僻静的小道走去。

忽然，一帮蒙面的壮汉从路边的灌木丛里一跃而出。为首的那个指着杜月笙，喝道："兄弟们给我上。"

说时迟那时快，只见几个大汉一拥而上，就要对杜月笙和江肇铭下手。

这时候，只听江肇铭冷笑道："胆子不小啊，连黄公馆里的杜月笙杜老板都敢抢？是不是活得不耐烦了？"

此时，杜月笙的名号还没有大到让别人闻名而丧胆。几个冲在前面的壮汉像没听到一样，丝毫没有半点停下的意思。

杜月笙和江肇铭一看这架势，只好摆开架势，准备跟他们搏斗。

就在这时，为首的那个说道："慢着，先住手。"然后，他拿手一指江肇铭，问道："你刚才说什么？你说你身边这人是杜月笙？"

没等江肇铭答话，杜月笙开口道："行不更名，坐不改姓，我就是杜月笙。"

为首的大汉哈哈一笑，赶紧屏退自己的弟兄，上前挽住杜月笙的胳膊，拉下蒙在脸上的黑布，道："真是'大水冲了龙王庙'，月笙哥，是我啊。"

杜月笙吃了一惊，借着微弱的月光仔细一瞧，此人竟然是刘阿力，是十六铺的一个小混混。当年杜月笙还在十六铺的时候，两人的关系非常好。

"啊呀，原来是阿力啊。你怎么干起这勾当了？"

刘阿力说："实在是没办法啊，领着弟兄们讨口饭吃。"

杜月笙也是从小混混一路走过来的，所以他对这些人十分理解。但这些人有饭吃，赌场就没饭吃。有没有一个两全其美的办法，让双方都有饭吃呢？

这是个问题。

杜月笙一时想不出对策。但遇到刘阿力却是个不错的机会，能让杜月笙了解一下这些劫匪的底细，从而对症下药。

当即，杜月笙就把刘阿力和他的几个兄弟请到酒馆，找了一个房间，一边喝酒吃肉，一边打听"剥猪猡"的事情。

通过刘阿力，杜月笙得知，干这个勾当的人，并不是只有刘阿力一伙，另外还有三四个团伙。这些人大多是一无所有的小混混，很多都是蛮勇斗狠的亡命之徒。

通过一番长谈，杜月笙心里有底了。

"其他几个团伙的头目，你都认识吗？"

刘阿力说："认识。"

杜月笙又说："你能把他们约出来吗？"

刘阿力想了想，说："没问题。"

杜月笙接着说："那这样，明晚八点，你把他们约到这家酒馆，还是在这个包间。我们一块儿坐下来谈谈。"

刘阿力拍着胸脯说："月笙哥的事情就是我阿力的事情，我肯定帮你约到。"

几个人干掉最后一杯酒，然后散去。

走出酒馆后，杜月笙带着江肇铭急步朝公兴记赌场走去。

在路上，江肇铭问杜月笙说："师父打算怎么处置这些人？"

杜月笙答道："来硬的不行，都是道上混饭吃的兄弟，你要断了他们的财路，他们就会和你搏命。"

"但是，不断了他们的财路，赌场的生意就不会好转啊？"江肇铭显得很着急。

杜月笙微微一笑，说："我已经想了一个两全其美的办法，不过得和赌场老板商量一下。"

回到赌场后，杜月笙径直来到赌场老板的办公室，开门见山地说："我是为'剥猪猡'的事情来的。"

对于这个事，赌场老板比杜月笙还着急，听到杜月笙的话后，赶紧请杜月笙继续往下讲。

于是，杜月笙说出了自己的办法："干这个勾当的有几伙人，其中一伙的头目我认识。我想把这几个头目召集起来，劝说他们放弃这个营生，但是……"杜月笙顿了一下，表示下面这句话是重点。当他看到赌场老板正在迫不及待地等待下文的时候，他才接着说："但是，他们也得吃饭，赌场得从盈利中抽出一成分给他们。"

听完杜月笙的话，赌场老板用一个商人的思维稍微考虑了一下，当即拍板道："没问题。只要这些人愿意住手，不再抢劫公兴记的客人，赌场愿意分给他们一成的利润。"

杜月笙说："好，既然你答应了，剩下的事情我来办。"

直到这时，江肇铭才从云山雾罩中走了出来。他终于弄明白了杜月笙所说的两全其美的办法，并对杜月笙钦佩不已。

后来，杜月笙有一句经常挂嘴上的名言："做事要像菜刀切豆腐，两面都要光。"从这件事上，我们可以看到，杜月笙绝对是做到"两面光"了。

第二天晚上，刘阿力领着几个头目准时出现在那家酒馆。早就等在那里的杜月笙，招呼大家一一坐下，然后在觥筹交错之中，把自己的想法告诉了大家。

大家先是一惊，天下还有白白拿钱的事？等确信杜月笙不是在开玩笑后，全都爽快地答应了，而且对杜月笙感恩戴德。

这完全在杜月笙的预料之中。

他们完全没有道理不答应。公兴记赌台的利润大得让这些小混混不敢想象，即使其中的一成也已十分可观。既不用冒风险，还能按月拿到不错的俸禄，不用再愁吃喝，他们高兴还来不及呢，焉有不答应的道理？

但杜月笙马上补充道："不过，各位兄弟，丑话说在前头，以后各位务必管住自家兄弟，如果再有公兴记的赌客被'剥猪猡'，那我杜月笙一定查出是谁做的，然后送他个'三刀六洞'。"

稍稍顿了一下，杜月笙又铿锵有力地补充了八个字："我杜月笙说到做到！"

"一定会管好自家兄弟，否则甘愿受罚。"杜月笙的话音一落，各路头目纷纷表示。

大家满意而归。

自此之后，公兴记赌场再没有发生一起客人被"剥猪猡"的事件。赌客们一传十、十传百，冲着公兴记赌场的这份安全保障，都放心地到公兴记赌场来玩。甚至连其他一些赌场的常客，也转投到公兴记这边。

这样一来，公兴记的生意迅速红火了起来，甚至比"剥猪猡"事件发生之前还要兴旺。

赌场老板看着大量的银圆哗哗地流进来，乐得嘴都要合不上了。他把这份功劳全部记在了杜月笙头上，对杜月笙更加器重。这事传到黄金荣耳朵里之后，黄金荣对杜月笙的评价只有四个字："绝顶聪明。"

法租界的其他两个大赌场看到公兴记生意兴隆，都丈二和尚——摸不着头脑，为一探究竟，纷纷前来取经。知道事情的原委后，都找到杜月笙，表示也愿意出一成的利润，请他帮着斡旋。

这两个大赌场的抱台脚头目分别是金廷荪和顾掌生，都是青帮里"通"字辈的弟子，虽说比杜月笙高一辈，但都是为黄公馆做事，所以与杜月笙形同兄弟。

既然是兄弟们的忙，杜月笙当然不能不帮。

就这样，法租界的三大赌台靠着杜月笙一己之力，全部恢复了往日的兴旺发达。不仅如此，由于没有了"剥猪猡"的事件，法租界的治安大为转好，身为法租界总探长的黄金荣自然也是脸上有光。另外，那些"剥猪猡"的兄弟还成了杜月笙的心腹力量，在日后杜月笙的霸业中为杜月笙出了不少力。

可见，搞定"剥猪猡"这件事，杜月笙可谓是一石三鸟。从此之后，他在法租界声名鹊起。

就在杜月笙为干净利落地摆平"剥猪猡"的事情而松了一口气后，另一个麻烦又冒了出来，它就是"大闸蟹"事件。

所谓"大闸蟹"，是指巡捕房把抓来的犯人用绳子拴成一串，押到街市上去游街示众，以警示市民。由于被拴在一起的犯人看起来就像被绑住的大闸蟹，因此就有了这个谑称。

但是，这跟赌场有什么关系呢？

这得从被抓的赌客们说起。

本来，各大赌场都要按月向巡捕房的上上下下进贡，以保证赌场不受他们的骚扰。但这段时间，法租界刚来了一个新的头目，此人新官上任三把火，命令巡捕房采取类似"严打"的行动，以净化法租界的治安状况——尤其对于赌场特别关注。

上头下命令了，那巡捕房也没有办法，只好隔三岔五到赌场抓些赌客交差。

被抓本来没什么大不了，关几天就可以放回去。但赌客中有很多有头有脸的成功人士，把这些人弄到街上去示众，那他们的颜面就彻底扫地了。

因此，自从有了"大闸蟹"事件之后，这些人就很少到赌场去玩了，宁可待在家里，约上三五好友，进行小规模的赌博。

少了这些人的捧场，赌场的生意一落千丈。

眼看着赌场的生意越来越冷清，杜月笙急在心里。怎么办呢？杜月笙一直在苦思对策。没过几天，杜月笙终于心生一计。不过，这个计策需要巡捕房的配合，好在黄金荣是巡捕房的华人总捕头。

其实，这段时间，黄金荣也很苦恼。以前，三大赌场每月都要给黄公馆一大笔分红，如今，由于"大闸蟹"事件的影响，送到黄公馆的分红越来越少。钱倒还是其次，关键是黄老板的牌子受到了质疑——以前，大家都认黄金荣的牌子，是因为在法租界没有他黄老板摆不平的事情。可现在，大家感到原来他黄金荣也不是万能的。

杜月笙有了对策后，当晚就找到黄金荣，说出了自己的对策。

杜月笙的想法是这样的：由于赌场分日场和夜场两个时间段，而夜场占赌场营业额的大部分。那么，他就想牺牲日场，而换来夜场。具体的办法是，找来一些闲人，在白天进入赌场冒充赌客，然后巡捕房就把这些人抓去交差，而当夜晚来临，真正的赌客光临的时候，巡捕房就不要再到赌场抓人了。

听到杜月笙的计策后，黄金荣略一沉思，说道："这个办法虽然不是十全十美，但应该算是当下最好的办法了。巡捕房那边没问题，只要有人抓来交差，我打个招呼就可以了。但问题是，找谁来冒充赌客呢？一般的闲人装不像，而自己的手下兄弟也算是有脸面的人，丢不起这个人。"

杜月笙说道："这个老板可以放心，冒充的人由我来找。你还记得上次'剥猪猡'的事吗？那帮小兄弟正闲着没事呢，他们一直为白拿分红而愧疚，现在好了，正好可以派上用场。"

听到杜月笙把唯一的难题都解决了，黄金荣高兴得一拍大腿，笑道：

"好小子，有你的！这真是'养兵千日，用兵一时'啊。"

商定后，黄金荣负责疏通巡捕房的关系，而杜月笙负责找人冒充赌客。

第二天，两人导演的好戏就上演了。

白天，只见巡捕从赌场里抓来一个个嬉皮笑脸的赌客，押到街上示众，而一到晚上，巡捕们就从赌场门前彻底消失了。

大家听到这个消息后，纷纷放下了戒备，重新走进赌场。只不过，他们只在晚上来玩。

就这样，杜月笙又解决了令人棘手的"大闸蟹"问题，赌场的生意有了回转，而黄老板的牌子也保住了。

这件事情的解决，虽然少不了黄金荣与各方关系的斡旋，但法租界的人都知道，主意是杜月笙出的。不动声色地解决完困扰法租界三大赌场的两个大难题之后，杜月笙的名气更大了。连那些曾经对杜月笙的迅速上位不以为然的老资格们，也纷纷对他竖起了大拇指。

杜月笙的自立门户，似乎已经水到渠成。

第九章
娶了媳妇，立了门户

就在黄金荣和林桂生正在琢磨着让杜月笙自立门户的时候，另一个好消息传来了。

杜月笙的干妈大阿姐托人给杜月笙送信，说上次给他物色媳妇的事有着落了。她让杜月笙第二天去跟人家见见面。

杜月笙喜滋滋地去向林桂生请假。

林桂生是个眼观六路、善于察言观色的人，她看到杜月笙满脸喜气地来请假，就问他："月笙啊，我看你一脸的喜气，是不是有什么喜事啊？"

杜月笙这才意识到，自己有点喜形于色了，赶紧收敛了一点，不好意思地说："没，没，就是，去见个人。"

杜月笙一向没有在林桂生面前撒谎的习惯，所以尽管这事八字还没有一撇，但他还是含含混混地告诉了林桂生。

恰好，这天的林桂生的心情很好，于是就逗杜月笙说："见个人？是见男的还是女的啊？"

林桂生的这句话刚问完，紧接着自己答道："啊呀，恐怕是见女的。"说完，她扑哧一声笑了出来。

杜月笙更加不好意思了，干脆站在那里看着林桂生，傻笑着也不说话。

这就是默认了。

林桂生的兴致更大了，问道："月笙，有什么好事还要瞒着我吗？"

杜月笙一看麻烦了，再也糊弄不过去了，只好原原本本地把大阿姐替他说媳妇的事说了一遍，说完后，又补充道："就是去见见面，八字还没有一撇，还不知能不能成。"

林桂生听到杜月笙这样一说，当即大喜，扬着手催他道："哎呀，是去见新媳妇啊，那得快点去。拿出你平日的男儿气概来，凭着咱这一表人才，这事肯定能成。你快去吧，我等你的好消息。"

杜月笙从黄公馆里出来，叫了一辆黄包车，直奔十六铺的小东门。

大阿姐早就在门口候着了，看到杜月笙后，她介绍了这位姑娘的情况。原来，这姑娘名叫沈月英，是大阿姐的一个远房亲戚的女儿，按辈分论算是大阿姐的表妹。沈月英是苏州人，之前一家人在外地做生意，后来她父亲客死他乡，无依无靠的沈月英只好跟着母亲来到上海，投奔母亲的娘家人。但沈月英的姥姥、姥爷早就过世了，剩下一个舅舅也过得十分贫苦，根本顾不上这娘俩。于是，母女俩只好靠着一点微薄的遗产聊以度日。现在，遗产也快花光了，而沈月英正好到了当嫁之年，沈老太太就想给女儿找个可以依靠的丈夫，以保障娘俩在日后生活有个着落。

大阿姐看准了杜月笙的人品和能力，认定他日后必定飞黄腾达，就想把杜月笙介绍给沈月英。

介绍完这些基本情况后，大阿姐就带着杜月笙来到了沈月英家。

看到沈月英的第一眼，杜月笙就动心了，眼前这个女孩，虽然谈不上多么漂亮，但一脸的柔情似水，两眼闪亮，身材苗条，是杜月笙喜欢的类型。而沈月英似乎对眼前的这个小伙子也比较满意，这从她那一脸娇羞、笑意盈盈的表情就可以猜出来。

看到这两人的神情，大阿姐心里算是放心了。看来，这事是八九不离十了。

但就在这时候，一直用心观察着杜月笙的沈老太太发话道："你怎么称呼啊？"

　　杜月笙赶紧答话："我姓杜，木土杜，名月生，月亮的月，学生的生。"杜月笙知道自己没什么文化，故意文质彬彬的，连说话都绞尽脑汁想那些文雅一些的词。

　　沈老太太"哦"了一声，没有表示什么。

　　接着，她又问道："家里有什么祖业啊？"

　　这话把杜月笙难住了，他现在孤儿一个，哪有什么祖业啊？在高桥镇，他父亲倒是留给他几间眼看要倒的破祖屋，当初还差点被他卖了当赌资，但这能算是祖业吗？

　　沈老太在那眼巴巴地等着他回答，而支支吾吾不是杜月笙的风格，他把牙一咬，便实话实说道："我父母死得早，除了老家高桥镇的一座祖屋，没有留下其他的祖业。"

　　沈老太太没言语，只是点点头，也不知是满意还是不满意。

　　等了一会儿，她又问道："那你现在从事什么行当啊？"

　　"我在黄公馆里做事。"杜月笙答道。

　　沈老太太又"哦"了一声，接着，她就不说话了。

　　这下可把大阿姐急坏了，但又不能当面问人家是否同意，只好干耗着，等沈老太太发话。

　　这样耗了大约一袋烟的工夫，大阿姐实在等不及了，就把沈老太太拉出门口，悄声问道："您老人家到底同意不同意啊？"

　　沈老太太说："这小伙子倒是挺不错，但没什么家底啊，我们母女俩哪能依靠上他啊？"

　　大阿姐赶紧夸杜月笙道："你别看他现在没什么家底，但你相信我，日后必能发达，你们娘俩肯定能享上福。"

　　但沈老太太急于找个靠山，对日后的事似乎并不十分关心。

大阿姐无奈，只好回屋，领着杜月笙走了。

早在屋里的时候，杜月笙已猜出结果了。从沈月英那里出来后，他并没有问大阿姐，只是沉着脸。

大阿姐刚要开口，杜月笙就很不服气地问道："那老太太是嫌我穷吧？"

大阿姐点点头。

"他们娘俩是没这个福气，你放心，我保证给你找个更好的。"大阿姐安慰杜月笙。

杜月笙苦笑了一下，说："人家嫌我也应该，谁愿意嫁给一个穷小子。"

大阿姐拍拍他的肩膀，说："月笙，你不会一直是个穷小子。我大阿姐看人从来没有走眼过。"

杜月笙笑笑，表示感谢，然后调皮地说："我也是这么认为的。"

大阿姐被他逗乐了。

回到黄公馆后，杜月笙尽量让自己看起来正常一点，他不想让人知道相亲不成的事。但有一个人他瞒不过去，那就是林桂生。

当天下午，林桂生就把杜月笙叫过去，询问此事。

在林桂生面前，杜月笙从来不会装，便实话实说道："没成。"

林桂生似乎早就料到了结果似的，并不惊诧，一脸平静地问："那姑娘没看上你？"

"不是。"杜月笙说。

林桂生又问："那为什么没成？"

"她妈嫌我穷，没有家业。"

这时，林桂生笑了，笑得很诡异，让杜月笙不明其意。

笑完后，她又问杜月笙道："那你喜欢那姑娘吗？"

没想到，听到这个问题后，一向干脆利落的杜月笙竟然扭捏起来。

此刻，他的内心是复杂的。打心眼里，杜月笙喜欢沈月英，但此刻，他要是回答喜欢，会让人感觉自己癞蛤蟆想吃天鹅肉；如果违心说自己不喜欢，那可以给自己找个台阶下，但杜月笙又不想违心。

林桂生看到杜月笙木在那里不作声，又笑了，说："没想到向来天不怕、地不怕的杜月笙，居然也有腼腆的时候啊。呵呵，你倒是说啊，喜欢还是不喜欢？"

经过林桂生这么一激，杜月笙身上的男儿豪气顿时冲天，他脱口而出道："喜欢。"

林桂生拍手道："这不就得了？只要你喜欢她，她也喜欢你，这事就好办。放心吧，剩下的事桂生姐给你摆平。"

杜月笙一愣，眼中顿时对一向待自己很好的林桂生充满了感激之情。

林桂生说到做到。

晚上，林桂生把这事告诉了黄金荣。

黄金荣听罢，气得直拍桌子，嘴里骂道："真是狗眼看人低，我黄公馆里的人，居然也会被人瞧不起。"

林桂生看黄金荣怒了，趁热打铁说道："不如借这个机会，干脆让月笙自立门户吧，把同孚里的房子挑一套给他住。那姑娘的老妈嫌月笙穷，首要的一件事就是嫌他没有家业。咱们送给他一套房子，再备些聘礼，我不信那老太太会不动心。"

黄金荣想了片刻，说："好，就这么办。我再亲自跑一趟，替月笙去求亲，明天就去。"

第二天，黄金荣领着一干保镖，还有几个手托聘礼的女佣，浩浩荡荡地前往十六铺的小东门，找到大阿姐，由她带路，直奔沈月英家。

黄金荣一进门，沈老太太就吓坏了。

她心中直打鼓，这帮子人一个个满脸横肉，一看就不是善茬儿，只是我们孤儿寡母的，怎么会招惹着他们呢？

这时，大阿姐一指黄金荣，介绍道："这位是巡捕房的总探长黄老板。"

沈老太太虽然没见过黄金荣，但知道黄老板的大名。一听是上海滩的鼎鼎大名的黄老板驾到，她吓得更是哆嗦了起来。

黄金荣看出了沈老太太的畏惧，直接开门见山地说道："你不用害怕，我是来求亲的。"

沈老太太立即明白了，敢情这是来抢亲的啊。

想到这，她哆哆嗦嗦地回答："我女儿能嫁给黄老板这样的大人物，算是她的福分，不过……"

"不是嫁给我。"没等沈老太太把话说完，黄金荣不耐烦地打断她。

这下沈老太太惊呆了，不知该说什么，也不知是喜是忧。

黄金荣接着说："昨天有个叫杜月笙的前来求亲，你还记得不？"

刚刚过去一天的事，沈老太太当然忘不了。她使劲地点点头，但依然不知道这位黄老板葫芦里卖的什么药。

"我今天就是来替他求亲的。杜月笙是我黄公馆的人，我已经把一座大房子送给他住，结婚的聘礼、费用，我也全包了。"说完，黄金荣一摆手，手持聘礼的女佣们鱼贯而入，把聘礼摆在了沈老太太面前。

直到这时，沈老太太才算是明白了。她当即道歉道："昨天是我老太婆有眼无珠了。"

黄金荣说："那你现在同意还是不同意这门婚事啊？"

沈老太太赶紧说："同意，同意。"

就冲黄金荣这架势，即使他没送给杜月笙一座房子，即使他没带来这些聘礼，估计沈老太太也不敢说半个"不"字。何况还有一座房子和这么多的聘礼。

事情搞定后，黄金荣满脸轻松地站起来，朝着沈老太太说道："那我走了。等我回去挑个好日子，就把婚事办了吧。"

沈老太太赶紧附和道："一切都听黄老板的。"

从沈月英家里出来后，黄金荣感叹道："在上海这个地方，钱还真是万能的。"

是啊，他说得没错。杜月笙肯定也意识到了这一点。所以，在日后的生涯中，杜月笙花钱如流水，用钱财打通关系、维系人情，从而成了上海滩说一不二的霸主。

当然，这都是后话了。

黄金荣回到黄公馆后，立即把求亲成功的事，还有送他房子以及自立门户的事，全都告诉了杜月笙。杜月笙听后如同从地狱跨入天堂，自然是感慨万千，而在心里对黄金荣和林桂生当然是说不尽的感激。

几天之后，同孚里的新房子布置妥当，杜月笙在众兄弟和徒弟们的簇拥下，风风光光地把沈月英娶回了家。

一是自立门户，一是新婚大喜，杜月笙双喜临门，自然要大宴宾客。

这一年是一九一五年，自小就成为孤儿的杜月笙终于有了属于自己的家，也终于自立门户，有了属于自己的杜公馆——这是他来到上海滩之后，朝着发达之路迈出的第一步。

结婚后，杜月笙的事业一天天壮大起来，算得上是事业兴隆、财源广进。

婚后一年，沈月英生了一个儿子。杜月笙托人为他取名为杜维藩。

小维藩生得相貌俊秀，十分可爱，黄金荣夫妇对他简直是爱不释手。

有一天，林桂生忍不住提议道："月笙，我和黄老板做维藩的干妈、干爹，怎么样？"

杜月笙当然没有任何理由拒绝这桩好事，当即乐呵呵地答应了。

从此以后，黄金荣和杜月笙以兄弟相称，而沈月英也和林桂生姐妹长姐妹短的，十分亲热。

第十章
开办三鑫公司，做大烟土生意

自从结婚后，杜月笙可谓是万事皆顺。但不久后，为黄公馆带来大量钱财的抢土生意却遇上了麻烦，作为抢土生意的骨干人物，杜月笙自然又要为解决这个难题绞尽脑汁了。

给黄公馆的抢土生意带来麻烦的是一个叫沈杏山的人。

沈杏山是英租界的大亨，他手里有一支能干的抢土队伍，叫"大八股党"。本来，沈杏山与黄金荣，一个在英租界，一个在法租界，各人抢各人的，几乎是井水不犯河水。

但随着沈杏山荣升为英租界的探长，他的野心越来越大，妄图独霸上海滩的烟土生意，而把其他的抢土队伍排挤出去。

沈杏山也算是个聪明人，要想独霸上海滩的烟土生意，他当然不会采取火并这种最原始的方式，他采用的是黑白勾结的新方式。

沈杏山凭着自己英租界探长的身份，再加上大量的贿赂，上下疏通，竟然把自己"大八股党"里的兄弟安插进了专门负责缉私的两个机构——水警营和缉私营，并捞得了两营营长的肥差。

有了这两个营的保护，沈杏山干脆摇身一变，从抢土的流氓变成了护土的官方力量，当然他从护土的过程中分得的好处，比他抢土还要大得多。

当时，经过优胜劣汰，烟土商们大都变得财大气粗，不再采用以前那样的小规模走私，而是出大钱租用远洋货轮，直接把烟土运送至上海最大的港口吴淞口，然后就交到沈杏山的手里，在他们的押运下，安全抵达烟土行。

如此一来，黄公馆的抢土生意几乎被堵死了。

更过分的是，沈杏山得意忘形，居然还派人来向黄金荣打招呼，令他们停止抢烟土的活动，以免双方发生冲突，军警手中的枪不长眼，闹出人命来，大家脸上都不好看。

黄金荣一听这话，气就不打一处来。连一向冷静的杜月笙也一拍桌子，大怒道："他沈杏山不仅断我们的财路，还派人来叫板，实在是欺人太甚。"

此时的黄金荣已冷静下来，他说道："这个道理我懂得，但是现在的沈杏山钱多人广，势力大得很，我们哪有实力跟他硬碰硬啊。"

杜月笙皱了皱眉头，说道："从吴淞口到英租界，这么长的路线，就算是押送烟土的军警再多，也一定会有漏洞，我们只要组建一个不怕死的抢土队伍，就一定可以和他沈杏山斗一斗。"

听完杜月笙的话，一直默不作声的林桂生说："我看月笙说得有道理。"

黄金荣略微考虑了一下，问杜月笙道："但你说的不怕死的队伍，上哪儿找？"

杜月笙答道："老板放心，组建队伍的事我来办，保证给你找来一帮响当当的好汉。"

"好。"黄金荣大喜，"月笙，我算是没有看走眼，关键时候，还是得靠你。"

杜月笙笑了笑，没说话。

其实，杜月笙心里早有了心仪的人选。

果然，杜月笙说到做到。没过多久，他就组建了一支精壮的抢土队伍，除他之外，一共八个人，被称为"小八股党"。日后，这支队伍成了杜月笙手里的王牌，为他的霸业鞍前马后出生入死，算得上是杜月笙的生死之交。

"小八股党"里最有名的一个，就是杜月笙在十六铺时结交的好兄弟顾嘉棠。另外七人分别是高鑫宝、芮庆荣、叶焯山、杨启棠、黄家丰、侯泉根、姚志生。

这八个人都是身怀绝技、胆识超人的干将，其中芮庆荣膀大腰圆、臂力过人；叶焯山弹无虚发，是上海滩出名的神枪手；而高鑫宝眼疾手快、反应敏捷，是这八人中头脑最灵活的。这三人，再加上上面提到的顾嘉棠，被单独称为杜月笙的"四大金刚"，是杜月笙心腹中的心腹。

杜月笙与这八人义结金兰，成为拜把子兄弟。杜月笙向来有肝胆、会做人，所以很受这八人的敬仰，他们一心跟定杜月笙，可以为他上刀山、下油锅，万死不辞。

有了这样的一帮兄弟，还愁什么事情干不成呢？

经过一段时间的严格训练，这支队伍已经具备了惊人的战斗力。杜月笙看到所有的准备工作都已就位，那接下来就是猛虎下山，一展雄威了。

一天晚上，众人在黄公馆喝罢壮行酒，就一个个迫不及待地朝吴淞口赶去——那里将是他们战斗的地方。

来到吴淞口，杜月笙发现，这晚的风特别大，海面上波浪滔天，而这个夜晚也特别地黑，黑得让人害怕。

杜月笙领着"小八股党"悄悄地潜到早就准备在那的两艘小船上。

大家平心静气，等着战斗的开始。

忽然，远处漆黑的夜空中升起了两颗信号弹。这是告诉接货的人，货已进港了。

片刻之后，岸边的夜空中也升起了两颗信号弹。这是告诉轮船上的人，接货的小船马上就要出发了。

果然，信号弹的轨迹还未完全消失，早就守候在岸边的一艘艘小船，便如离弦之箭，快速向远洋海轮驶去。

杜月笙招呼一声，载着他们的两只小船也向海面驶去。

一会儿的工夫，装满烟土的小船就朝着岸边驶来。船队一线排开，依次前进，排在最后面的一只船没有装货，而是载着专门负责巡视四周动静的军警。

就在这时，排在后面的一艘运货的小船上传来了呼救声，但只是呼叫了几声，就被人扑通扑通地掀进江中。最后一条船上的军警听到呼救声，赶紧子弹上膛，朝着声音传出的地点驶来，但就在他们即将靠近事发船只的时候，扑通一声，载着他们的整只小船被掀翻了，军警也全部落入水中。

此时，波浪声、风声、呼救声连成一片。

但没等支援的军警赶到，装着烟土的那只小船已如鬼魅一般，消失在茫茫的海面上。在它的背后，有另外两只小船如影随形。

当然，这三只船上坐的，正是杜月笙和他的"小八股党"。

待到小船靠岸，一数烟土的数量，几个人顿时欢呼雀跃起来。首战即告捷，抢了价值几万块钱的烟土，大家怎么能不欢呼雀跃呢？

欢呼完毕，九个人迅速押着货物朝黄公馆赶去。

黄公馆的大厅里，黄金荣和林桂生早就坐在那里恭候多时了，看到他们得手归来，两人都大喜，纷纷夸赞杜月笙和他的兄弟们能干。

再看看杜月笙，依然是一副谦虚的模样，毫无半点居功傲物的神色，而"小八股党"的众兄弟看到杜月笙如此，也一个个跟着低调。

看到他们如此谦虚的样子，黄金荣心里更是大喜，心中暗想：杜月笙果然有眼光，这几个人一定是干大事之人。

通过这次抢土的成功，杜月笙不仅替黄公馆出了一口恶气，给了狂傲自大的沈杏山一记响亮的耳光，而且他还发现，跟现在相比，之前抢的烟土的数量只能是小巫见大巫了。如此一来，坏事变好事，黄公馆里的烟土不仅没有断档，反而更加源源不断地涌进来，而且数量越来越惊人。

随着烟土数量的剧增，杜月笙开始琢磨，与其转手卖给烟土行，让他们从中赚钱，不如自家开一爿烟土公司。

一天，杜月笙把这个想法告诉了林桂生。由于黄公馆的烟土生意一直是林桂生在管着，而且黄金荣因为是巡捕房的探长，关于烟土的事情不好直接出面，所以，杜月笙没有告诉黄金荣，而是直接跟林桂生商量此事。

林桂生对杜月笙的这个想法十分赞同，当即表示同意，接着又问了杜月笙具体操作的事宜。

杜月笙说："开这么一家公司，大约两万块钱就够了。老板算一股，桂生姐你算一股，金三哥算一股，我算一股，每股五千块。"

杜月笙口中的金三哥即金廷荪。金廷荪也是黄公馆的得力干将，也是黄金荣和林桂生最信任的人，他来黄公馆的时间比杜月笙要早，在青帮中的辈分也比杜月笙高一辈。不过，金廷荪很欣赏杜月笙，和杜月笙的关系非常好，平日里也不顾所谓辈分，而是以兄弟相称。由于金廷荪外号"金阿三"，杜月笙称它为"金三哥"。

听了杜月笙的具体计划，林桂生略想了一会儿，说："我跟老板是一家的，算一股就行。你和金廷荪每人算一股，每股一万块，总共三万块，这样公司运作起来也宽裕点，你看怎么样？"

杜月笙恭敬地说："那就听桂生姐的。"

跟林桂生谈完，杜月笙又找到金廷荪，把开公司的想法又告诉了他。

有此等赚钱的好事，杜月笙能想着他，这令金廷荪十分感动，他想都没想，立马就答应了。

就这样，杜月笙的烟土行就算开业了，他为之取名为三鑫公司，一层意思是这家公司属于三家合股，另一层意思就是三金相叠、财源滚滚。杜月笙自任董事长，金廷荪任总经理，黄金荣和林桂生只参股，不参与公司的具体运作。

有了这家公司后，杜月笙如虎添翼，没过多久就几乎垄断了法租界的全部烟土生意。三鑫公司财源广进，原先并不知情的黄金荣看到杜月笙按月送到黄公馆的分红时，高兴得喜笑颜开。黄金荣素有贪财的名声，只要能捞到足够的钱财，他也就不在乎影响不影响自己总探长的声名了。何况，他还不用直接出面参与，只是坐在家里收钱，何乐而不为呢？

随着三鑫公司的生意越来越红火，杜月笙开始不再满足于独霸法租界，他开始把眼光放在了全上海。

当时的上海滩，租界虽多，但所有的租界加起来，再加上华界，真正把烟土生意做大的，除了法租界，只有一个英租界。

与英租界的烟土生意相比，杜月笙所在的法租界只能屈居第二。这是因为：第一，英租界的地盘要比法租界大得多，人口自然也就多得多，那么烟土的需求量自然就多。上海滩数得上名字的大烟土行，除了法租界的三鑫公司，全部都设在英租界。第二，英租界的鸦片生意被一个人掌控着，他就是前面提到的沈杏山。沈杏山身为巡捕房探长，手里又有"大八股党"这样的精干队伍，而且还控制了负责缉私的水警营和缉私营，所以沈杏山不仅是英租界，而且是上海滩烟土界首屈一指的大佬。杜月笙的势力和公司规模与他相比，显然逊色不少。

要独霸上海滩的烟土生意，必须扳倒沈杏山——杜月笙在心里对自己说。

他也一直在寻找机会。

第十一章

借刀杀人，扳倒沈杏山

正当上海滩的烟土生意如火如荼的时候，国际社会突然宣布禁烟，万国禁烟会议将在公共租界举行。

杜月笙听到这个消息后，不屑地一笑。其实，大家都知道，那些洋人怎么会真心实意地想戒烟呢。从烟土生意里，他们捞的比谁都多。这次召开所谓的万国禁烟会议，不过是走走过场，给自己立一个外表光鲜的牌坊，并借机收受更多的贿赂罢了。

杜月笙根本没把这事放在心上，只是派人查明负责禁烟的洋人名单，然后按惯例每人送上不菲的光洋。

杜月笙本以为在一场闹剧后，事情也就收场了。可没想到的是，就在万国禁烟会议即将召开的时候，北洋政府为了讨好洋人，也为了缓和国内丛生的矛盾，居然也不甘人后，颁布了一道戒烟令："鸦片危害最烈，已经明颁禁令，严定专条，各省实力奉行，已着成效。唯是国家挽回积习，备极艰难。所有前次收买存土，业经特令汇集上海地方，克期悉数销毁……致私种、私运、私售，均将厉禁，并当各懔刑章，勿贻伊戚。"

单单颁布了戒烟令还不算，北洋政府总统徐世昌还派出了自己的心腹张一鹏担任禁烟专员，前往上海负责戒烟事宜。

在张一鹏来上海的前几天，杜月笙的徒弟谢葆生就把这一消息报告了杜月笙。

听到消息后，杜月笙的眉头微微一皱。

他本以为北洋政府就是发个禁烟令凑凑热闹，没想到还真派人来了，而且派的还是大总统的心腹之人。可见，北洋政府这次是想动真格的了。

不过，杜月笙并不害怕，他知道，即使北洋政府动真格的，为的也不过是讨一个好名声，以收买民心，不可能把上海滩的烟土生意赶尽杀绝。真要那样，连洋人也不会答应。

谢葆生看到杜月笙皱眉头，赶紧说："师父，我听说沈杏山那边已经准备了一份厚礼送给张一鹏，咱们是不是也得准备应付一下？"

杜月笙舒展开眉头，答道："应付自然是要应付的。不过，不单单只有送钱一条路。"

谢葆生有些不解，在他的意识里，在上海滩要解决事情，除了钱，还有别的路吗？

杜月笙微微一笑，吩咐道："你派人去查查这个张一鹏的底细，包括个性、嗜好，尽快报给我。"

谢葆生领命下去了。

其实，此刻的杜月笙心里已经谋定了一个大计策，他觉得张一鹏的到来，不仅不是坏事，只要为他所用，还可能是一个机会。他可以借张一鹏之手扳倒实力雄厚的沈杏山，从而独霸上海滩的烟土生意。

他必须要摸清张一鹏的底细，然后跟他攀上交情，站在同一条战线上。这样既能最大限度地保住自己的烟土生意，又能打击对手。

一天之后，谢葆生带来了探查的消息，其中有一条令杜月笙眼中一亮——张一鹏不甚贪财，但好色却是出了名的。

杜月笙一拍大腿，说："这就好办了。"此时的他，就像一个胜券在握的将军，一副胸有成竹的模样。

几天后，张一鹏如期来到上海。刚一落脚，就被沈杏山率领的烟商们团团围住，又是送钱，又是宴请，好不热闹。而此时的杜月笙，知道自己无法跟沈杏山竞争，只是派人象征性地送去些光洋，而自己却迟迟不露面。

就像下围棋一样，杜月笙使的是后手，他要后发制人。

果然，大宴小宴的几天下来，张一鹏就有点腻了。他是来禁烟的，不是专程来吃宴席的，需要有禁烟的成果向大总统展示。每当他跟沈杏山等人谈起禁烟的事，他们都会想方设法地搪塞过去，根本不给张一鹏了解上海烟土生意的机会。本来，张一鹏希望这些人能助他一臂之力，禁掉几家烟土行，以博得禁烟功臣的美名，但几天下来，张一鹏失望了。

几天之后，大为不悦的张一鹏干脆推掉了沈杏山等人的宴请，闭门不出，苦思禁烟之策。

这时候，杜月笙觉得是自己出手的时候了。

他先在著名的一品香旅社包了一个套间，然后派人把请帖送到了张一鹏手上。

一品香是一家老旅店，在花界很有名气，这里的美女都是令人销魂的绝世美女。杜月笙把宴席的地点选在这里，当然是针对张一鹏好色的弱点。在定包房的时候，他早就把上海滩的花魁请到了隔壁待命。

一切布置妥当后，张一鹏如约而至。

对于杜月笙的大名，张一鹏也不陌生。这几年，杜月笙在上海滩的地位扶摇直上，与之同步的当然是名声的远播。

前几天，张一鹏还在纳闷，上海滩有头有脸的人物都纷纷前来宴请，为什么黄金荣和杜月笙不露面呢？正在他疑惑不解的时候，杜月笙的请帖就姗姗而来。

这就是杜月笙的做事风格，众人一拥而上的时候，他往往保持距离；而当门庭冷落之时，他反而会适时地出现。用他日后的话说，就是"从来只干雪中送炭的事情，不做锦上添花的事情"。

张一鹏来到包间的时候，杜月笙早就在那里等候多时了。一进包间，张一鹏吃了一惊。前几日，沈杏山宴请他时人群簇拥，一大桌子很多人，而此刻，包间里却只有杜月笙一个人。

张一鹏心里暗想，这杜月笙果然异于常人，难怪这几年迅速上位。如此一来，还没和杜月笙说上一句话，张一鹏已经对他有了一个好印象。

大家都知道，对于两个陌生人来说，第一印象很重要。如果第一印象好，那两人相谈甚欢的概率就会大大提高。

看到张一鹏进门，杜月笙赶紧礼貌地起身迎上去，笑着说道："终于把张专员盼来了，快请进。"

张一鹏客气道："张某初来乍到，理应到贵府拜访，不意让杜先生破费了。"

杜月笙接话道："哪里哪里，张兄身负禁烟重任，又是大总统的特使，能屈身前来，杜某脸上已经是很有光了。再说，这区区薄酒，还望张专员莫要嫌弃啊。"

张一鹏一笑，说道："杜先生客气了。"

二人落座。说话间，酒菜已经摆满全桌。

杜月笙举杯，说道："来，我杜月笙先敬张专员一杯，一来感谢张专员赏光赴宴，二来预祝张专员禁烟顺利。"

两人一饮而尽。

酒过三巡之后，张一鹏长叹一声，说道："杜先生，不瞒你说，我这戒烟专使不好当啊！"

杜月笙看到张一鹏竟主动进入正题了，心中一喜，但脸上并没有表现出来，反而故作惊诧地问道："张专员此话怎讲？张专员怀揣大总统的尚方宝剑，哪个敢不从？"

张一鹏苦笑道："话虽如此，但我已抵达上海数日，禁烟的事却半点眉目都没有啊。"

杜月笙一看火候到了，即开门见山地说道："不瞒张兄，我今天请你来，就是助你禁烟的。"

张一鹏听到杜月笙这么说，当即大喜，示意杜月笙继续往下说。

杜月笙干了一杯酒，说："明人不说暗话，我杜月笙也做点烟土生意。张专员此次执行公务，绝不想空手而归，我愿意交出两百箱烟土，供张专员处置。"

杜月笙直截了当，让张一鹏深感意外，同时又对杜月笙满是感激，便双手举杯，跟杜月笙一饮而尽。

接着，杜月笙又说："不过，仅仅靠杜某的这一丁半点儿，无法助张专员取得禁烟的成功。我这里有一份名单，或许对张专员有些帮助。"说话间，杜月笙从口袋里摸出一张纸，交到张一鹏的手里。

原来，那张纸上写满了上海滩的烟土行名称，以及它们的老板和存货仓库。当然，这些烟土行全是英租界的，也就是沈杏山保护之下的那几家。

在张一鹏看名单的时候，杜月笙解说道："在上海滩，大的烟土行，都设在英租界，它们都受一个人的保护，这个人就是巡捕房探长沈杏山。"

张一鹏如梦初醒，叫道："这就对了，难怪前几天那个叫沈杏山的整日宴请我，但我一问到烟土的事情，他就搪塞过去。原来他就是最大的烟土商啊！"

两人再次一饮而尽。

这一番谈话下来，张一鹏安心了，杜月笙也安心了，可谓是双赢。

这时，早就候在隔壁的江南美女迈着轻盈的步子推门而入，进门后先是千娇百媚地朝着张一鹏深深地施了一礼，然后对杜月笙说："杜先生，刚刚贵府打来电话，说有急事，让您赶紧回去。"

杜月笙听闻，说道："抱歉，张专员，杜某就先行告辞了。"接着，杜月笙便起身，又对那位江南美女说："替我好好招待张专员。"

自打那女人进来，张一鹏的心就飞到她身上了，此时看到杜月笙起身告辞，求之不得。

第二天，一夜销魂的张一鹏就带人按图索骥，查封了英租界的许多烟土行，缴获了大量的烟土。

几天后，在万国禁烟会议上的发言中，他不仅洋洋洒洒地叙述了自己的禁烟功绩，还着重点了沈杏山的名，指出他与黑道相勾结，监守自盗，并提请英租界当局查处此人。

英租界的洋人其实也知道沈杏山的勾当，不过平日里从他那里分得不少的油水，所以也就睁一只眼、闭一只眼。但此刻，当着众多国家的面，他们也不得不弃卒保车，只好保证严查沈杏山。

沈杏山闻讯后，没等处罚的通知下来，就吓得逃到了天津避难。

英租界的烟土商们一看沈杏山跑了，而设在英租界的烟土行又被查封了，纷纷投靠杜月笙，把烟土行挪到了法租界。

此役之后，沈杏山被杜月笙彻底扳倒。从此，杜月笙垄断了上海滩的烟土生意，他的三鑫公司牢牢占据了上海滩烟土生意老大的地位。

而倒霉的沈杏山，其实英租界当局原本打算给他的处罚只不过是个"严重警告"，外加几千块钱象征性的罚款。但看到他逃跑了，只好撤销了他的探长职务。

等沈杏山重返上海滩之后，早就大势已去。他大概会为自己当时的胆怯悔恨不已吧？若是当初留在上海，他也许还有机会。

这次禁烟获利最大的当然是杜月笙，但被杜月笙当作棋子的张一鹏，也算是收获颇丰。他不仅查获了英租界的大量烟土，还把海关封存的近两千箱烟土运往浦东，效仿林则徐的虎门销烟，上演了一出"浦东销烟"的好戏，算是赚足了名声。

禁烟结束之后，张一鹏心满意足地离开了上海。他临走时，杜月笙前去相送，张一鹏对杜月笙千恩万谢。

而杜月笙只是付之一笑。

第十二章
三大亨聚齐

杜月笙虽然垄断了上海滩的烟土生意，但他还有一个心病，那就是在运送烟土的过程中，经常会受到水警营、缉私营等力量的刁难。

由于之前沈杏山在水警营、缉私营很有根基，所以沈杏山被扳倒后，水警营和缉私营的人对杜月笙颇有怨恨。杜月笙想方设法欲跟这两营的势力搭上关系，但人家就是不搭茬。

水警营和缉私营归淞沪护军使衙门所管，淞沪护军使衙门属于军方的力量。杜月笙暗自琢磨，既然无法直接和水警营、缉私营搭上关系，那何不寻机与军方的大佬们攀上交情呢？一旦与他们有了交情，搞定水警营、缉私营就易如反掌了。

当时的上海属于浙江军阀的势力范围，浙江督军就是以前的淞沪护军使卢永祥。而现任的淞沪护军使，则是卢永祥的心腹大将何丰林。

杜月笙把目标锁定在了卢永祥和何丰林身上。

可是，如何跟这两人攀上交情呢？要是有个中间人推荐一下，那这事就好办了。

恰在这紧要关头，张啸林适时地出现了。

张啸林，浙江人，原名张小林，发迹后改名为张啸林，取"猛虎啸于林"之意。张啸林中等身材，圆头大耳，长着一对豹眼，滴溜滚圆；颧骨很高，双颊洼陷，清瘦中带着一丝杀气，令人望而生畏。张啸林的父亲是个木匠，收入微薄，后又积劳成疾，早早地去世了。张啸林和哥哥由母亲拉扯大，一家人的生活非常困顿。二十岁那年，张啸林与哥哥张大林一起进入一家织造绸缎的机房当学徒。但他不务正业，整天纠众滋事，寻衅打架，老板一生气，就把他赶了出来。一九〇三年，张啸林考入了浙江武备学堂，与后来成为浙江省省长的张载阳是同学，二人气味相投，关系密切。

浙江武备学堂是个专门培养军事人才的学校，但张啸林的地痞流氓习气与学校里的氛围格格不入。结果，没等到毕业，他就离开武备学堂，拜杭州府衙门的一个领班（探目）李休堂为先生，充当跑腿。

不久，他依仗李休堂的支持，开了一家茶馆，以此作为结交地痞流氓、聚赌敲诈的据点。但不久后，他就被另一个势力更大的流氓打败，只得关了茶馆，另谋出路。

辛亥革命后，张啸林参加了"三合会"，成为一名普通的洪门弟子。一次偶然的机会，他结识了洪门大哥杭辛斋，并靠着杭辛斋的关系纠集了一帮旧日的同党，逐渐发展成为颇有势力的一个流氓团伙。后来因闹出人命案，仓皇逃到上海。逃到上海后，他落脚在小东门外东昌渡一带码头上。

这是他第一次来上海。

之后，他又回到了杭州。

这次，是张啸林第二次来到上海。

其实，早在张啸林第一次来上海的时候，杜月笙就与他相识了，而且还建立了深厚的交情。

当时，张啸林在东昌渡码头，纠集了一群小流氓，专门收取杭州锡箔船商的保护费，以保护每船来货在码头上不受损失。而此时，杜月笙恰好也在十六铺小东门一带胡混，且已小有名声。

张啸林深知"强龙不压地头蛇"的道理，为了保证船商的货物不被抢，他就在十六铺码头上的小混混中寻找合作者。结果，他就找到了已小有名气的杜月笙。两人商定，平分船商交来的保护费，然后一起保障船商的货物安全。

但这事很快被其他的流氓得知，他们相互勾结哄抢货物，目的就是抢杜月笙和张啸林的饭碗。

一天，杜月笙、张啸林与这些流氓发生了一场恶战。结果，杜月笙、张啸林因寡不敌众，被打得落花流水。恶战中，杜月笙还受了重伤。张啸林拼了老命把杜月笙背到自己租的房子中，并请来医生医治，悉心照料。没钱交医药费，张啸林就把身上的棉衣脱下来，拿出去当了。杜月笙醒来的时候，看到张啸林身上的棉衣不见了，立即明白了到底是怎么回事。

就在那一刻，杜月笙被感动了，从那之后，他一直把张啸林当自己的大哥，两人建立了深厚的友谊。

后来，张啸林得罪了稽查局的头头，无法再在上海滩待下去，只好离开上海。

这次，张啸林重整旗鼓，杀回上海滩，为的就是要在上海滩成就一番大业。

他重回上海滩后，听说昔日的好兄弟杜月笙已经发达，成了炙手可热的人物，就迫不及待地前来拜访。

见到张啸林，杜月笙非常高兴。一阵叙旧之后，杜月笙问道："啸林哥，这次来上海，有什么打算吗？"

张啸林笑道："哪有什么打算啊，只能是走一步看一步。我现在跟兄弟你是没法比啊，几年不见，你真是出息了。"

杜月笙一摆手，也笑道："啸林哥，咱兄弟谁不知道谁啊，就别取笑我了。"

接着，一个主意在杜月笙的脑子里盘旋而过。

杜月笙知道，张啸林与浙江省省长张载阳曾是武备学堂的同学，关系非常密切，而通过张载阳的关系，张啸林与卢永祥、何丰林也一直有来往。

　　杜月笙暗想：我不是正为如何跟卢永祥、何丰林攀上关系而苦恼吗？如今上天把解决苦恼的灵丹妙药送上门来了。

　　想到此，杜月笙说道："啸林哥，要不你加入三鑫公司吧，咱兄弟一起干一番大事业？"

　　"能跟月笙你一起做事，我当然是求之不得。不过，我晓得你是黄公馆的人，而三鑫公司也有黄老板的股份，不知道黄老板欢迎不欢迎我啊？"接到杜月笙的邀请，张啸林十分高兴，但他还有顾虑。

　　杜月笙说："这个你放心，包在我身上，明天我就去找黄老板说这事。"

　　当晚，杜月笙在家中设宴为张啸林接风。

　　第二天，杜月笙就把自己想邀请张啸林入伙的事情告诉了黄金荣。

　　黄金荣没说答应也没说不答应，只是问了一句："这人可靠吗？"

　　"绝对可靠！"杜月笙拍着胸脯担保。

　　"其实，我之所以邀他加入公司，是因为他能帮我们的大忙。"他看到黄金荣还在犹豫，就把自己内心的真实想法说了出来。

　　"哦？那你说说，帮我们什么大忙？"黄金荣问道。

　　"浙江省省长张载阳跟他关系十分密切，而卢永祥和何丰林也与他有些交情。有了这层关系，咱们不就可以和卢永祥、何丰林攀上交情了吗？如此一来，咱们的烟土在上海滩可就畅通无阻了。"杜月笙答道。

　　之前，跟杜月笙一样，黄金荣也一直为这事苦恼，听了杜月笙的话，他如梦初醒，当即拍板道："这真是天助我也，我同意他加入！"

　　当天回去后，杜月笙就带着张啸林前往黄公馆拜见黄金荣，这叫拜码头。之后，张啸林就正式加入了三鑫公司，成为黄公馆的一员。

　　果然，有了张啸林的引荐，再加上响当当的光洋开路，杜月笙迅速与卢永祥、何丰林建立了交情。有了这份交情，水警营、缉私营自然再也不敢为难三鑫公司了。从此以后，三鑫公司的烟土销售在上海畅通无阻。

上海滩法租界之外的那些烟土商，看到三鑫公司的实力如此雄厚，纷纷把烟土行迁到法租界，并献出大量红利寻求杜月笙的庇护。

如此一来，杜月笙在上海滩的地位更高了。

而日后在上海滩叱咤风云的三大巨头，也终于聚齐了。

第十三章

化敌为友，结交沈杏山

借禁烟专员张一鹏之手，杜月笙扳倒了英租界的大亨沈杏山，从此他独霸上海滩烟土业，而沈杏山出走天津。

沈杏山虽然暂时离开了上海滩，但杜月笙一直派人暗中关注着他的消息。在杜月笙的心目中，这个沈杏山也算是个人物，他不可能就此认栽，肯定有一天要重返上海滩，报往日的一箭之仇。

一天，杜月笙的大徒弟江肇铭带来一个消息——沈杏山回来了。

杜月笙一惊，他料定沈杏山必定回上海滩，但他没想到竟然这么快。

昔日，他和沈杏山斗法，双方都是有头有脸的人，都在明处，所以他毫不畏惧。但此时，已是天翻地覆，他杜月笙名望空前、事业兴旺，而沈杏山却一无所有，也就无所顾忌。这样一来，杜月笙在明处，沈杏山却在暗处。如果沈杏山要铁了心来复仇，那杜月笙将防不胜防。

想到此，杜月笙赶紧来到黄公馆，找黄金荣商量对策。

见到黄金荣，杜月笙说："老板，你听说了吗？沈杏山回上海了。"

跟杜月笙听到这个消息后的反应一样，黄金荣也是一惊，接着道："哦，他居然这么快就回来了。"

"是啊，我担心他此次回来，会给咱们带来麻烦。"杜月笙说出了自己的担忧。

黄金荣却不以为然，说道："你觉得他还有机会东山再起吗？"

杜月笙答道："东山再起估计很难了，但他手里还有个'大八股党'，还有一帮忠心耿耿的弟兄。如果他要找我们报仇，跟我们拼个鱼死网破的话，那我们还真得好好应付。毕竟，他在暗，咱在明啊。"

被杜月笙这么一说，黄金荣也出了一身冷汗，皱着眉头问道："你有没有什么好主意？要不，干脆先下手为强，派人去英租界把他干掉算了。"

杜月笙摇了摇头，说："这样恐怕不好。一是英租界不是咱们的地盘，咱们的人在那不好下手。即使真能杀了他，英捕房要是追查下来，恐怕不好办。再说了即使杀了他，还有'大八股党'和一帮子兄弟，总不能把他们全都干掉。"

黄金荣有点急了，立即追问道："这事情还真棘手，你向来主意多，你看这事怎么办才好？"

"俗话说，冤家宜解不宜结。沈杏山也是个有家有室的人，我想他还不至于为了报仇连命都不要了，他气恼的无非是塌了台、丢了面子。我想，如果老板和我去他家走一趟，给他个台阶，他肯定也就借坡下驴了。咱们再在公司给他寻个俸禄，大家和气生财，那他就不可能再死扛着与我们为敌了。"杜月笙把自己的主意一股脑儿地说了出来。

黄金荣听罢，咂了咂嘴，说道："这倒是个好主意，明天我就跟你走一趟。"

看到自己说动了黄金荣，杜月笙心里大大地松了一口气，他决定趁热打铁，把自己的另外一个主意一块儿说出来。

"老板，我还有一个主意，不知该说不该说。"杜月笙试探道。

"你杜月笙一向干脆利落，今天怎么温暾起来了？"黄金荣笑了。

被黄金荣这么一说，杜月笙也不好意思地笑了，赶紧说道："我听说，沈杏山有个小女儿，人长得标致，脾气也好，很有大家闺秀的风范，很多人赶着提亲，沈杏山一直没应口。你看，源焘的年龄也该娶媳妇了，沈杏山这个小女儿的年龄正好与源焘不相上下，如果这门亲事成了，那岂不是两全其美？"

杜月笙说的黄源焘，是黄金荣的养子，很得黄金荣的疼爱，一向视为己出。

听了杜月笙的这个建议，黄金荣彻底乐了，说："你小子，主意都打到我家里来了，哈哈。"但他接着又说："这事是个好事情，我看行。沈杏山的那个小女儿，我也听说过，确实是个好姑娘。"

听到黄金荣满口答应，杜月笙大喜，心中一块大石头彻底落了地。他想，有了黄金荣给的这个台阶，再加上这门亲事，可谓双保险。沈杏山必定能与他握手言和，化敌为友。

第二天，黄金荣带上杜月笙，轻装简从，来到了沈杏山家里。

看到这两位的驾临，沈杏山着实吃了一大惊。但大家都是面上的人，既然人家登门拜访，不管之前有什么恩怨，此刻都得好生招待。

其实，对于黄、杜二人的登门，沈杏山心里是很高兴的。他也明白，这是黄金荣和杜月笙给他面子。有了这次登门拜访，以后他沈杏山就可以在人前挺起腰板了。

所以，管家通报之后，他亲自迎出门外，把二人接进大厅。

黄金荣一进门，就握着沈杏山的手说："听说杏山回来了，我和月笙过来看看你，回来好啊，以后咱们联手发财。"

沈杏山听出了黄金荣话语里的示好之意，赶紧投桃报李，满脸堆笑着说道："承蒙黄老板看得起，屈尊前来，我沈杏山感激不尽啊。"

这时，杜月笙也不失时机地插话道："沈老板，以前可能有些误会，从今日起，过去的事咱们一笔勾销。日后沈兄要有什么事情用得着杜某人，尽管言语一声，我定全力去做。"

杜月笙的一番话掷地有声，有歉意也有承诺，沈杏山当然不可能听不出弦外之音，也不可能不识时务。

所谓相逢一笑泯恩仇，一场潜在的危机，就这样在谈笑风生中轻松化解了。

谈话间，沈杏山一高兴，唤来视为掌上明珠的小女儿来给客人上茶。

杜月笙打量了一番，然后使眼色给黄金荣，黄金荣轻轻地点了一下头。那意思很明确，对于这个姑娘，他很满意。

得到了黄金荣的首肯，杜月笙待那姑娘下去后，就问沈杏山说："杜某唐突地问一句，贵千金可曾许配了人家？"

"还没有合适的呢。"沈杏山实话实说。

此话一出口，沈杏山就有些后悔了。他打了一个冷战，暗想：难道是这杜月笙看上我女儿了。要真是这样，我怎么回绝他呢？

就在这时，杜月笙接着说道："既然这样，我杜月笙斗胆保个媒，讨杯喜酒喝，如何？"

沈杏山一听杜月笙只是做媒，并不是他担心的那样，一颗心算是放进了肚子里。当即神情轻松地问道："不知杜兄说的是哪个府上的公子啊？"

杜月笙拿手一指黄金荣，笑着说道："黄老板府上的二公子源焘，你觉得怎么样？"

这可太让沈杏山喜出望外了。黄源焘他见过啊，不仅与他女儿年龄相仿，而且是一表人才、谈吐优雅，跟黄金荣完全不同。

更重要的是，攀上黄公馆这门亲事，他的面子更大了。

所以，他当即满口答应。

就这样，原本的敌人，不仅化干戈为玉帛，还成了一家人，杜月笙这事做得实在是漂亮。

而沈杏山对杜月笙，由原来的仇恨变成了深深的感激。

在送黄、杜二人离开时，沈杏山偷偷地拉住杜月笙，悄悄地说："以后月笙兄有用得着兄弟的地方尽管言语，兄弟定当在所不辞。"

拿下沈杏山后，杜月笙不仅消弭了一场潜在的危机，还把沈杏山发展成了自己的力量。从此，沈杏山的"大八股党"和手下兄弟，都为杜月笙所用，而杜月笙也是投桃报李，给沈杏山在三鑫公司安了个闲差，每月都送去不菲的分红。

在沈杏山的帮助下，杜月笙的势力之手终于伸进了英租界。这是他日后能称霸整个上海滩的重要一步。杜月笙决定趁热打铁，把自己的力量渗透到英租界的方方面面。为了达到这个目标，另一块硬骨头又摆在了杜月笙的面前，等着他去啃。

这块硬骨头就是称霸英租界赌界的大亨——严九龄。

第十四章
啃掉严九龄

严九龄外号严老九，是英租界响当当的人物，他开的赌场遍布英租界的角角落落。在赌界，严老九的名号可谓无人不知、无人不晓。

严九龄不仅开赌场，自己也嗜赌如命，而杜月笙对赌博同样情有独钟，因而杜月笙决定从"赌"字上打开突破口。

但是，杜月笙与严九龄一向没有来往，他想跟严九龄在赌桌上建立交情，那就必须有一个在中间牵线搭桥的人。这个人必须有一定的地位，而且还得能跟严九龄说上话。

选来选去，最终杜月笙选定了范回春。

提起范回春，那也是英租界响当当的人物，论地位，甚至不在严九龄之下。他曾经当过上海县县长，退位后，在虹口外的江湾开了上海滩的第一座跑马厅。

范回春一直与三鑫公司有业务往来，与杜月笙相熟，而且他还是黄金荣的大儿媳李志清的干爹，关键是他还能跟严九龄说上话。有了这些条件，杜月笙选他当中间人便合情合理了。

杜月笙找到范回春，让他捎话给严九龄，就说他想到严九龄的赌场玩玩，陪严九龄搓搓麻将。

范回春爽快地答应了，说："小事情，包在我身上。"

但几天后，当范回春把杜月笙的意思告诉严九龄后，严九龄居然不加理睬，既不给范回春面子，也没把杜月笙放在眼里。

严九龄的态度，气得范回春指着严九龄的鼻子大骂："你严老九少在老子面前摆谱，我就不信你没有求着我范回春的时候。"

挨了骂，严九龄根本不在乎，依然我行我素，根本不接这茬。

这事没办成，范回春觉得很没面子，也不好意思打电话告诉杜月笙结果。

几天过去了，一点信都没有，杜月笙猜到了，肯定是范回春没把事情办成。

但杜月笙并不在乎，继续厚着脸皮往上贴。他派人给范回春送来两张请帖，然后打电话告诉范回春，其中一张是严九龄的，他要请他和严九龄来杜公馆赴宴，请他把帖子送到严九龄手上，并告诉严九龄还有几位"大"字辈的青帮老前辈出席。

"杜兄放心，我这次就是绑，也一定要把严老九给绑到杜公馆。"范回春在电话里信誓旦旦地保证。

放下电话后，范回春就带上帖子找到严九龄，把帖子放到了他手上，并把几位"大"字辈前辈出席的事告诉了他，同时撂下狠话："你严老九要是这次再不给我面子，以后咱们就一刀两断，绝交。"

也许是范回春的狠话起了作用，也许是严九龄想借机跟那几个"大"字辈的前辈拉拉关系。反正不管怎么说，这次他总算是勉强答应出席了。

范回春长出了一口气，心想：要是这次再办不成，以后这老脸就无处搁了。

他赶紧给杜月笙打电话，把严九龄答应出席的事告诉了他。

酒宴当天，可谓是贵客满门。高士奎、曹幼珊、王德龄等"大"字辈的青帮老前辈悉数被杜月笙请来作陪，可谓给足了严九龄面子。

就连上海滩新晋的大亨——黄包车夫的总头领顾竹轩也慕名前来。

顾竹轩，原籍江苏省阜宁县，因家贫举家流落至盐城县（今属建湖县）为佃农。当时，江淮一带连年灾荒，盗匪遍野。每逢一次灾年，都有大批难民乞食逃荒，会有不少灾民流入上海。一九〇一年，顾竹轩来到上海谋生，先在闸北天保里附近做马路工，后在德国人开设的飞星车行拉黄包车。

当时，流入上海的苏北灾民达一百多万。这些人杂居在棚户区备受歧视。于是，他们抱成一团，发愤图强，不惜一切手段地谋生存。

顾竹轩重义气，有头脑，很受苏北人的拥护，于是就成了他们的总头领。他手下拥有八千多名黄包车夫，这些弟兄个个愿为他卖命。势头正盛的顾竹轩仗着人多势众，势力横跨三个租界，连杜月笙都不放在眼里。他这次肯赴宴，不过是想结识几位青帮老前辈，借机抬高一下自己的身价罢了。

但正是这位顾竹轩的到来，搅了杜月笙苦心安排的饭局。

原来，严九龄本就是半推半就地前来赴宴的，而在宴席之上，他与众人又话不投机，干脆摆出一副冷脸。

看到他这副模样，几位老前辈自然不会主动跟他搭话，而杜月笙虽然一心想与他结交，但他也有自己的分寸，不能表现得太过卑贱，在众位朋友面前失了颜面。最着急的，莫过于范回春了，他不停地在桌子底下拿手捅严九龄，希望他不要太过分，但严九龄完全不理会，依然故我。这把范回春也惹怒了，干脆只顾自己吃喝，也不再搭理严九龄。

如此一来，这顿饭吃得冷冷清清，一个个面无表情，十分尴尬。

正在众人各怀鬼胎的时候，大大咧咧、毫无城府的顾竹轩说道："这冷冷清清的闷酒实在是吃得没意思。严老九，不如咱们先走，到你的赌场去玩玩。"

严九龄本来就坐不住了，逮到这么一个好机会，立即起身告辞。

范回春气得面色黑紫，瞅都不瞅严九龄一眼，而杜月笙却极有风度，站起身相送。

严九龄走后，范回春气得大骂道："这个不识抬举的东西，以后我范回春没有这号朋友。"

而杜月笙只是微微一笑，并不放在心上。

本来杜月笙以为严九龄这块骨头实在是太硬，他大概在短时间内是啃不下来了。但无奈他运气实在是太好，老天再一次帮了他，让那不可一世的严九龄主动求到了他的门上。

严九龄有个好朋友叫谢鸿勋，当时在浙江驻军，是时任福建督军的直系军阀孙传芳的部下。一日，孙传芳电令谢鸿勋前去议事，议事完毕后，谢鸿勋在返程的路上途经上海，到严九龄家做客。

当时，杜月笙慷慨好客的名声已是远近闻名，所有到过上海的名流，都纷纷与杜月笙结交。只要稍微有点名堂地位的人，到了上海没能受到杜月笙的邀约，都会觉得脸上无光。

谢鸿勋也是久闻杜月笙的大名，这次途经上海非要严九龄代为引见，与杜月笙把酒言欢。

这可把严九龄难住了。

之前发生的不愉快，让他没脸去见杜月笙。但老朋友嘱托的事情，他又不能不办。

最后没办法，他只好硬着头皮给范回春打了个电话，请他代为引见。

范回春接到电话后，气不打一处来，当即把心中郁积已久的不满发泄了出来。他不留情面地数落道："你严老九不是架子大吗？今天怎么也求人了？有什么话你自己去找杜先生讲，我不管！"

严九龄自知理亏，只好赔着笑脸听范回春数落，嘴里说道："范兄，上次的事，我知道错了。不管怎么说，咱们这么多年的老朋友，这个忙你一定得帮我。"

"现在你知道是多年的老朋友了，当初干吗去了？你说你做的那事情，叫我这张老脸都没处搁了，我范回春在上海滩闯荡这些年，还是第一次吃这么大的瘪。"范回春余怒未消，继续朝着严九龄开炮。

严九龄没办法，只好继续检讨："是我不对，是我不对，改天我一定登门向范兄请罪。"

范回春的气出得差不多了，考虑到上次给杜月笙办的事没办好，而这次又是个千载难逢的好机会，于是就软下口气，说："好了，这个话我帮你递，谁让咱们是几十年的老朋友。"

听到范回春终于答应了，严九龄像死刑犯受到特赦一般，高兴得不得了，急忙说道："多谢范兄了。"

当范回春把严九龄的意思转达给杜月笙后，杜月笙立即派人给严府送去了两张请帖，请严九龄和谢鸿勋一块儿到杜公馆赴宴。

接到请帖后，严九龄的脸一阵红一阵白，他彻底服了，心中叹道："这个杜月笙果然是个胸襟宽阔之人啊，我严九龄自愧不如。"

严九龄和谢鸿勋来到杜公馆后，杜月笙像从来没有发生过什么一样，出门迎接，热情招待。主宾三人喝得尽兴，谈得也尽兴，可谓是其乐融融。

严九龄又忍不住暗暗感慨，难怪都说杜月笙会做人，从今日一事看，果然如此啊。

席间，谢鸿勋说起这几天游逛租界的感触："洋人的鬼点子就是多，吃的、玩的都是五花八门，连他们做的那些小玩意，也是巧夺天工，令人叫绝。"

言者无意，听者有心。听到谢鸿勋说喜欢洋人做的小玩意，杜月笙说道："谢兄说得对，洋人做的小玩意的确是巧夺天工。我这正好有一个洋人的小玩意，拿出来请谢兄玩玩。"

说完，杜月笙吩咐侍立在边上的女仆，去内室把那个鸟笼取过来。

一会儿的工夫，一个玉雕的鸟笼出现在众人面前，鸟笼里还有一只活灵活现的鹦鹉。

谢鸿勋和严九龄忍不住拿指头去逗那鹦鹉，可那鹦鹉却一动不动。

原来是个假的。

谢鸿勋擦擦额头上的汗，不好意思地说："我还以为是只真鸟，太逼真了，可惜不会动弹。"

众人被他逗得哈哈大笑。

笑完之后，杜月笙又说道："谢军长，其实这鸟是可以动的，不过……"说着，他从女仆手里接过一把钥匙，插在那鹦鹉身上拧了几下。当他拔下钥匙后，那鹦鹉真的能动弹了，腿能动，翅膀能动，头也能动，嘴里还不断发出清脆的叫声，简直可以以假乱真。

谢鸿勋被这情景彻底震住了，他哪见过这东西啊，连见多识广的严九龄也忍不住拍手称绝。

"真是太奇妙了，太奇妙了！"谢鸿勋忍不住大声感叹。

把玩了一会儿，谢鸿勋问道："杜兄，冒昧问一句，你这玩物是在哪儿买的？我也去买一只，带回家把玩。"

杜月笙答道："这是法国人送我的，即使在巴黎，也只有一只，更别说上海了，哈哈，谢军长怕是要失望了。"

谢鸿勋一脸的遗憾，又把玩了一会儿，才恋恋不舍地把它交还到杜月笙手中。

杜月笙早就看出谢鸿勋对这个鸟笼的喜爱。在他把鸟笼交给女仆时，他悄悄地告诉她："赶紧把鸟笼包好，送到谢军长的车里。"

女仆领命下去了，他继续与宾客把酒言欢。

杜月笙跟女仆说话的时候，谢鸿勋离得比较远，所以他并没听到杜月笙说了什么。但是严九龄就在杜月笙旁边，所以杜月笙说了什么，他听得一清二楚。

严九龄悄悄地拉了一下杜月笙的袖子，满脸真诚地说："杜先生，谢军长不会收的。"

杜月笙把手一伸，握住严九龄的手，也悄声说道："那就请严兄代谢军长收了吧。"

通过这件事，杜月笙把严九龄彻底征服了。从此，他和严九龄成了非常好的朋友。

第十五章

解除"黑粮"危机

啃掉严九龄这块硬骨头后，杜月笙基本上已经迈进英租界的地盘了。但他知道，扫清障碍只是第一步，要想在英租界立足，必须广交名流，扩大自己在英租界的影响。

怎么扩大影响呢？杜月笙想到的是——赌。

恰好，送走谢鸿勋之后的第二天，严九龄为了报答杜月笙，派人给杜月笙送去一个帖子，请他到严九龄家里打麻将。

杜月笙一看帖子，心中大喜。这真是求之不得啊。于是，他欣然前往。

打麻将是四个人的活，除了范回春外，严九龄还邀请了上海滩赫赫有名的金子大王——人称"塌鼻头"的郑松林。

他们一般在下午三四点钟开局，直到半夜才收局。每天每人的输赢都在三四千元之间，考虑到当时一石米才三四块钱的物价水平，他们这也算是豪赌了。

如此狂赌了三四个月，杜月笙结交了英租界的很多名流，但同时也把三鑫公司的业务给耽误了——但对此，杜月笙好像毫不在乎。

他心里有着更大的目标，远不是一个三鑫公司可比。

不过，一直躲在背后悄悄观察的黄金荣看不下去了。他担心杜月笙把持不住自己，陷入狂赌之中，不再做正事。

但他知道，此刻的杜月笙正在兴头上，劝是肯定劝不住的，若是硬劝，说不定还会弄得自己灰头土脸。

权衡再三，黄金荣决定从自己儿媳妇的干爹——范回春入手，拆散他们的牌局。

一天，他派儿媳李志清把范回春请到家里，开门见山地说："我听说月笙在英租界豪赌，都三四个月了。钱倒是小问题，我怕他陷进去，耽误了做正事啊。"

黄金荣说完，范回春只笑不语。根据他对杜月笙的了解，杜月笙绝对不是那么没出息的人。他其实猜到了杜月笙的雄心，可惜眼前这个黄老板却不了解自己一手扶持起来的弟子。他在心中暗自感叹，师徒两人的高下立判啊。

黄金荣看范回春不说话，就继续说道："听说你是他的牌搭子？"

范回春只好回答道："是的。金荣哥，你的意思是让我劝劝他？"

黄金荣接着说："现在，他正在兴头上，劝肯定是劝不动的。不过，要是你退出来，他们三缺一，也就没法继续玩了。"

范回春看黄金荣把话都说到这个份上了，只好说："好，我退出。"

第二天，范回春把退出的消息告诉另外三人后，严九龄和郑松林都埋怨不已，只有杜月笙处之泰然，没有半句怨语。这让范回春暗自赞叹，杜月笙真是个肚子里能撑船的大气之人。

范回春撤出后，剩下三人的赌瘾一时难抑。严九龄一琢磨，又给大伙找了一个更著名的豪赌之地——泰昌公司楼上的盛五娘的公馆。

盛五娘是晚清实业家、大臣盛宣怀的五小姐，盛氏家族是上海滩的豪门望族，又富又贵。盛五娘的几个兄弟姐妹都嗜赌如命，而且一掷千金，赌得非常大。

凡能参加这个赌局的人，都不是等闲之辈，除了社会名流、商界巨富，还有军政要人，像严九龄、杜月笙这些人，算是没有地位的了。

来到这里的第一晚，杜月笙就豪输三万块，但他面不改色，一切如常。一连在盛五娘的公馆赌了半年多，不管大小，不管输赢，毫不畏惧，日日不空。

俗话说，牌品即人品。从一个人的赌博作风上，就可以看出一个人的性格。杜月笙的做派让盛五娘十分欣赏，很快两人便成了很好的朋友。有了盛五娘的举荐，杜月笙很快就与英租界上流社会的人物打成了一片，成了鼎鼎大名的"杜先生"。

至此，杜月笙彻底融入了英租界，与此相随的是他在英租界的势力日益膨胀。慢慢地，他从远道而来的强龙变成了生猛的地头蛇。

直到此时，一直对杜月笙豪赌颇有微词的黄金荣才看出了事情的门道——原来杜月笙所做的一切，都是为了进军英租界。

他不得不向杜月笙竖起大拇指。

而杜月笙依然只是给了黄老板一个谦逊的微笑。但这谦虚底下，包裹着他炽热的野心——英租界只是第一步，更大的目标是上海滩。

就在杜月笙雄心勃勃地欲称霸整个上海滩的时候，他一直赖以为本的三鑫公司却出了大麻烦——"黑粮"断了。

至于为什么断"粮"，要从一场军阀混战说起。

当时的上海滩由皖系军阀卢永祥把持，而当时的江苏督军、直系军阀齐燮元却对上海滩垂涎已久，一直在找机会从卢永祥手里夺过来。最终，一九二四年九月三日，双方大打出手，爆发了"江浙之战"。

在战争中，杜月笙全力协助三鑫公司的保护伞卢永祥、何丰林，出动卡车帮他们运送士兵、物资。刚开始，卢永祥的军队还能顶住。但没多久，狡猾的齐燮元与福建督军、同是直系军阀的孙传芳通力合作，前后夹击卢永祥的军队。结果，卢永祥大败。

孙传芳来到上海，受降卢永祥、何丰林的残军，并任命前海州镇守使白宝山为上海防守总司令。

也就是说，此时的上海滩已经完全成了直系军阀孙传芳的地盘。

而三鑫公司的保护伞是卢永祥，卢永祥一走，之前运送烟土的那条路就被封死了。进货的路堵死了，而三鑫公司仓库里也没什么存货。如此一来，就断档了。

眼看着三鑫公司的烟土断档，杜月笙心急如焚，欲紧急结交新到的直系军阀，但就在不久之前，杜月笙还帮着卢永祥打他们。所以，他们根本不理会杜月笙，杜月笙也自知临时抱佛脚是没用的，也就不去自讨没趣。

三鑫公司的烟土生意一停顿，杜月笙等人的经济危机就到来了。黄金荣家大业大，家底丰厚，颇有积蓄，倒没受到多大的影响。金廷荪向来比较节俭，从不大手大脚，也有些积蓄。最难过的就要数杜月笙、张啸林和"小八股党"了。杜月笙的进项一直很多，但他花钱向来大手大脚。再加上在盛五娘公馆的半年豪赌，不仅把积蓄给花光了，而且还背上了债。张啸林比杜月笙好不到哪儿去，他同样是个花钱不计较的主儿，如今一下子没了经济来源，顿时陷入绝境，他甚至要靠老婆去当铺当了自己的首饰来度日。而"小八股党"的日子更惨，像顾嘉棠等人，本来进项就不是太多，而且向来是挣三个花五个，这三鑫公司的生意一停，他们基本上只能喝西北风了。

大家都在想办法度过这个危机。

最终，还是能干的"小八股党"立了大功。

原来，为了生存下去，"小八股党"天天都在打听：谁那儿还有存货？有的话，匀给我们一点。

功夫不负有心人，最终还真让他们给打听着了。这个有存货的人，名叫陆冲鹏。

陆冲鹏是江苏海门人，前清的秀才。光绪戊戌年废除科举，他便就读于苏州法律专科学校。陆氏是海门世家，在吴淞口北的膏沃之地，拥有良田千顷，他家的佃户多达数千户之众。名门之后，翩翩年少，又是黄浦滩上的执业律师，所以名声很大。

民国初年，他被选为国会议员，就职众议院，和皖系的段祺瑞、李恩浩等人关系比较密切。

摸清陆冲鹏的底细后，"小八股党"找到陆冲鹏。一见面，顾嘉棠就开门见山地说："陆先生，救命啊，我们兄弟几个快饿死了。"

陆冲鹏本来跟他们没什么交情，但他知道他们都是拥有赫赫威名的杜月笙的得力干将，所以也得给他们三分薄面。

听罢，陆冲鹏笑着答："是要借钱吗？说个数吧，借多少？只要我能办到，尽量帮助你们。"

顾嘉棠也微微一笑："陆先生，我们不借钱。"

"那借什么？"陆冲鹏吃了一惊。

"借、烟、土。"顾嘉棠一字一顿地说道。

这下，陆冲鹏更吃惊了，心中狐疑：他们怎么会知道我有烟土呢？这么私密的事，他们怎么会知道呢？

心里想着，嘴上却说道："呵呵，我陆某又不是做这门生意的，上哪儿去找土啊？"停顿了一下，他看到顾嘉棠他们正意味深长地盯着他看，知道自己糊弄不过去了，只好又改口，"不过你们实在要借的话，我可以去问问我的朋友有没有。"

顾嘉棠笑了，说道："陆先生是个爽快人。这么着，我们多了也不借，就借二十箱。"

陆冲鹏接话道："不行，不行，二十箱太多了，只能十箱，如何？"

"十箱就十箱。"顾嘉棠一咬牙。

当"小八股党"哼着小曲把十箱烟土抬回三鑫公司时，杜月笙傻眼了，连忙问道："你们从哪弄来的？"

顾嘉棠神秘地说："你猜。"

"你小子少来这一套，我猜不着，你快说。"杜月笙乐了。

"从陆冲鹏那里弄来的。"顾嘉棠只好实话实说。

"陆冲鹏？"杜月笙在脑子里迅速搜索这个人的信息。

"他不是律师和国会议员吗？什么时候也做起烟土生意了？"杜月笙满腹狐疑。

"他说是从他朋友那儿匀给咱的。"顾嘉棠说道。

"不可能。"杜月笙斩钉截铁地说道，"现在全上海都断粮了，谁会匀给咱们？而且一下子就是十箱？"

众人不说话了。

思索了一会儿，杜月笙眼睛一亮，说："他撒谎，这烟土一定是他自己的。你们猜猜，他手里能有多少箱，才会大方地借给我们十箱？"

"一百箱？"

"五十箱？"

众人都在猜。

杜月笙摇摇头，肯定地说："至少五百箱。"

大家一个个瞠目结舌，眼睛里都写着四个字——怎么可能？

杜月笙这次的确是错了。因为陆冲鹏手里的烟土，不是五百箱，而是一千箱。

一个律师、国会议员，手里怎么会有如此之多的烟土呢？

杜月笙越想越不明白，于是立即派人去调查。一查，结果令他大吃一惊——陆冲鹏手里的烟土，竟是属于北洋政府的。

原来，一九二四年十月直奉军阀大战后，段祺瑞上台就任临时执政，掌握了北洋政府的大权。

上台后，他任命自己的亲信李思浩担任财政总长。但此时，由于连年混战，军费支出庞大，所以段祺瑞政府的财政极其困难。军队缺乏粮饷，导致人心躁动，混乱不断。其中一个最突出的事件就是，海军将士索饷不成，竟将自己的总司令杜锡珪逼下了台。

这让新上任的段祺瑞和李思浩十分头疼。

为了给嗷嗷待哺的海军筹集饷银，段祺瑞和李思浩绞尽脑汁，最终在日本财阀三井的暗中帮助下，开辟了一条生财之道。具体办法是：由日本人中泽松男出面，每个月从波斯采购五百箱烟土，运到上海来销售。买烟土的钱由三井公司垫付，赚来的钱则归北洋政府所有。

但要办成这事，还得找一个合适的人来主持，因为段祺瑞和李思浩身为政府官员，不可能在此事中抛头露面。

最终，与段祺瑞和李思浩私交甚笃的陆冲鹏被秘密请来主持此事。

陆冲鹏接到密令后，便开始积极活动，没多久就与广茂和烟土行签订了合约。双方约定：陆冲鹏负责将烟土运送至广茂和烟土行，而广茂和烟土行则见货付款。

但就在第一批烟土运到上海的时候，广茂和烟土行的老板却反悔了。他告诉陆冲鹏自己一时没有那么多现款，要么先欠着，要么这生意就不做了。

段祺瑞那边正等着钱用呢，陆冲鹏当然不会答应广茂和烟土行老板拖欠货款的要求。如此一来，双方的生意就算是黄了。

本来，根据双方约定，烟土一到上海就运到广茂和烟土行。现在，生意黄了，这五百箱烟土放哪儿呢？

无计可施的陆冲鹏，为了保险起见，只好把那五百箱烟土藏在了他的田庄。他的田庄面积很大，而且他的佃户都受过军事训练，他又买了大批枪械放在田庄，万一有人来抢，他们完全有能力抵抗。

摸清陆冲鹏的底细后，杜月笙决定果断出手，将这批鸦片弄到自己手中。

他知道，沈杏山与陆冲鹏是非常要好的朋友。于是，他请来沈杏山，让他代表自己去和陆冲鹏谈判。

上次杜月笙帮了他一把后，沈杏山一直在找机会报答。现在，机会来了，他欣然前往。

沈杏山来到陆冲鹏在上海的家里，开门见山地说："陆兄知道，现在上海滩的烟土都断档了，三鑫公司也不例外。杜月笙听说你手里有土，想跟你合作。"

陆冲鹏听说过杜月笙的大名，但对他毕竟不是十分了解，于是推托道："我手里是有土，而且还不少，现在就有一千箱。但他们都已经谈好买家了。"

"谈好买家了？陆兄是要卖给谁啊？"沈杏山有点吃惊，忙问道。

"是苏北的烟土商。"

原来，陆冲鹏与广茂和烟土行的买卖黄了之后，就急忙想办法，把这批烟土卖出去。恰好，陆冲鹏的老头子——青帮"大"字辈的通海镇守使张镜湖，建议他假道自己控制的地盘——海门，将烟土卖往苏北，并帮他联系好了买家。

沈杏山忙说："你卖往苏北也是卖，卖给杜月笙也是卖，何必舍近求远呢？"

陆冲鹏一笑，说道："话虽这么说，但沈兄你知道，现在的上海滩早就不是卢永祥的地盘了，而是孙传芳的天下。没了军警保护，一旦被抢或者被军方扣押，那损失算谁的啊？"

沈杏山一听此话也在理，就不再勉强，说道："你说的这事情我的确不敢打包票，但我相信杜先生会有办法。这样吧，我先把你的疑虑回去告诉杜先生，然后咱再谈。"

陆冲鹏说："如此甚好。"

沈杏山回到三鑫公司后，原封不动地把陆冲鹏的话转告给了杜月笙。

杜月笙听后，微微一笑，没说话，只是给一位姓单的先生打了一个电话。单先生是山东督军、号称狗肉将军的张宗昌派驻上海的代表，一直与杜月笙是很要好的朋友。

第二天，单先生出现在了陆冲鹏的家里。他一进门就大声嚷嚷："老杜想从你这拿几百箱烟土，救一救三鑫公司的急。你手里有，为何不做个顺水人情呢？难道怕老杜拿了你的货不给钱吗？不会的！"

听了单先生开门见山的话，陆冲鹏笑了，说道："我倒是不怕杜先生赖账，我担心的是路上的安全。"

"这个你不用担心，烟土下了船，由他自己负责运到法租界。出了差错，我替老杜担保，一分不差地赔你。"单先生继续大大咧咧地说道。

话已说到这份上，陆冲鹏再固执己见那就有点不识抬举了，于是他说道："既然单先生都这么说了，那我匀给杜月笙五百箱，一周后交货。"

"为什么要一周后交货？"单先生以为是陆冲鹏在搪塞他，忍不住急了，"老杜不是说你现在手里就有一千箱吗？"

"那一千箱已经有买家了，这两天就要发货。"陆冲鹏被急赤白脸的单先生逗乐了，急忙解释道，"你去告诉杜先生，尽管放心，下一票烟土总共五百箱，一个礼拜之内准到。一到，我就叫他去接货。"

"好，'君子一言，驷马难追'，就这么定了！"单先生看自己把事情办成了，高高兴兴地跟陆冲鹏道别，然后一阵风似的离开了陆冲鹏的住处。

随后，杜月笙又前来和陆冲鹏直接交谈，把价格、运输事宜等细节全部敲定，就等着运烟土的轮船抵达吴淞口了。

几天后，轮船抵达上海。

陆冲鹏给杜月笙打了一个电话，说："杜先生，货已经到了。为了保险起见，我看咱们先卸一百箱货，试试路上有没有风险，若是能够平安通过，我们明天再继续运。"

杜月笙笑着说："陆先生不必多虑了，一块儿卸下来就是，剩下的事情我保证万无一失。"

陆冲鹏只好照杜月笙说的办。

货卸下来后，早就有杜月笙派来的人在岸上接应。没多久，五百箱烟土就不动声色地安全抵达三鑫公司所在的维祥里。

而陆冲鹏也坐上一辆汽车，风驰电掣地向法租界驶去——他是来领钱的。

当夜，陆冲鹏就从杜月笙手里接到了付款支票，他这才长吁了一口气，心中的一块石头落了地。

有了这五百箱烟土，法租界的烟土商都松了一口气。这是一场及时雨，它不但帮助杜月笙等人渡过了难关，而且给上海的瘾君子解除了"黑粮"断绝的危险。

如此一来，三鑫公司的"信誉"及杜月笙的金字招牌，都更加耀眼了。

五百箱烟土转眼便卖光了，三鑫公司获利颇丰。更重要的是，杜月笙与陆冲鹏长期合作了下来，而且合作得非常愉快。

不久，财政总长李思浩来到上海，在陆冲鹏的引荐下，来到杜月笙的府上赴宴。酒席之上，宾主把酒言欢，气氛十分热烈。后来，陆冲鹏和李思浩同赴北京，回上海时，又带来了两张北京临时政府财政部的委任状，委任杜月笙、张啸林为财政部参议。杜、张二人欢天喜地地收下委任状，心里自然对李思浩和陆冲鹏非常感激。

"黑粮"危机度过之后，杜月笙和张啸林又慢慢地与孙传芳的势力搭上了关系。因为孙传芳知道，在上海滩，走私烟土是个金饭碗。只要与之搭上关系，就会财源滚滚。而他心里也明白，当前上海滩把持烟土行业的是杜月笙。与其另选他人，不如直接利用杜月笙，这样操作起来轻车熟路，还可省去很多麻烦，而自己只要静等杜月笙送来的分红就行了。

在共同利益的驱动下，双方的关系自然是摒弃前嫌了。尤其是孙传芳的驻沪代表宋希勤，在收了杜月笙几根金条后，俨然成了杜月笙的保护神。每当杜月笙运送烟土，他都宣布在沿途戒严，并派出大批军警保护。

第十六章

倾力结交各路势力

　　杜月笙与孙传芳派势力的蜜月期过去没多久，上海滩又是风云突变。一九二五年，为了打击孙传芳的势力，奉系军阀张作霖派宣抚军第一军军长张宗昌率兵南下，兵临上海滩。

　　张宗昌，字效坤，山东掖县（今莱州市）人。在民国时期的军阀中，张宗昌大概是拥有外号最多的，分别是"狗肉将军""混世魔王""长腿将军""三不知将军""五毒大将军"等，通过这些绰号就可以大致猜出，张宗昌是粗鲁不文的一介武夫。

　　孙传芳自知没有实力与张作霖为敌，就采取退避三舍的策略，退到新龙华，与张宗昌割地而治，互不相扰。

　　杜月笙明白，自己哪派势力都惹不起，只能是走一个送一个，来一个接一个。谁掌控上海滩，他都要尽力结交。

　　好在要想与张宗昌套套近乎，他有得天独厚的条件。因为单先生就是张宗昌的心腹干将，而杜月笙与单先生有着很深的交情。通过单先生，杜月笙对张宗昌有了一个大致的了解。

　　杜月笙向来擅长对症下药。这次针对张宗昌，他也有自己的办法。

　　张宗昌初到上海时，他并不抢头筹，而是让其他的名流先尽地主之谊。

等张宗昌略微空闲下来之后，他才通过单先生递上请帖，把张宗昌请到了富春楼富老六的闺房之中。

富春楼是当时上海滩最高档的妓院，里面的妓女都是个顶个的色艺双绝。富老六更是其中的头牌，是大名鼎鼎的"花国大总统"。所谓"花国大总统"的称号，来自一个选美比赛。每年，上海滩都会举行一次专门针对妓女的选美大赛，摘得桂冠的即被封为"花国大总统"。

杜月笙先是给了富老六一笔重金，嘱托她一定要使出浑身解数把张宗昌伺候开心，然后在富老六的房间里摆好宴席，坐等张宗昌的到来。

张宗昌听说杜月笙在富春楼设宴招待他，未见其人，心中就已经觉得与此人脾性相投。说实话，之前他出席的那些宴会，并没有让他开心。一个个一本正经的，弄得张宗昌也得假装绅士。这根本不适合这个混世魔王的本性。

来到富老六的房间后，一见婀娜多姿、风情无限的富老六，张宗昌更高兴了，简直是乐开了花。

富老六也是不负所托，使出了浑身解数，把张宗昌哄得满面红光。整个酒宴的气氛，可谓是异常地亲切友好。

"今晚我这里真是蓬荜生辉啊，一下子迎来了两位张大帅。"为了把气氛搞得更热闹，富老六还撒着娇开了一个玩笑。

"两位张大帅？"张宗昌不解。

富老六笑得花枝乱颤，然后拿手一指作陪的张啸林，娇笑着说："咱们这位张先生，外号也叫'张大帅'。"

张宗昌听罢乐了，举起酒杯跟张啸林说："大帅见大帅，好，他娘的咱们得干一杯。"

张啸林赶紧说道："大帅统兵十万，威震上海滩，这才是真正的张大帅，见了真正的张大帅，我这个冒牌货就露馅了。就像孙悟空手里的真假宝葫芦，假的一见真的，什么本事也没有了，以后我不敢再叫这外号了。"

没想到平日里大大咧咧的张啸林，还能在关键时候靠着自己上学时读过的几本书，来了一个引经据典。

张啸林的话把整桌的人逗得哈哈大笑。

通过一来二去的交谈，张宗昌与杜月笙和张啸林熟络了起来，大有称兄道弟的势头。

酒宴完毕后，杜月笙又为张宗昌安排了赌局。他知道，这位大帅除了女人，最爱的就是赌博了。

张宗昌自然是更加高兴，嘴里直叨咕道："知我者，杜月笙也。"

众人一直陪着张宗昌打牌打到半夜，看到天色已晚，就都知趣地退下了。留下乐呵呵的张大帅，享受着与富老六的欢乐春宵。

自此之后，张宗昌与杜月笙、张啸林成了铁哥们，几乎天天腻在一起玩乐。

若是张宗昌能在上海长久地驻扎下去，那杜月笙这笔感情投资就赚大了。可惜的是，好景并不长，仅仅半个月之后，张宗昌就在北洋政府的压力下，以北上磋商要务为由，带兵灰溜溜地撤离了上海。

面对这个结果，杜月笙也只好苦笑了。

一九二五年的上海滩，可谓是你方唱罢我登场，对于各路神仙，杜月笙都好生侍候，但求和气生财。即使是已经失势或下台的政要途经上海，杜月笙也会倾力结交，保护徐树铮和为黎元洪护驾就是两个经典的例子。

这年十一月的一天晚上，杜公馆迎来了一位神秘的客人，此人是皖系军阀卢永祥的部下。来人告诉杜月笙一个消息：徐树铮即将从日本返回上海，他在上海期间，希望杜月笙能保障他的安全。

徐树铮究竟何许人也，能请得动杜月笙做他的保镖？

他是皖系军阀段祺瑞手下的一员得力干将，是段祺瑞的心腹和谋士。在前一年的军阀混战中，皖系失败，徐树铮被迫流亡日本。而此时，段祺瑞又被冯玉祥拉出来担任临时执政。不过，这个执政名号只是个绣花枕头，真正的权力还是掌握在冯玉祥手里。但段祺瑞并不甘心，于是他秘密将徐树铮召回国内，目的就是与他共商大事，以图夺取冯玉祥手里的权力。

冯玉祥也深知这一点，所以他对徐树铮的行程十分关注，并派出刺客，伺机暗杀。

来人的话说完后，杜月笙微微皱了一下眉头，但还是痛快地答应了。

来人又说："可能会有刺客借机暗杀，杜先生一定要布置周密，保证万无一失。"

杜月笙意识到问题的严重性，于是严肃地点头道："你放心，我保证他在上海滩毫发无损。"

送走来人后，杜月笙觉得这事情非同小可，一旦出了岔子，不仅他的牌子会砸掉，他和卢永祥的亲密关系也就被破坏了。要保证万无一失，必须让黄老板和啸林哥也参与进来。

想到这里，他约上张啸林，一起去找黄金荣商量。

"徐树铮跟咱们没有半点交情，干吗要保护他？"张啸林是个直肠子，他观点鲜明地表示反对。

而黄金荣也似乎不想惹麻烦，说道："徐树铮的公馆设在英租界，要寻保护，他找英租界的人才是正理啊。"

杜月笙耐心地劝道："徐树铮虽然跟咱们没交情，但这事情是卢永祥督军派人来说的。虽然卢督军现在被赶出了上海滩，但上海滩的局势一天一个变化，谁敢保证哪天他不会再打回来。所以，我觉得即使单单为了维护和卢督军的关系，这个忙咱们也要帮。"

听了杜月笙一番话，张啸林和黄金荣都觉得在理，就答应了下来。

那天，徐树铮乘坐的轮船一到吴淞口，黄金荣、杜月笙、张啸林三大亨就一起迎上去，分站在徐树铮的左右，为他保驾护航。

这让上海滩震动不小，人人都在传诵这个徐树铮了不得，能够让炙手可热的三大亨一起做他的保镖。

冯玉祥派来的刺客看到这架势，便收起了手枪，未敢轻举妄动。

将徐树铮安全护送到他在英租界的公馆后，杜月笙终于松了一口气。但徐树铮要在上海逗留数日，三大亨不可能一直跟着他当保镖。于是，杜月笙就派出自己的得力干将——"小八股党"充当保镖，又派出一大批人躲在暗处，暗中保护。

在周密的计划中，正如杜月笙保证的那样，徐树铮在上海滩毫发未损，直到他安全离开上海，前往北京与段祺瑞会合。

在分别之时，徐树铮感慨万千，握着杜月笙的手说："要没杜先生的保护，我徐树铮也许早就命丧上海滩了。"

而杜月笙依然是报以真诚的微笑，脸上毫无半点居功之色。

除了保护徐树铮，杜月笙的另一个大手笔就是为下台的黎元洪大总统护驾——这事发生在两年之前。

当时，被奉系军阀捧上总统宝座的黎元洪刚刚被直系军阀赶下台来，为了东山再起，惶惶如丧家之犬的黎元洪打算来到上海，与当时占据上海的皖系军阀卢永祥结盟。

黎元洪在北平的时候，就听说过上海滩三大亨的威名。在抵达上海之前，他早就派人拜见了三大亨，希望得到他们的照顾。

三大亨一商量，得出一致结论：这是大总统啊，即使退位了，也是前大总统。这么一个大人物能让我们保护，那是很有面子的事，所以一定得全力护驾。

由于黎元洪在上海没有公馆，杜月笙甚至连黎元洪的住处都安排好了——就在杜美路二十六号，这是杜月笙不久前刚买的一幢小洋楼。

黎元洪来到上海后，受到了三大亨的热情款待。住的是宽敞怡人的小洋楼，吃的是山珍海味的大宴席，出去办事时则有"小八股党"贴身保护。

黎元洪对这一切充满感激。

离开上海前，他特意赠送了黄金荣一套陆军上将军服和一套名贵的鸦片烟具。对于这两件礼物，黄金荣十分喜爱，尤其是那身上将军服，他经常穿上在客人面前显摆一番。

除此之外，黎元洪还请人打造了三十多面金牌，上刻"义勇"二字，分赠给三大亨、"小八股党"及其他负责他安全的小兄弟。

这些似乎还不足以表达黎元洪的感谢之意，他的秘书长饶汉祥又写了一副对联赠给杜月笙。上联是"春申门下三千客"；下联是"小杜城南尺五天"。这副对联对杜月笙可谓是不吝赞赏，不仅将他比作仗义疏财、养着食客三千的春申君，还把他的杜公馆与唐朝贵族住的府宅相提并论。

得此对联，杜月笙如获至宝，赶紧命人裱糊起来，挂在会客室，成了一种可供炫耀的无上荣光。

第十七章
娶了两房姨太太

杜月笙在事业上顺风顺水，在感情生活上也是收获颇丰——具体的表现就是，他接连娶了两房姨太太。

本来，沈月英在他未发迹之前能够嫁给她，令他十分感激，杜月笙一直与她琴瑟和谐。但随着自己地位的上升，免不了要外出应酬，经常几天不着家。

此时，黄金荣一家已经搬到了更宽敞的钧培里，而杜月笙也随之搬到了不远处的钧福里。钧福里的房子要比他之前的房子大一倍还多，十分宽敞。

房子大了，再加上杜月笙经常不在家，沈月英也就越来越感到寂寞。看着空旷的房间，沈月英经常顾影自怜、自怨自艾。

后来，忍受不住寂寞的沈月英就染上了抽大烟的恶习。

之前，沈月英还像所有的女主人那样，辛勤地打理着家里的大事小情，但自从抽上大烟之后，她就越来越懒，到最后几乎是撒手不管了。

这让杜月笙比较郁闷。后院不安宁，他心里总是有个牵挂。

但此时，他还没有娶姨太太的意思。他想，找个信得过的能干的管家帮着打理一下就是了。

恰在此时，杜公馆里来了一个老太太，她是杜月笙老家的一位远房亲戚。当年，杜月笙几乎流落街头的时候，这位老太太对他非常照顾。所以，杜月笙一直对她心怀感激。

老太太来了，杜月笙非常高兴，赶紧安排酒宴招待。

在饭桌上，杜月笙问老太太说："您老人家肯定是找我有事吧？"

老太太说："既然你这么说了，那我也不藏着掖着了。我听说你在上海发达了，就想来求你提拔提拔你的小表弟。"

"你说的是小林吧？"杜月笙哈哈一笑。

"嗯，就是他。"老太太忙说。

杜月笙记着老太太昔日的恩情，心想这个忙一定得帮，于是说道："没问题，就让他跟着我干吧，你把他带来了吗？"

听杜月笙这么说，老太太高兴坏了，说道："我就知道月笙是个有情有义的人，果然不假。你表弟他就在上海，来了好几年了，一直在杂货店里当学徒。明天我就让他来见你。"

第二天，老太太领着自己的儿子来到杜公馆。

杜月笙一看，眼前的小伙子二十岁左右，身强体健，两眼有神，心里喜欢得不得了。又问了他几句话，小伙子也是回答得有条有理，可以看得出来，这小伙子非常机灵。

杜月笙当即拍板，把他留在了杜公馆。

杜月笙想自己不是缺个管家吗？这个小伙子处事灵活，又是自己的亲戚，好好培养一下，一定能帮自己管好杜公馆。

果然，他没让杜月笙失望。没过多久，他就被杜月笙提拔到了管家的位置上，帮着杜月笙把杜公馆打理得井井有条。

这个小伙子，就是日后大名鼎鼎的万墨林。他一直跟随杜月笙，帮着杜月笙当了几十年的管家，成了杜月笙最信任的心腹。

万墨林来到杜公馆以后，沈月英更是彻底不问世事了，一心躲在她的卧室里，吞云吐雾。

随着抽烟土的频率越来越高，沈月英慢慢变得骨瘦如柴、两眼无神，几乎成了一个呆滞的废人。

有时候，杜月笙在家里招待客人，需要女主人一旁陪坐。但沈月英这个样子，怎么能见客呢?

刚开始，她还象征性地下楼跟客人打打招呼，后来干脆不露面了。

这让杜月笙觉得十分丢脸。

他终于打定主意，必须得娶个姨太太了。

以前，杜月笙接触的女人都是那些妓院里的花魁之类。这些女人虽然花枝招展、处事圆滑，但逢场作戏玩玩还行，要娶进家门做姨太太，杜月笙觉得有损自己的身价。

他要娶进门的女人，不仅要长相俊美，还得有点文化，上得了厅堂，能帮杜月笙撑起门面。

杜月笙知道，这样的女人只在舞厅里可以遇到。当时的舞女，虽然大部分是既卖艺又卖身的交际花，但也有一部分是不卖身的女学生，她们是由于生活所迫，才到舞厅陪舞，以贴补家用。

但杜月笙向来不喜欢跳舞，所以从来也没进过舞厅，也就没有相识的舞女。不过，杜月笙知道，张啸林是舞厅的常客。

一天，杜月笙找到张啸林，拉着他手说："啸林哥，今晚一起去逛舞厅吧。"

张啸林吃了一惊，笑着说道："我没听错吧，你老杜可是从来不进舞厅的，今天这是咋了?"

杜月笙也笑着说："妓院玩腻了，也跟着你啸林哥玩点新花样。"

张啸林说道："好好，今晚咱们就去丽都玩吧。"

丽都花园舞厅是当时上海滩最高档的舞厅，老板正是"小八股党"之一的高鑫宝，张啸林是那里的常客。

当晚，张啸林和杜月笙一起来到了丽都舞厅。他们俩一进门，就早有看场子的保镖去报告了高鑫宝。高鑫宝听说自己的大哥杜月笙来了，急忙出来招呼他们。

"月笙哥，你可是稀客啊，请了你好几次你都不来。今天是哪阵风把你吹来的？"高鑫宝说道。

杜月笙笑了笑，没说话。

高鑫宝又对张啸林说："啸林哥，不是你硬把他拉来的吧？"

张啸林答道："你这月笙哥啊，要是他不愿意来的话，别说我了，九头牛也拉不来。这次，其实是他拉我来的。"

听到张啸林这么说，高鑫宝满腹狐疑。他猜，杜月笙也许是有什么事情要在这里处理吧。

高鑫宝正想问个究竟，这时，张啸林说道："月笙啊，有鑫宝在这里招呼你，我就不管你了。"说罢，他就步入舞场，去找自己的老相好跳舞去了。

张啸林走后，高鑫宝说："月笙哥，你是不是有什么事要在这里处理？我给你安排个房间？"

"不用，没什么事情，我今天就是来玩的。"杜月笙说。

杜月笙这么说了，高鑫宝虽然还有狐疑，但也不好再问，便说道："那我给你找来这里的头牌，让她陪你跳。这女人是上海滩有名的交际花，月笙哥一定会喜欢。"

杜月笙没有接高鑫宝的话头，反而问道："你这里有女学生吗？没开过苞的。"

"啊？"高鑫宝又是一惊，心想杜月笙向来喜欢成熟老练型的女人，什么时候换口味了，但嘴里依然应道，"有，有，我去给你叫来。"

片刻，高鑫宝领来五六个年轻貌美的女孩，一字排开，站在杜月笙面前，供他挑选。

杜月笙扫了一眼，然后问低声对高鑫宝问道："你确定她们都没开过苞吗？"

　　高鑫宝肯定地说："这几个都是初中学生，向来是卖艺不卖身，肯定是雏儿。"

　　"好！"杜月笙一指中间最高挑的一个，"就她了。"

　　其他的女孩纷纷退去，高鑫宝也知趣地退下了。

　　这个女孩名叫陈帼英，当时只有十五岁，是一个初二的学生。由于家境贫寒，父亲又得了重病，急需要钱来医治，她无奈沦为了舞女。陈帼英不仅身材高挑、苗条，脸蛋也十分俊美，属于典型的江南女孩，一眼望去，温柔贤淑，小家碧玉，非常有气质。

　　杜月笙一眼就看上了她。

　　杜月笙不会跳舞，他对陈帼英说："我不喜欢跳舞，咱们到舞池边的雅座上聊聊天吧。"

　　陈帼英点了点头，跟着杜月笙走向了一排空荡荡的雅座。

　　落座后，杜月笙问道："陈小姐来丽都多久了？"

　　陈帼英小心翼翼地答道："半年。其实我做舞女也刚刚半年。"

　　"看样子，你还是个学生？"

　　"是的，正在上初二。"

　　问完这些后，杜月笙心里有了底，没错，这就是他要娶回家的女人。但他心里还有一个疑虑：这个女孩真的是雏儿吗？

　　他要亲自试一试。

　　想到此，杜月笙一只手搂住陈帼英的细腰，另一只手要伸进她的胸口。

　　陈帼英吓得哆嗦了一下，用力一推，竟把杜月笙给推开了。

　　"对不起，我不卖身。"陈帼英小声地说。

　　杜月笙有点生气，问道："你知道我是谁吗？"

　　"知道，您是杜先生。"陈帼英答道，"可是，我真的不卖身。"

杜月笙被她如同受惊小鸟一般的模样给打动了，笑着说："如果我要娶你回去当二姨太太，你愿意吗？"

这让陈帼英有点意外，她语无伦次地说："这个……这个，我得想想，我还得问问我的父母。"

看自己把陈帼英吓成这样，杜月笙心里都有点不落忍了，于是轻声说道："好，等你想好了就来告诉我。你就找高鑫宝，他会带你见我。"

陈帼英重重地点了一下头，然后逃跑似的走了。

杜月笙喝光了杯子里的红酒，想起刚才的一幕，忍不住笑了。

如果他不是想把陈帼英娶回家的话，那今晚他肯定会霸王硬上弓，一定要得到她。但他相信，凭着他的实力，陈帼英肯定跑不了，早晚会心甘情愿地做他的女人。

果然，几天后，高鑫宝亲自把陈帼英送到了三鑫公司杜月笙的办公室。

高鑫宝关上门出去后，杜月笙问："想好了？"

陈帼英娇羞地低头说："嗯。"

看到眼前这个少女的可爱模样，杜月笙心中的欲火腾的一下蹿了上来。就在办公室宽大的办公桌上，杜月笙三下五除二剥去陈帼英身上的衣服，野蛮地占有了她。

看着那一缕鲜红，杜月笙彻底地放心了。

第二天，杜月笙就让万墨林准备聘礼，然后亲自送到陈帼英家里。

像杜月笙这样有财势的人，一般人想巴结都还巴结不上，陈帼英的父母当然没有拒绝的道理。

为了保证陈帼英日后不跟大太太沈月英发生龃龉，杜月笙又在民国路的民国里置办了一幢楼房，专供陈帼英住，也算是第二处杜公馆。

一切安排妥当后，杜月笙大摆筵席，欢天喜地地把陈帼英娶进了家门。

不远处的钧福里，沈月英心里虽然不好受，但也无可奈何。只得把自己关在房间里，与她的烟枪相伴。

娶了陈帼英后，杜月笙容光焕发，仿佛开始了人生的第二春。从此之后，他就很少在钧福里的杜公馆招待客人了，凡是应酬的事宜，几乎全都挪到民国里的杜公馆了。

陈帼英得体的举止、优雅的谈吐，让来到这里的客人都大加赞赏，杜月笙自然是心花怒放，对陈帼英更加宠爱。

当年秋天，陈帼英就怀孕了。

这个消息让杜月笙兴奋异常。但陈帼英怀孕后，就不能跟他同房了。而沈月英那里，杜月笙早就不去光顾了。

杜月笙又开始在外边寻花问柳。

一天，杜月笙跟一帮朋友在一座比较文雅的书寓里寻欢作乐时，碰上了他日后的三姨太——孙佩豪。

孙佩豪与陈帼英的年龄差不多，是苏州人，当时正在这座书寓里做先生。所谓书寓，就是指高级妓院；所谓先生，就是指卖艺不卖身。

杜月笙看到孙佩豪的第一眼，就喜欢上了这个女孩。

杜月笙一想，反正已开了纳妾之门，纳一个也是纳，纳两个也是纳。再说陈帼英正好怀孕了，诸事不便，何不把这个孙佩豪也娶进门呢？

杜月笙把自己的想法告诉了孙佩豪。孙佩豪丝毫没有犹豫，当即就答应了。的确，对于孙佩豪这样的女孩来说，这几乎算是最好的归宿了，她哪有犹豫的道理啊？

杜月笙马上又在民国里新置办了一幢楼房，供孙佩豪专用。这也是第三座杜公馆。

新的杜公馆一切安排妥当后，杜月笙又把自己的第三位太太娶进了家门。

从此之后，杜月笙几乎常驻在了民国里，在二太太和三太太两家轮流睡，而把钧福里杜公馆的沈月英彻底晾在了一边。

第十八章
捧优伶，黄金荣大打出手

杜月笙一口气娶了两房姨太太，黄金荣这边也没有闲着。

他虽然慑于林桂生的雌威，没敢动娶姨太太的心思，但这并不妨碍他在外边拈花惹草。

黄金荣的相好名叫露兰春，是一个唱京剧的优伶，是由黄金荣一手捧红的。其实，当露兰春还是个七八岁的小女孩时，黄金荣就认识她。因为露兰春的养父张师是法租界巡捕房的翻译官，并拜了黄金荣为老头子。

由于这层关系，张师经常带着小露兰春到黄公馆去玩。那时，她只有七八岁，正是天真烂漫惹人喜爱的时候。而且露兰春打小就是个美人坯子，粉嘟嘟的鹅蛋小脸，忽闪忽闪的长睫毛，再配上一双仿佛会说话的大眼睛，简直是人见人爱。当时，她喊黄金荣为"公公"，喊林桂生为"奶奶"。

张师还经常带着小露兰春去看戏。有时候，小露兰春也学着台上演员的样子哼唱两句，没想到竟然唱得有板有眼。张师觉得这孩子有唱戏的天赋，等她稍微长大一些后，就请来专门的师父教露兰春唱戏。

小露兰春非常聪明，老师教的东西，她很快就能学会。几年下来，京剧行当的那些本事，她全学会了。

慢慢地，她开始登台，正式开始了自己的优伶生涯。

那时候，戏子是个卑贱的行当，经常受人欺负。为了给她找个强大的靠山，张师就带她来到黄公馆，请黄金荣多多照顾。

几年没见，黄金荣让眼前的露兰春给惊住了。

"真是女大十八变啊，越来越漂亮了。"黄金荣忍不住赞道。

正好，当时黄金荣正在建一家戏院——共舞台，共舞台建好后，黄金荣立即把露兰春请来做共舞台的头牌。

为了让露兰春能够尽快地脱颖而出，黄金荣可谓是不惜重金。他先是请来名师，为露兰春排演大戏《宏碧缘》。然后又花钱在各大报纸上打广告，在广告中，"露兰春"三个字被施以浓墨重彩，每个字足足有鸭蛋那么大。

露兰春人长得漂亮，学艺又精，还摊上了《宏碧缘》这么一出好戏。露兰春一登台，就引起了上海滩的轰动。当时的上流人士、社会贤达，都以到共舞台看露兰春的戏为时尚。

黄金荣更是一场不落，天天定时到戏院给露兰春捧场。不仅如此，为了表达自己的宠爱之心，黄金荣还给露兰春配备了专门的司机和保镖，负责接送和安全。

当然，黄金荣不是活雷锋，他的付出也不是做慈善。没多久，黄金荣就要求露兰春做他的小情人。露兰春虽然对眼前这个满脸麻子的五十多岁老头子有点恶心，但她知道自己如今的一切都是黄金荣给的。如果把他惹急了，他不但会把她拥有的一切拿回去，还会让她在上海滩无立足之地。没办法，为了生存，露兰春只好半推半就地顺从了，成了黄金荣包养的外室。

上海滩的浪荡公子都知道露兰春是黄金荣的女人，所以即使对露兰春垂涎不已，但慑于黄金荣的淫威，没人敢去招惹露兰春。

但有一个人却没把黄金荣放在眼里，他就是浙江督军卢永祥的儿子卢筱嘉。卢筱嘉相貌英俊，风流倜傥，当时与孙中山的儿子孙科、张作霖的儿子张学良、段祺瑞的儿子段宏业一起被人们称作"四公子"。

卢筱嘉向来喜欢看戏，在看了一次露兰春的《宏碧缘》之后，彻底被露兰春迷住了。仗着自己的老爸有权有势，他毫不顾忌露兰春是黄金荣的女人这一事实，对露兰春展开了疯狂的追求。

这天，他又带着几个随从来到共舞台看露兰春的戏。当然，他不仅仅是来看戏的，准确地说应该是来看人的。

他早早地来到包厢，趁着大戏还未开场，唤来一名随从，交给他一张约会的帖子和一枚包装精美的钻戒，让他到后台交给露兰春。

当时，露兰春还在化妆，看到来人送的东西后，她吃了一惊——居然是大名鼎鼎的卢筱嘉送来的，难怪胆子这么大，敢在黄金荣这个太岁头上动土。

露兰春的心有点乱了。但经过一番考虑之后，她还是把戒指退了回去，只留下了请帖，但也没有给个明确的答复——赴约还是不赴约。

随从回来后，把情况说了一遍，卢筱嘉顿时火冒三丈，暗骂道："不识抬举的贱货。"

这时，离开场还有几分钟的时间。黄金荣也在保镖的前呼后拥下，走进戏院，坐到了他固定的包厢里。

片刻后，一声清脆的锣响，戏开始了。

由于刚才的事情，弄得露兰春心里乱糟糟的。她一直在想，卢筱嘉不是个善茬儿，刚才的处理方式会不会惹来什么祸端呢？

带着这种忧虑，她来到了台上。

按照定式，露兰春上场后，要先甩一下水袖，移步到台中央，然后将腰上的垂带踢上肩头，做一个漂亮的亮相。但是，就在踢垂带的时候，意外出现了——她竟然接连踢了三下，都没能把垂带踢上去。

按照惯例，台上的演员做错了动作或者唱错了台词的时候，台下的观众就会起哄、叫倒好。今天，台下的观众其实早就注意到了露兰春出错的细节，但没人敢吱声。因为这是在黄金荣的场子，而露兰春又是黄金荣力捧的角儿。

但卢筱嘉不管这一套，他肚子里正憋着一股火呢，正好借机发泄一番。于是，他脱口而出："哟，好俊的功夫，好功夫。"

卢筱嘉一喊，他的几个随从也跟着一起起哄。

换了有经验的演员，踢不上去就罢了，略过这一个动作，继续演下面的戏。

可露兰春从来没有遇到过这种场面，情急之下，又踢了一下。但遗憾的是，这下依然没能把垂带踢上肩头。

如此一来，卢筱嘉更加嚣张了，大声喊道："妙哉，妙哉，再给爷踢一个。"

他的随从也跟着喊道："对，再踢一个，再踢一个。"

露兰春彻底招架不住了，身子一晃，差点直接晕倒在台上。

这边的卢筱嘉叫得正欢，那边的黄金荣早就忍不住了，一指卢筱嘉，招呼一声身边的保镖道："过去教训教训那帮狗东西，给我打，往死里打！"

保镖们领命，噌噌来到卢筱嘉面前，冲在最前面的那个家伙瞅准卢筱嘉的前胸，上去就是一脚，把卢筱嘉结结实实地踹在了地上，然后朝着他的脸左右开弓，啪啪地扇了好几个耳光，打得卢筱嘉眼前直冒金星。

卢筱嘉的随从们看到主子挨揍，一窝蜂地上来帮忙，但无奈黄金荣这边人多势众，结果全被打翻在地。

保镖打完后，余怒未消的黄金荣走过来，想再给那领头叫倒好的家伙一阵拳脚。但当他看清眼前这个人的脸时，顿时僵在了那里——这不是浙江督军卢永祥的公子吗？

黄金荣心里一阵发毛，心想这下捅大娄子了，卢永祥可不是好惹的。

但事已至此，他也没有办法挽回了。

当场道歉是不可能的，他好歹也是上海滩响当当的人物，塌不起这个台。再说，卢筱嘉都给打得两腮红肿、满身是血了，一个道歉也肯定解决不了问题。

想到此，黄金荣一摆手，说道："你走吧。"

他实在想不到别的办法，只好放他回去，然后听天由命了。

卢筱嘉恶狠狠地瞪着黄金荣，说道："好，姓黄的，咱们走着瞧！改天我也让你瞧瞧本少爷的厉害。"说着，卢筱嘉在随从的扶助下，一瘸一拐地走出了共舞台戏院。

留下满脸茫然的黄金荣，站在那里懊恼不已。

第十九章

黄金荣被绑

　　黄金荣打了卢筱嘉之后，知道姓卢的不会善罢甘休，就把杜月笙、张啸林叫到黄公馆商量对策。

　　待黄金荣把事情的大致经过讲了一遍之后，杜月笙倒吸了一口凉气，说道："这个事情很棘手，得赶紧想个办法，不然可能会出大事。"

　　而张啸林则一脸的无所谓，说道："打都打了，怕他有什么用？姓卢的要敢胡来，咱们跟他拼了。"

　　杜月笙说道："话虽这么说，但毕竟多一事不如少一事。"

　　"月笙说得在理，你有什么办法吗？"黄金荣问道。

　　沉默了一会儿，杜月笙说："要摆平此事，必须找个德高望重的人出面斡旋。"

　　黄金荣急忙问道："找谁呢？"

　　"一时我还想不到合适的人选，得慢慢来。再说现在姓卢的肯定在气头上。最好过几天，待他稍微消消气，才好说话。"杜月笙说道。

　　黄金荣摸了摸头，有点失望地说："也只能这样了。"

　　临走时，杜月笙又劝诫黄金荣说："金荣哥，这几天你最好不要外出，以免被姓卢的钻了空子，出什么意外。"

黄金荣点点头。

黄金荣这边在紧锣密鼓地商量对策，卢筱嘉那边也没闲着。

被打的当晚，卢筱嘉就满面怒气地来到龙华护军使何丰林的府上，要求何丰林出兵，把黄金荣抓回来，帮他出出这口恶气。

何丰林是卢筱嘉的老爸卢永祥的心腹干将，对卢永祥向来言听计从。但面对卢筱嘉的要求，他清醒地说："这事得从长计议，如果贸然向法租界出兵，不但抓不着黄金荣，还可能跟法国当局发生大的事端。"

卢筱嘉看何丰林不帮他，心中更是气恼，大声吼道："好，既然你不肯出兵，那我给我爸爸打电话，让他出兵。"

何丰林赶紧劝住他，说道："公子先别急，听我把话说完。明着出兵行不通，但咱们可以暗着来。派一队便衣，趁着黄金荣外出的时候，把他绑回来。"

卢筱嘉一听此计不错，说道："那就这么办，我一定要让那黄麻皮尝尝苦头。"

一连几天，黄金荣都听从杜月笙的建议，在黄公馆里老老实实地待着。但几天之后，黄金荣看卢筱嘉那边风平浪静，以为这事就这么过去了，于是又心中发痒，迫不及待地要到共舞台看露兰春的演出。

这天晚上，露兰春要出演大戏《枪毙阎瑞生》。这是一出新戏，根据一件轰动一时的案件改编而成，说的是阎瑞生诱骗杀害妓女黄莲英的故事，露兰春在戏里扮演黄莲英。

吃过晚饭，黄金荣在多名保镖的前呼后拥下，走进共舞台的包厢。不一会儿，大戏开演，露兰春袅袅婷婷地登上台。看着露兰春俊美的扮相，听着她婉转低回的唱腔，黄金荣陶醉地晃着脑袋，手在大腿上有节奏地轻轻拍着。

就在这时，共舞台忽然闯进几十名便衣，迅速来到黄金荣的包厢，把他包围了起来。

黄金荣还没弄清到底发生了什么事，"咣咣"两记耳光已从他脸上抽过。

保镖看黄金荣被打，都要拔枪。但此时他们都已动弹不得了，每个人身边都有几个便衣，牢牢地控制住了他们。

黄金荣抬头一看，打他的人正是卢筱嘉。

"还认得爷爷吗？"卢筱嘉傲慢地说道。

黄金荣挨了打，心中怒火升腾，但对方人多势众，只好硬着头皮说："这可是在我的地盘，你不要胡来。"

话音刚落，黄金荣的肚子又挨了一脚。他疼得两手赶紧捂住肚子，从椅子上滚落到地上。

"妈的，事到如今还敢嘴硬。"卢筱嘉恶狠狠地说道。

说完后，为防夜长梦多，卢筱嘉命便衣架住黄金荣，拖出了共舞台。而共舞台门口，早就停了几辆小汽车，黄金荣被塞进其中的一辆，便衣的军警了坐上其他的几辆，然后一溜烟就不见了。

共舞台的观众们都被突如其来的变故惊得合不拢嘴，而台上的露兰春早就吓得哆哆嗦嗦，赶紧躲进了后台。

片刻之后，保镖们就把黄金荣被绑的消息带回了黄公馆。

林桂生之前已经知道黄金荣为了露兰春与卢筱嘉大打出手的事，心中对黄金荣怨恨不已。但此刻听到黄金荣被绑架，她还是心急如焚，忙问道："被谁绑了？"

保镖答道："领头的是卢筱嘉，还有一帮子便衣，应该是何丰林的人。"

林桂生赶紧派人去把杜月笙和张啸林请来。

杜月笙和张啸林听到黄金荣被绑的消息后，都是一惊。

二人来到黄公馆后，林桂生焦急地说道："月笙、啸林，你们俩赶紧想个办法啊，老板要是有个三长两短，那可就麻烦了。"

杜月笙赶紧宽慰道："桂生姐，你别急，何丰林跟我们的三鑫公司有业务关系，就凭这一点，他也不会把老板怎么着。"

张啸林是个火暴脾气，只是一个劲儿地骂人："何丰林狗胆包天了，竟敢对老板下手，狗娘养的。"

林桂生还是不放心，说道："就算何丰林不动手，可那个卢筱嘉年轻气盛，怎么能保证他不下手啊？"

张啸林呼的一下站起身，说："娘的，欺负到老子头上了，我带人去把老板救回来，跟他们拼个鱼死网破。"

杜月笙忙拉住张啸林说："啸林哥，你先坐下。何丰林手里有军队，咱们不是对手，不能硬碰硬。"

"那你说怎么办？"张啸林气急败坏地说道。

林桂生也看着杜月笙，问："月笙，你有没有什么好办法？"

杜月笙回道："啸林哥，你的亲家俞叶封是何丰林手下的统领，还是心腹。你能不能请他出面，和你一起去找何丰林说情，把老板放出来。"

张啸林接着说道："这个没问题，但我担心俞叶封的分量不够，说不动何丰林。"

杜月笙说："即使有一分的可能也要试试。我再去找张镜湖老前辈出面斡旋，咱们双管齐下。"

张镜湖是青帮"大"字辈的老前辈，门徒甚广，在上海滩的黑白两道可谓德高望重。

张啸林说："好，那就这么办。"

看杜、张二人拿定主意，林桂生感激地说："老板的安危，全仰仗你们两人了。"

杜月笙郑重地回道："桂生姐，你千万别急，保重身体，我们这就分头行动。"

从黄公馆出来后，张啸林马不停蹄地去找自己的亲家俞叶封，而杜月笙则去拜访张镜湖。

在俞叶封的带领下，张啸林顺利见到了何丰林，正好卢筱嘉也在。

张啸林一见到何丰林就开门见山地说："何将军，黄老板的台也塌了，卢公子的气也出了，现在可以放人了吧？"

没等何丰林发话，卢筱嘉接过话头，气咻咻地说："放人？我卢筱嘉就白白被他这麻皮打了？这次我非得好好教训教训他。放人？没那么容易。"

张啸林被卢筱嘉的一席话噎了个半死，但这是在何丰林的地盘，他也不敢发作，只好忍着怒火问道："那你说，怎么样才肯放？"

"那得看我的心情，等我什么时候气消了，就什么时候放人。"卢筱嘉傲慢地说道。

张啸林气得直喘粗气，却无可奈何。他看了一眼俞叶封，意思是"你帮我说句话啊"。可俞叶封也给了他一个无奈的眼神，意思很明确：这里没我说话的份，我能做的也就是把你带进门。

这时候，假装和事佬的何丰林笑眯眯地说话了："啸林兄别生气，事情得慢慢解决，卢公子不是说了嘛，等他的气消了，自然就会放人，你先请回吧。"

这是在下逐客令了。

张啸林憋着一肚子气，从何丰林的府邸无功而返。一出门，他就开始大骂道："狗娘养的东西，把老子惹急了，一枪崩了你们。"

就在张啸林铩羽而归后，杜月笙请来的张镜湖老爷子也出马了，但令所有人意外的是，张镜湖连何丰林的门都没能进去。帖子递进去后，何丰林给的答复是："身体不适，闭门谢客。"

这把张镜湖气得直跺脚，同时大骂道："好你个何丰林，好大的架子。在上海滩这个地方，做事可不要太绝了。"

两次都失败后，林桂生急得团团转，而杜月笙开始有了自己的办法，他要只身闯虎穴，靠一己之力，救出黄金荣。这样一来，他杜月笙的名声就会压过黄金荣。在他看来，这是个绝好的机会。

但他并没有把这个想法立即告诉林桂生，他还需要好好想想，以保证马到成功。

就在杜月笙琢磨具体办法的时候，张啸林的亲家俞叶封又给林桂生出了一个主意。

他告诉林桂生说："何丰林是个大孝子，对他老母亲言听计从，只要你能把老太太哄高兴了，那放人的事就多半能成。"

听了俞叶封的这番话，林桂生如同落水之人抓到了救命稻草，当即请俞叶封把她带进何府，拜访何老太太。

俞叶封还告诉她，老太太信佛。于是，林桂生准备了一尊精雕细琢的玉观音和一座金罗汉作为见面礼。

有个成语叫"投其所好"。送人礼物时，如果能送到对方的心坎上，那这礼物肯定能起到应有的作用。

林桂生深谙此道。

当林桂生把玉观音和金罗汉放到何老太太面前时，老太太乐得嘴都合不拢了。普通的玉观音、金罗汉比比皆是，家境丰厚的何老太太未必会放在眼里，但这两件宝物是林桂生收藏已久的文物，做工精细，仪态雍容，实在是难以见到的宝贝。

老太太拉着林桂生的手说："黄太太，你这礼太重了，我这老太太都不敢接了。"

林桂生忙说："您千万别见外，这两件宝贝放您这儿才是宝贝，放我那儿就白白糟蹋了。"

听林桂生这么说，何老太太笑道："瞧瞧，真会说话。"一边说一边拿手摩挲着那两件宝贝，"你真是积了大功德了，佛祖一定会保佑你福泰安康。"

看老太太这么高兴，又这么喜欢自己，林桂生灵机一动地说："何姆妈，我打小就没了爹妈，今日见到您老人家，就像见了自己的妈妈一样，我拜您当干妈如何？"

何老太人被这突如其来的请求弄得愣了一下，但接着就喜笑颜开地说："好啊，好啊，我正好没有女儿呢，以后要是那小畜生惹我生气，我就有个女儿说道说道了。"

看到老太太应口了，林桂生忙"姆妈姆妈"地叫个不停，哄得老太太高兴得不得了。

大家高高兴兴地聊了一大会儿之后，何老太太不经意地说道："黄夫人，你这番来找我这老太太，肯定是有事吧？"

林桂生忙说："没事，没事。"

她怕老太太反感，她打算先铺路，黄金荣的事过两天再跟老太太说。

但老太太是个明白人，笑着说："有事就直说吧，你都是我的干女儿了。我能帮上忙的，肯定帮你。"

林桂生见老太太心如明镜，也就不遮掩了，说道："既然姆妈这么说，那我就直说了。我们家黄金荣因为几天前得罪了卢公子，被何将军抓起来了，现在也不知生死。"说到这，林桂生故意拿手绢擦了擦眼角。

何老太太看到林桂生擦眼泪，安慰他道："孩子，别哭。那个小畜生啊，整天在外边干坏事，让我替他担惊受怕，天天求菩萨保佑他。你放心，我这就叫他过来，马上放了黄先生。"

林桂生感激地看了何老太太一眼，说道："多谢姆妈了。"

说罢，何老太太派出一个女仆，去请何丰林到老太太的佛堂来。

不一会儿，女仆回来了，说："何将军出差了，要几天后才能回来。"

其实，林桂生进入何府的那一刻，就有人报告何丰林了。何丰林猜到她肯定是去找老太太求情了，于是就撒谎说自己不在家。

林桂生听到这个消息后，知道肯定是何丰林在撒谎，心里顿时凉了半截，知道此行肯定没戏了。

可老太太却信以为真，便对林桂生说："你不要急，等那小畜生回来了，我立马叫他放人。"

林桂生只好强颜欢笑，谢过何老太太。

林桂生的曲线营救行动失败了，杜月笙的办法却想好了。他知道，该他出手了。

这天，杜月笙走进黄公馆，告诉林桂生说："我要独身去闯一闯何公馆，把老板救出来。"

林桂生异常感动，握着杜月笙的手说："你一定要小心啊。"

杜月笙告别了林桂生，坐上小汽车，只身前往何公馆。而在他的身后，还跟着一辆小汽车，里面坐着一个女人。

杜月笙知道，要进得去何公馆的大门，单凭红口白牙是办不到的。他事先预备好了十根金灿灿的金条，放进锦盒里装好。

来到何公馆门前，他让人把求见的帖子和锦盒一并送了进去。

何丰林拿到锦盒后，打开一看，不由得赞叹道："都说黄公馆人才济济，但真正聪明的唯有杜月笙。他出手这么阔绰，那我也不好让他吃闭门羹了。"他一摆手，对来人说道："请杜先生进来吧。"

杜月笙见到何丰林后，只字未提黄金荣的事情，而是与他谈笑风生，十分潇洒。这让何丰林和在场的卢筱嘉都是一头雾水，不知道杜月笙的葫芦里到底卖的什么药。

聊了一会儿之后，杜月笙开始谈到正题。

"何将军、卢公子，杜某今日登门拜访，是有一桩生意要与二位商量。"杜月笙不紧不慢地说道。

"哦?"何丰林更加满腹狐疑了。

杜月笙继续说道："我和黄老板、张啸林筹集了一千万，要开一家聚丰贸易公司，专做烟土生意，想请何将军和卢督军入股。"

何丰林知道，烟土生意一本万利，一旦入股，则会财源滚滚。

于是，他迫不及待地问道："那一股要多少钱？"

杜月笙笑了笑，说道："不用出钱，何将军和卢督军的名字就是股份。公司一共分成五股，咱们平均分红。"

这真是个天上掉馅饼的事，何丰林兴奋得直咽唾沫，但他还有点半信半疑，于是半开玩笑地说道："天下竟有这等好事？"

杜月笙说道："实话实说，其实是我们想借卢督军和何将军的势力，保证聚丰的货在浙江畅通无阻。所以，何将军不要多虑。"

听杜月笙这么一说，何丰林悬着的心彻底放下了，高兴地说："原来如此啊，没问题，我同意了。"说完后，他又问卢筱嘉说："筱嘉，你觉得如何？"

卢筱嘉也是个贪财之辈，有这等空手套白狼的好事，他哪能放过呢。于是赶紧说道："这是个天大的好事情，我替家父答应了。"

"好，爽快。"杜月笙拍着手大声说道。

停了一会儿，杜月笙开始道出了此行的真正目的，说："既然合作的事谈定了，那公司开业剪彩的时候，可不能少了任何一位股东啊，何将军你说呢？"

何丰林是个明白人，杜月笙此话的意思很明确——既然都一块儿合伙做生意了，那黄金荣当然得放了。

但他揣着明白装糊涂，说道："当然不能缺。"

对黄金荣的事只字不提。

"哈哈，可五大股东之一的黄老板还被何将军关着呢，现在是不是可以放人了？"杜月笙看他打太极，只好把话挑明了。

没等何丰林答话，一边的卢筱嘉开腔道："杜先生，生意是生意，与别的无关。黄麻皮让我在众人面前出了丑，我不能就这样饶了他，非得让他吃点苦头不可。"

杜月笙早就料到卢筱嘉会反对，于是胸有成竹地使出了自己的杀手铜，说道："卢公子，冤家宜解不宜结。你和黄老板的误会，完全是由露兰春引起的。其实不就是个女人嘛，我把稻香楼的头牌小木兰给卢公子带来了，就在门外的小汽车上。卢公子肯定知道，这个小木兰可是芳名远播，而且稻香楼的姑娘卖艺不卖身，小木兰还是个黄花大闺女呢！与那个残花败柳的露兰春比起来，不知要强多少倍。如果卢公子愿意，从今天起，小木兰就是你的人了，怎么安排，你说了算。"

看到卢筱嘉没说话，何丰林都有点急了，他赶紧说道："筱嘉，杜先生言之有理啊。露兰春不过是个女人，男子汉大丈夫岂能为个女人耽误了大事？再说，黄金荣也被抓来五六天了，你的气也出得差不多了。要不就当看杜先生的面子，把他放了吧。"

在何丰林的劝说下，卢筱嘉终于长叹一口气，说："那好，我就看杜先生的面子，把那麻皮放了。"

看到卢筱嘉松口，何丰林当即说道："杜先生放心，我马上就把黄金荣放了。"

没想到，这时杜月笙却不慌不忙地说："不急。黄老板总归是上海滩上有头有脸的人物，如果就这么悄无声息地放了，那他的面子就丢尽了，以后就无法再在上海滩立足了。我想请何将军送佛送到西天，帮黄老板把这个面子找回来。"

何丰林心中暗叹：杜月笙真是个心思缜密之人，可谓是滴水不漏。心里这么想着，嘴里问道："请杜先生明示，我该怎么做？"

"我听说黄夫人拜了何老太太做干妈，何将军何不摆一桌宴席，就称作认亲宴。黄老板和卢公子都出席宴会，然后握手言和。这样一来，黄老板的面子找回来了，卢公子也不跌份，岂不是两全其美？"

何丰林听后，大赞道："妙极，妙极，这事简单，我答应了。"

几天后，何丰林大摆宴席，宴会之上，黄金荣盛装出席，与卢筱嘉握手言和，一笑泯恩仇。卢筱嘉的老爸卢永祥为了把黄金荣的面子做足，还特意呈请北洋政府颁给黄金荣一枚奖章，聘请他为护军使衙门督察。

至此，黄金荣终于可以抬着头回到黄公馆了。

黄金荣虽然体面地回到了黄公馆，但上海滩的大小流氓都知道黄金荣是被杜月笙救回来的。在黄金荣身价看跌的同时，杜月笙的声望却扶摇直上，成了这个事件中最大的受益者。

第二十章
黄金荣迎娶露兰春

黄金荣被放回黄公馆后，为了给他压惊，也为了感谢杜月笙、张啸林等为此事所出的力，林桂生就在黄公馆里摆了一桌家宴。酒宴上，大家频繁举杯，营造出热闹的气氛，讨黄金荣高兴。尤其是林桂生，忍着因为露兰春带来的心中不快，不断地为众人添酒夹菜。

可黄金荣却表现得心不在焉，他甚至在心里埋怨林桂生搞什么宴会，要不此刻已经躺在露兰春的床上了。

的确，从被放出来的那一刻起，他心里想的就不是对林桂生和杜月笙等竭力营救的感激，而是赶紧与露兰春见面，然后春宵一刻。

林桂生似乎看出了黄金荣的心思，就话里有话地说道："你这几天哪儿也别去了，在家好好歇歇。"

杜月笙也帮腔道："是啊，有什么事情我们几个去办，金荣哥就在家好好休养休养。"

对此，黄金荣满口答应，但他心里却有自己的打算。

酒宴之后的几天，由于林桂生看得严，黄金荣只好忍着相思之情，在家好好待着。

但有一天晚上，林桂生因事外出，就一会儿的工夫。回来一看，黄金荣已经不在家了。

林桂生勃然大怒，问守门的保镖道："老板去哪儿了？"

保镖既不敢得罪黄金荣，也不敢得罪林桂生，一时呆在那里，支支吾吾地说："老板……老板，大概是去三鑫公司了。"

"放屁，大晚上的去公司干吗？说实话，他到底去哪儿了？不说实话，我扒了你的皮。"林桂生柳眉倒竖，两眼好像能喷出火来。

保镖被林桂生的样子吓坏了，只好实话实说道："老板的小车，往共舞台方向开去了。"

听到保镖这么说，林桂生气得浑身发抖，大骂道："果然又去找那狐狸精了，这个没良心的麻皮，早晚得死在她手里。"

当晚，黄金荣回来得很晚，林桂生一直坐在大厅等着他。

当黄金荣心满意足地哼着小曲走进大厅的时候，坐在暗处的林桂生突然说道："你又去找露兰春了？"

黄金荣被这突如其来的声音吓了一跳，随即又镇静下来，撒谎道："没有，我去了趟公司，看看有没有什么事情。"

"去公司能这么晚回来？你糊弄鬼呢？"林桂生忍不住大声吼起来。

听到林桂生的怒吼，黄金荣心中的火也腾地上来了，说道："我是去找她了，怎么样？我身边的弟兄哪个不是三妻四妾，我在外边找个女人怎么了？"

林桂生稍微平静了一下，说道："你在外边找女人我不拦着，但找谁都可以，就是不能找露兰春这个狐狸精。她就是个扫把星，上次她差点要了你的命，你这么快就忘了？"

黄金荣气咻咻地坐到了椅子上，没说话。

林桂生继续说道："今天我就把话挑明了吧，有我没她，有她没我。要么你跟她一刀两断，要么咱俩一刀两断。"

林桂生说这话，本来是在气头上，而且也有吓唬吓唬黄金荣的意思。

没想到，黄金荣听后暴跳如雷，说道："办不到！不但不会一刀两断，我还要把她娶回家来，明天我就去找张师提亲。"

说完，黄金荣就甩手上楼了，留下林桂生愣愣地坐在那里，不停地抹眼泪。

黄金荣说做就做，第二天一大早就去找张师夫妇提亲了。张师夫妇当然不敢不答应。但提出两个要求：一是要明媒正娶，八抬大轿把新娘子抬回家；二是，露兰春进门后要当家，掌管家里保险柜的钥匙。

已经几乎走火入魔的黄金荣，把这几条要求全都答应了。

就在黄金荣前去提亲的时候，林桂生则找到了杜月笙，说："月笙，我和老板的缘分到头了。"

杜月笙一头露水，问道："桂生姐，怎么了。"

林桂生说："他要把露兰春娶回家。好，那我就挪窝，给她让出位置。"

林桂生的话说得很明白，黄金荣娶了露兰春，那她就下堂。

杜月笙大吃一惊，忙说道："不会吧？即使老板把她娶回家，也不过是个姨太太，桂生姐何必下堂呢？"

林桂生一笑，说道："现在老板的心都在那露兰春身上，她要进了家门，那我的日子就没法过了。再说，从辈分上说，张师是老板的徒弟，那露兰春就是孙女辈。让一个以前整天喊我'奶奶'的人喊我'桂生姐'，我接受不了。"

林桂生心里明白，黄金荣被那露兰春迷住了，对她肯定是言听计从。一旦把露兰春娶回家，那她这个女主人的地位早晚会保不住。而要在忍气吞声中过日子，一向要强的林桂生是断然做不到的。

杜月笙明白了事情的来龙去脉后，就劝道："桂生姐，你先别急，我去找老板说说，看事情还有没有转机。"

其实，这正是林桂生来找杜月笙的目的。昨晚，她在气愤中说了狠话，现在她明白，黄金荣是不可能放弃露兰春的。既然如此，那只要不把露兰春娶回家门，她也就可以接受黄金荣在外边和她胡搞了。

送走林桂生，杜月笙立即找到黄金荣，问道："金荣哥，听说你要娶露兰春过门？"

黄金荣满不在乎地说："是啊，是桂生告诉你的吧？"

"我看桂生姐是在乎你的，说起这事时她都哭了。再说，桂生姐帮你打过江山，没有功劳还有苦劳。她露兰春不过是个有点姿色的戏子而已，老板在外边玩玩就罢了，何必娶她回家呢？"杜月笙如实相告。

杜月笙本以为他一席话过后，黄金荣会考虑考虑。没想到，黄金荣一口回绝道："娶露兰春的事板上钉钉了，谁也改不了。你告诉桂生，她要能接受，就还是黄公馆的女主人；要是不能接受，非要下堂，那就随她的便。"

黄金荣的话说得决绝，可谓是情断义绝，没有半点回旋的余地。

当杜月笙把黄金荣的话委婉地告诉了林桂生后，林桂生长叹一声，说道："既然他一点情意都不念了，那我也没什么好留恋的了。你告诉他，给我五万块安家费，我林桂生立马走人。"

五万块钱对于黄金荣来说，也就是九牛一毛，他痛快地给了钱。林桂生当天就收拾东西，搬出了黄公馆。

以当时黄金荣的身家来说，林桂生只要五万块钱真是太便宜了他。但林桂生知道黄金荣的个性——虽然钱多，但一向视财如命。她不想因为钱的事跟他讨价还价，这不符合林桂生的个性。再说，林桂生在三鑫公司有巨额的股份，每年光是红利就分不少，再加上平时积攒的小金库，所以她并不担心自己无钱。

而杜月笙感激林桂生当初的知遇之恩，就不顾黄金荣是不是高兴，在西摩路给林桂生租下了一幢新楼，并按照黄公馆的格局布置妥当。林桂生一出黄公馆，他就亲自把她接到了这里。林桂生忍不住感慨道："我帮着黄麻皮打下了那么大片江山，到头来却落得个扫地出门、恩断义绝，白白夫妻一场，还不如杜月笙对我有情有义。"

林桂生前脚离开黄公馆，黄金荣后脚就用一顶龙凤花轿把露兰春抬进了家门。

婚礼上，新娘子亭亭玉立，风流娇媚。一身大红绣凤的旗袍，满身的珠光宝气，透着一股子摄人心魄的香艳。而新郎却又矮又胖，老态龙钟，一张黑脸上还布满了麻子。

看着这对十分不协调的新人，杜月笙突然有种不祥的预感。但这种感觉只出现了那么一瞬间，倏地就消失得无影无踪。

婚宴连摆了三天，黄金荣把法租界有头有脸的人物全都请到了，黄公馆一时宾客盈门，贺礼堆积如山，像赶庙会一样热闹。

杜月笙面对这热闹的婚礼场面，心里一点都高兴不起来，反而有点忧伤。他想到了一手支撑起黄门的林桂生，不禁自问：这个女人是不是有些太过刚烈了？不过，片刻之后，他又转念一想，林桂生的做法是明智的。试想，就像今天的婚宴，如果她在，她能受得了吗？更别说日后看着新太太恃宠而骄、作威作福了。

想到此，杜月笙的内心一片凄凉。他找了个角落，静静地坐下来。

第二十一章
黄金荣大塌台

黄金荣老年得少妻，心中美得不行。婚后，他对露兰春百般疼爱，简直是拿在手里怕掉了、含在嘴里怕化了。

但这锁不住露兰春的心。

自打嫁给黄金荣后，露兰春就告别了共舞台，专心做他的黄太太。

这是黄金荣的意思，他知道露兰春一直是那些公子哥垂涎的对象，为了防止再发生类似卢筱嘉的事，只好把她金屋藏娇。可是，露兰春怎么可能忘掉那多姿多彩的粉墨生活？时间一长，她就心痒难忍了。

于是，一天，她对黄金荣说："我要重返共舞台。我打小就学戏、唱戏，习惯那种生活了，现在待在家里不出门，我都快要闷出病来了。"

一开始，黄金荣不答应，找出一堆理由搪塞她。

但耐不住露兰春软磨硬泡，最后，黄金荣只好答应了。

露兰春终于又重新登上了舞台。黄金荣为防止意外，就给露兰春配备了专门的女仆、保镖、司机，这些人时刻跟着她。

黄金荣说，这是为了保证露兰春的安全。其实，聪慧的露兰春心里明白，这其实是黄金荣不放心她，派了这些人监视她的行踪。

听到露兰春返台的消息后，上海滩的戏迷们兴奋不已，纷纷前去捧场。

在这些人里，有一个人最为兴奋，他就是薛二——上海滩首富颜料大王薛宝润的儿子。

薛二面色白嫩，长相俊美，又加上在豪门中长大，打小见过世面，所以很讨女人喜欢，是上海滩出了名的花花大少。

在露兰春下嫁黄金荣之前，薛二是露兰春众多追求者中的一个。黄金荣把露兰春娶回家后，很长一段时间内露兰春没有在共舞台演出，薛二本以为露兰春大概自此以后就被黄金荣金屋藏娇了，但不承想露兰春又回来了。

这让薛二大喜不已。

其实，像薛二这样垂涎露兰春的公子哥，上海滩还有一大把，但他们大多数都很识时务，看到露兰春嫁进了黄公馆，也就主动地放弃了。

但薛二与他们不同。他自小就在娇生惯养中长大，他想要的东西，还从来没有落空过；他看上的女人，也从来没有失手过。于是，露兰春重返共舞台之后，他死灰复燃，重新发起了对露兰春的爱情攻势。

从鲜花到珠宝首饰，薛二天天派人送到露兰春的化妆间。刚开始，露兰春一样不收，全部让人拿回去。

但薛二毫不气馁，照送不误。时间一长，露兰春有点感动了，就买通女仆支开保镖，与薛二在后台的独立化妆间见了一面。

没想到，看到薛二的第一眼，露兰春就被眼前这个风度翩翩的美男子打动了。

露兰春不禁想到了黄金荣那肥胖的身体、松弛的肚皮，还有那令人恶心的满脸麻子。尽管黄金荣对她百依百顺，但她心里对这个年过半百的老头子，早已厌倦了。

薛二的出现，正好拯救了露兰春的这种厌倦。

很快，两人就陷入了情网。

从此之后，露兰春经常借演戏的空当，买通女仆把门，自己与薛二在化妆间里鬼混。

俗话说："若要人不知，除非己莫为。"尽管露兰春的保密措施做得很到位，但最终还是走漏了风声。

得知此事的人并没有将这件事告诉黄金荣，而是告诉了杜月笙。因为此人知道，一是黄金荣对露兰春太过宠爱，二是自己手中没有证据，若告诉了黄金荣，说不定会被露兰春倒打一耙，结果死无葬身之地。把它告诉杜月笙就安全多了，不但可以领赏，还能受到他的信任和重用。

杜月笙得知此事后，就派自己的耳目暗地里跟踪调查，结果证明此事确实是真的。

杜月笙吃了一惊，心想这露兰春好大的胆子。但他并没有声张，一则，是为了保全黄金荣的尊严；二来，他隐隐约约意识到这是个千载难逢的好机会，他可以一举取代黄金荣，但又觉得时机似乎尚不成熟。

可没过多久，张啸林也知道了这个消息。张啸林是出了名的暴脾气，一听说此事，便气得暴跳如雷，蹦着高地大骂："狗娘养的薛二，你算个什么东西，敢在太岁头上动土，老子非得把你扔进黄浦江喂鱼不可。"

骂完之后，他就去找杜月笙，要跟他一块儿去把此事告诉黄金荣。

杜月笙眼看着张啸林要坏了自己的好事，急忙劝道："啸林哥，你先别急。咱们手里还没有证据，即使有证据，把它捅到老板那里，老板也未必会对露兰春怎么样。"

"什么？老板不会对露兰春怎么样？"张啸林有点不敢相信自己的耳朵。

杜月笙慢慢地解释道："是啊，你不知道，这次老板对露兰春是动了真情了，对她百依百顺。只要露兰春求个饶，老板一定会原谅她。"

"奶奶的，那这绿帽子就白戴了，气煞我了。"张啸林气鼓鼓地说。

杜月笙说："此事急不得，得顺其自然。"

张啸林心里咽不下这口气，发着狠说道："既然不能动露兰春，那就动薛二。明的不行就来暗的，我非得让这狗娘养的尝尝黄门的厉害。"

说完，就转身走了。

杜月笙以为张啸林当时正在气头上，只是说说而已，没想到他居然说到做到，当晚便把跟露兰春私会归来的薛二给绑架了。

绑了薛二后，张啸林便打电话给杜月笙说："我把薛二那婊子养的给绑了。"

杜月笙大吃一惊，忙问："那你打算怎么处置他？"

"当然是扔进黄浦江喂鱼。"张啸林答道。

杜月笙看到他要胡来，着急地说道："啸林哥，你千万别这么做，事情闹大了，传扬出去，老板脸上肯定不好看。再说，那薛二的爸爸是上海滩的首富，真要把他儿子杀了，他肯定不会善罢甘休。"

张啸林觉得杜月笙说得在理，就叹了口气，说道："那就暂时饶了他的狗命。"

但是，死罪可免，活罪难逃。张啸林既然把薛二抓来了，当然不会就这么放他回去。他跟手下的几个壮汉，对薛二一阵拳打脚踢，打得薛二呼天抢地。最后，直到把薛二打得奄奄一息，才在路边把他推下了小汽车。

薛二被打后，好久才恢复过来。从此他知道了黄门的厉害，再也不敢去找露兰春了。

张啸林痛打薛二的事，很快传到了黄金荣的耳朵里。接着，薛二与露兰春偷情的消息也接踵而至。黄金荣本来不信，但看到这些日子露兰春好像变了个人似的，整天闷闷不乐，明白了这事十有八九是真的。但他又觉得无可奈何，他实在是太喜欢露兰春了，如果失去了她，那他的生活就没有什么滋味了。

因为这个原因，曾经霸气十足的黄老板，居然忍下了这口恶气，只是旁敲侧击地告诫露兰春说："以后出门，要先让我知道。"

露兰春何等聪明，黄金荣一张口，她就听出了话里的玄机，但她并不示弱，竟然仰着头问道："为什么？"

黄金荣拿她实在没办法，只好寻了个借口，说道："你没听说现在外面绑匪闹得厉害吗？我是巡捕房的探长，要是你被人绑了，那我的台可就塌大了。"

露兰春漫不经心地"嗯"了一声，心中却已经打定了主意。她在耐心地等待机会，以实施自己的计划。

一九二三年五月六日，在山东、江苏两省交界的津浦线上，发生了一起震惊中外的"临城劫车案"。载有中外旅客两百余人（其中有参加山东黄河宫家坝堤口落成典礼的外国记者和外国旅游者数十人）的列车，在行驶至距离临城站三里的沙沟山时，被孙美瑶率领的山东建国自治军一千余人所阻截，劫走外国旅客三十九人、中国旅客七十一人。除了一个英国人被当场打死外，其余全部被押往峰县的抱犊崮山麓巢云观圈禁起来。

由于被劫的人中有法国公使馆的参赞茹安等人，法国驻沪总领事便委派身为法租界巡捕房总探长的黄金荣北上，参与调解此案，救出被劫的法国人。

黄金荣接到命令后，立刻启程。

黄金荣一走，露兰春觉得自己的机会来了。自从上次她和薛二的事情败露后，她就一直在琢磨着与薛二私奔。如今，天赐良机，于是，黄金荣前脚一走，她就找到薛二，跟着他跑了。

临走时，露兰春打开黄金荣的保险箱，将里面的金条、珠宝、美元、房契等财务席卷一空，全部给带走了。

经过各方一个多月的努力，黄金荣也调动了所有的关系，终于把"临城劫车案"妥善解决，官方与劫匪达成了协议，所有的人质都被放了出来。

六月中旬，志得意满的黄金荣返回上海滩。但他从跨进黄公馆大门的那一刻起，就从人们的眼神中觉察到了一丝不祥之感。

走进大厅后，他的儿媳妇李志清早就候在了那里，黄金荣忙问道："家里出什么事了？"

李志清长叹一口气，说道："你自己上楼看看就知道了。"

黄金荣三步并作两步，匆匆上楼进了自己的卧室。此时，卧室里一片狼藉，而露兰春却不见了踪影。

黄金荣立刻就明白了，脊背上的冷汗刷的一下就冒出来了。愣了一会儿神，他突然想到了什么，急忙去看保险箱，结果连一个铜板都没有了。

黄金荣一屁股坐在了地上，欲哭无泪。他知道，自己这次彻底完蛋了。自己的夫人跟人私奔，塌台是不必说了，更重要的是连自己搜刮半辈子所得的钱财也全没了。

这几乎一下子要了黄金荣的命。

此刻，关于露兰春的一幕幕往事全都浮现在脑海。从捧她当共舞台的名角，到为了她与林桂生离婚，再到她背着自己与薛二偷情……黄金荣突然感到自己很疲惫，曾经的那股心气一下子就没了，甚至连愤怒和叫骂的力量都没有了。

黄金荣缓了一会儿，派人去把杜月笙叫来。

杜月笙很快就来到了黄公馆，看到黄金荣的时候，他大吃了一惊：眼前这个老头，还是那个叱咤风云的黄老板吗？他仿佛一下子老了十岁，眼角低垂，表情呆滞，看起来与躲在墙角晒太阳的那些老头没有半点区别，甚至比他们更加颓废、苍老。

杜月笙的心中掠过一丝悲凉，他无法把眼前这个人与自己心中的黄老板对上号。但片刻悲凉之后，他更多的是宽慰：自己不是一直想超越他吗？这次他肯定是大塌台，而且看起来很难再振作起来了。

看到杜月笙过来，黄金荣有气无力地招呼他坐下。

"月笙，不怕你笑话，露兰春拿着我的钱跟薛二私奔了。"似乎是鼓起了巨大的勇气，黄金荣才把露兰春携款私奔的事情告诉了杜月笙。

杜月笙没言语，只是静静地把手搭在了黄金荣的背上。

其实，杜月笙对此事了如指掌。露兰春刚与薛二私奔的时候，杜月笙的耳目就把这事告诉了杜月笙。由于黄金荣不在家，再加上自己的私心，所以杜月笙一直没有声张，但他一直派人跟着露兰春和薛二。

顿了一会儿，杜月笙说道："金荣哥，我立即派人把他们俩绑回来，听候你发落。"

黄金荣痛苦地摇了摇手，说道："罢了，既然她变心了，绑回来也没用，还会跑的。我已经老了，再也经受不起第二次打击了。你能把她带走的那些财物追回来，金荣哥就谢谢你了。"

既然黄金荣这么说了，杜月笙也只好照做。

最后，杜月笙派人将露兰春和薛二带了回来，然后请来了上海会审公廨的大法官聂榕卿和上海清文局长许源调解此事。最终的调解结果是：露兰春归还了卷走的所有财物，而黄金荣同意与她离婚；露兰春改嫁薛二。

事情圆满解决的当天晚上，杜月笙陪着黄金荣喝了几杯酒。在酒力的刺激下，已经五十六岁的黄金荣当着杜月笙的面号啕大哭。

哭完后，他懊悔地说："我黄金荣这辈子居然毁在一个女人手里。丢人啊，丢人。"

接着，他又拍着杜月笙的肩膀说："我老了。月笙，以后就看你的了。"

看着黄金荣老泪纵横的模样，杜月笙心里明白，黄金荣垮了。但奇怪的是，自己心中竟一阵阵地难过。杜月笙是个有情有义之人，黄金荣毕竟对他有提携之功，他忘不了这一点。但转念想到他对林桂生的无情无义，杜月笙的这种难过就减轻了不少，心中暗骂道："种瓜得瓜，种豆得豆，活该。"

经过这次事件的打击，黄金荣心灰意懒，对外边的事情彻底失去了兴趣，只躲在黄公馆的大烟间里享受烟土带来的短暂快感。从此，他基本处于半归隐状态，所有事情都交由杜月笙处理。

至此，杜月笙正式取代了黄金荣的地位。

第二十二章

起豪宅，揽人才

露兰春的事情了结后，为了表示对杜月笙的感谢，黄金荣把自己在华格臬路的两亩地送给了杜月笙，让他盖幢更大的房子，以应付越来越大的场面。

杜月笙毫不客气地收下了，但考虑到张啸林的火暴脾气，他跟黄金荣说："金荣哥，你知道啸林哥的脾气，他要是知道你送我地却没送他，非得气炸了不可。"

"那你的意思是？"黄金荣一愣。

杜月笙说道："不如这样，我就跟他说，金荣哥这块地是送给我们两个的。杜、张两家同时在那里起新宅，也好有个照应。"

黄金荣摆摆手，说道："反正地我已经送给你了，你愿意分他一半就分吧，我没意见。"

就这样，华格臬路同时盖起了两幢崭新的三层洋房。一九二五年春天，杜月笙、张啸林两家同时搬进新居。

以前，由于房子小，杜月笙的三房太太都是独立门户。现在房子大了，杜月笙可以把他们聚在一起，弄一座名副其实、独一无二的杜公馆。

搬进新宅后，原配沈月英住在一楼正房，被称为"前楼太太"；二房陈帼英住二楼，被称为"二楼太太"；三房孙佩豪住三楼，被称为"三楼太太"。而各房的孩子，都跟着自己的母亲住在一个楼层。此时，三房太太共有六个孩子，全是儿子。长子维藩是大太太沈月英的儿子；老二维垣、老五维翰、老六维宁是二太太陈帼英的儿子；老三维屏和老四维新则是三太太孙佩豪的儿子。

搬进新宅后，杜月笙的生意越做越顺，地位越来越高，排场越来越大，府内的人手自然是不够用了，急需引进新鲜的力量。

就拿杜月笙的贴身保镖来说，以前是由亲如兄弟的"小八股党"担当，但后来随着杜月笙的扶摇直上，"小八股党"也发达了，各人自立门户，自然不会再日夜守卫着杜月笙。于是，杜月笙就重新找了三名保镖，他们分别是陆桂才、陈继藩和张文辉。

陆桂才是东北人，以枪法精确而著称，只要一枪在手，一人可以抵挡三五十人；陈继藩是广东人，以身手矫捷、出手迅速而闻名；张文辉来自山东，枪法、技击都十分了得，同时还擅长武术、柔道与西洋拳。

这三名保镖，自打跟了杜月笙之后就没有离开过，一连几十年，对杜月笙死心塌地，风里雨里，刀山火海，无往不胜。

但杜月笙需要的不仅仅是能打能杀的武角色，他还需要有知识、有见识、脑瓜灵的文角色。因为他知道，要想在上海滩做出番事业，必须弱化自己黑帮的出身，与知识分子交朋友，让其为自己所用。

为了与知识分子结交，他首先从自己的穿着打扮入手，一年四季身穿长衫，领口扣子都一直扣紧，即使三伏暑天，袖口也不曾挽起，以免露出腕上的刺青。同时，他还命令自己的门人弟子，一律改掉短打装扮，夏天也不准赤身露体。

除了外表的改变，他还注重内涵的修养。小的时候，由于家庭困顿，杜月笙没能读几天书，导致自己没什么文化。现在有条件了，杜月笙要把缺的东西补回来。但此时已经快四十岁的杜月笙不可能从头学起了，于是他想了一个既好玩又管用的学习方法——"听说书"。他请来上海滩最有名的说书先生，给他说书。说书先生说的都是《三国演义》《水浒传》《东周列国》等历史文化类"大书"，杜月笙就从这些"大书"中汲取营养。听"书"的时候，杜月笙还会找来原著，对照着读，这样可以顺便学习识字。

最可贵的是，杜月笙听书能持之以恒，一听就是两年多。而且他把这个习惯保持了大半辈子，后来远走香港、重庆，仍然花重金从上海聘来说书先生为他说书。

有了这两手准备后，杜月笙身上的流氓气息渐渐褪去，开始拥有了一丝文化人的气息。对此，杜月笙十分满意。

他开始物色能干的文角色进入杜公馆，助他一臂之力。

由于杜月笙交游日益广泛，杜公馆里的信函文电增多，他首先需要的是一位能帮着他处理文墨的秘书。

经人介绍，杜月笙选择了翁佐卿，翁佐卿的文笔极佳，把杜公馆的信函文电处理得十分得体快捷，帮了杜月笙的大忙，后来他又兼办总务，成了杜月笙的得力助手。

除此之外，为了能与法国人更顺畅地沟通交流，杜月笙还需要一位法语翻译。

确切地说，杜月笙需要的不仅仅是一位法语翻译，因为他知道，凭他自己的水平，无法顺畅地和法国人打交道，因此他需要一位既懂法语又熟悉法国社会现状和法国政治局势的人来帮助他。

终于，杜月笙找到了合适的人——他叫王茂亭。

王茂亭是早期法国留学生，在法租界小有声望。他不仅熟知法国政情，更熟知法国人的心理。他帮助杜月笙和法国人迅速建立了亲密的关系。

后来，王茂亭因故离开杜月笙后，李应生接替了他的工作。李应生是广东人，也是法国留学生，自家经营一爿珠宝店，身家不菲。和王茂亭相比，李应生更加优秀。他不仅一口法语讲得和洋人一样流利，而且他交际手腕灵活，和法国头脑有交情，可以与他们同起同坐。后来，杜月笙之所以能够在法国人面前说一不二，与李应生有很大关系。

此后，又有很多相关的文角色陆续进入杜公馆做事。

有了这些高智商人士的大力相助，杜月笙在上海滩的势力越来越大，而且不再仅仅局限于黑道。当时上海滩的富商巨贾、绅士大亨，纷纷前往杜公馆，或是求他办事，或是专程拜访结交，杜公馆一时车水马龙，热闹非凡。

由于杜月笙天性豪爽慷慨，对别人拜托的事情都尽力相帮，没多久，上海滩就流行起这么一句话："有事情，找杜先生去。"

看到杜月笙整天为一些不相干之人的事情忙得不可开交，有时候还要自己往里垫钱，他的家人和亲朋好友难免不理解，纷纷劝他说："管好自家和朋友的事情就行了，何必为那些不相干的陌生人受累。"

每当此时，杜月笙都会板起面孔，一本正经地说："人家有事情来托我办，那是看得起我杜月笙，单凭这一点，我就得帮人家把事情办好。"

第二十三章

帮助顾竹轩打赢了洋官司

在杜月笙"助人为乐"的事迹中，帮助"江北大亨"顾竹轩打赢与洋人的官司，可谓是浓墨重彩的一笔。

顾竹轩是天蟾舞台的老板，而他的官司，也正是由天蟾舞台而起。

其实，顾竹轩刚开始做的是黄包车行的生意。后来，看到戏院的生意火爆，就想着要蹚这浑水。

当时，正好在湖北路与南京路路口有一块地皮，属于工部局所有，正在找买家。

顾竹轩从一个朋友那里得到了这个消息。他过去考察一番之后，发现此处就在著名的戏院——丹桂舞台的对面，是一个非常好的地段，很适合开戏院。

顾竹轩拿定了主意后，就通过朋友的关系，花了几千块钱把地从工部局手里买了过来。之后，又花了几百块钱，在这块地皮上盖起了一座富丽堂皇的戏院，顾竹轩为它起名为"天蟾舞台"，取的是天赐金蟾、财源滚滚之意。

戏院开张后，顾竹轩殚精竭虑，苦心经营，请来上海滩的名角出演连台本戏《开天辟地》，这出戏故事曲折、形式新颖，吸引了大量的观众，天蟾舞台从此场场客满，生意火爆。

看着滚滚而来的财源，顾竹轩自然是得意扬扬、踌躇满志。

但就在顾竹轩沉浸在旗开得胜的喜悦中的时候，消息灵通的杜月笙派人给他送去了一句口信，说他的天蟾舞台就要保不住了。

顾竹轩与杜月笙没有很深的交情，但互相也不陌生。

收到杜月笙的消息后，顾竹轩吓出了一身冷汗。这可是他的命根子啊，为了开这家戏院，他把车行里挣的钱全部投进来了，还借了不少的债。如果戏院没了，那他可就血本无归了。

越想越怕，顾竹轩赶紧叫了一辆黄包车，疾奔黄公馆而去，他要向杜月笙问清楚事情的原委。

见到杜月笙后，顾竹轩顾不上寒暄，直接就开门见山地问道："杜先生，这到底是怎么回事啊？"

杜月笙说道："你的戏院旁边有家永安公司，是英国人开的，后台是英国总领事。他们想要在边上盖楼开旅馆，于是就看上了你天蟾舞台的这块地皮。工部局不敢得罪他们，只好要从你手里收回地皮，卖给他们。"

顾竹轩听完杜月笙的话后，气得额头青筋暴起，大声骂道："洋鬼子太欺负人了！我跟他们没完。"

杜月笙问道："那你打算怎么办呢？"

顾竹轩正在气头上，就鲁莽地说："我跟他们拼了，谁敢来抢地，我就跟谁玩命。"

杜月笙看了顾竹轩一眼，低声说道："这不是个好主意。"

顾竹轩被杜月笙的一句话拉回到了现实中，他懊恼地说道："杜先生，我是没有办法了，你交游广泛，与洋人也有交情，能不能帮帮我？"

杜月笙遗憾地摇了摇头，说道："这是英国人的公司，我只与法国人有点交情，派不上用场。"

顾竹轩失望地坐在了椅子上。

过了一会儿，杜月笙说道："我倒有个主意，也许能保住戏院，就是不知道你敢不敢做。"

听到杜月笙这么说，顾竹轩就像临刑的死囚突然得到了特赦一样，两眼炯炯有神地问道："杜先生快说，只要能救戏院，我没有不敢做的。"

杜月笙一字一顿地说道："跟英国人打官司。"

顾竹轩被惊住了，他瞠目结舌地问道："什么？跟英国人打官司？我有赢的可能吗？"

顾竹轩的惊诧不是没有道理的，在此之前还没有哪个中国人敢跟洋人打官司。

杜月笙肯定地回答道："这是唯一的办法。试一试，还会有希望；不试，就只能眼睁睁地看着地皮被抢走。"

顾竹轩喉结动了几下，呼吸也似乎急促了起来，终于，他下定决心，说道："好，我就跟英国人打官司。"

杜月笙拍了一下他的肩膀，说道："好。缺钱、缺人，我杜某人都竭力相助。"

没多久，顾竹轩就收到了工部局的通知，命他一个月内拆除戏院，归还地皮。作为补偿，工部局只付给顾竹轩区区几百两银子。

几天后，杜月笙为顾竹轩请了个著名的外国律师——穆安素。

在穆安素的帮助下，顾竹轩向英国驻上海总领事馆递交了一纸诉状，控告工部局违反地皮转让合同。

总领事收到诉状后，大吃一惊，他没想到中国人竟然真的敢状告洋人。他心想，决不能长中国人的志气、灭自己的威风，一定不能让顾竹轩打赢这个官司。

于是，他在批文中写道："地皮的产权原属于工部局，虽然已转让，但可经双方议价后赎回。"

穆安素看了批文后说道："很显然，总领事馆是偏袒工部局的。照这个批文，工部局有权收回土地，而且只需归还你的地皮钱，而你在地皮上盖的戏院，不会得到一分钱赔偿。"

顾竹轩气得暴跳如雷。

穆安素接着说："我们可以继续上诉。按照法律程序，这才是最底级的判决，如果没有公使或大使一级的公示，这个批文没有任何效力。"

"如果公使或者大使一级的公示依然对我不利呢？"顾竹轩问道。

"那你还可以告到英国伦敦去。根据大英帝国的法律程序和规定，伦敦大理院的判决才是最终的结果。"穆安素答道。

顾竹轩迷茫了，他不知道如何是好。因为若要告到伦敦去，需要花费一大笔钱。若是最终输了官司，那这些钱就全打了水漂了。

他告诉穆安素："请让我想一下，我明天答复你，好吗？"

穆安素点了点头。

送走穆安素后，顾竹轩立即赶到了杜公馆，跟杜月笙商量此事。

杜月笙坚定地说道："这个官司一定要打到底，不然就前功尽弃了。理在咱们这边，你怕什么？即使最终输了，那你顾竹轩也名震天下了。你可是上海滩跟洋人打官司的第一人啊！"

听了杜月笙的这番话，顾竹轩就像吃了一颗定心丸一样，他当即表态说："我听杜先生的。"

杜月笙说："好，我再派人四处放放风，说是工部局收受了永安公司的贿赂。这样一来，可在舆论界占据上风。"

顾竹轩感激地说道："多谢杜先生。"

回到家后，顾竹轩立即给穆安素打了一个电话。在电话中，他斩钉截铁地说道："告，坚决告，就是倾家荡产，我也要告到底。"

第二天，穆安素就作为顾竹轩的代理律师，向英国公使提出了上诉。

英国公使收到上诉后，左右为难，因为他知道理在顾竹轩这边，但出于和上海总领事馆同样的理由，他又不得不偏袒工部局一方。最后，这个狡猾的公使采用了谁也不得罪的办法——他向双方回函，表示公使馆解决不了这起争端，不服的一方可以继续上诉到伦敦大理院获得最终的裁决。

顾竹轩又委派穆安素律师把诉状递交到了伦敦大理院。

可一连两个月过去了，却没有半点消息。

顾竹轩有点气馁了，他天天借酒浇愁，把自己喝得烂醉。

杜月笙找到他，劝道："男子汉大丈夫，不能被这点事摧垮。再说了，结果不是还没下来吗？洋人在自己的国家里讲究司法独立，伦敦大理院不同于他们设在中国的机构，肯定会依法判决的。"

顾竹轩颓废地笑了笑，他对杜月笙的话半信半疑。

终于，在苦苦等待了三个月之后，伦敦大理院的判决书终于下来了。其中文副本上写道："工部局违约拆迁，应赔偿顾竹轩损失费十万元。由他另择他处，重新建造天蟾舞台。"

当穆安素把判决书交到顾竹轩手里的时候，他激动得仰天长啸，使劲拥抱了一下穆安素。然后马不停蹄地赶到杜公馆，把这个好消息亲口告诉了杜月笙。

杜月笙听闻后，也是激动异常。虽然戏院没有保住，但十万元的赔偿金都够顾竹轩开十家戏院了。从这个局面上说，这场官司算是打赢了。

这大概也是全中国第一个打赢的洋官司，杜月笙焉有不激动之理？

此后，顾竹轩的大名传遍了上海滩，国人无不为之欢欣鼓舞。而一直全力帮助顾竹轩打官司的杜月笙，自然也是受到了人们深深的叹服。

第二十四章
与文化名流交朋友

随着文角色不断地涌进杜公馆，杜月笙的视野越来越开阔。在与这些人的闲聊中，杜月笙发现了社会舆论的重要性。于是，他决定把自己的势力渗透到新闻界。一旦自己遇上事情，可以让舆论的风向有利于自己。

而一件事情的发生，更加加深了杜月笙的这个想法。

当时，左派人士邹韬奋在上海创办了一份《生活》周刊。《生活》周刊是一份代表进步势力的刊物，对于靠黑帮发迹的杜月笙非常不满。于是，很长一段时间内，《生活》周刊连续发表抨击杜月笙的文章，把杜月笙弄得十分难堪。

杜月笙托人去疏通，可邹韬奋根本不理这茬儿，文章照登不误。

这可把杜月笙的弟子们惹急了，纷纷找到杜月笙，扬言"只要杜先生一句话，我们立即去把这家不识抬举的报馆给砸了"。

但杜月笙总是微微一笑，说："不打紧，让他们骂就是了。"

其实，杜月笙心里明白，砸一家报馆容易，可若是真这样做了，那自己的名声就会越来越臭，以后就会有十家、二十家报纸来骂杜月笙。

他有自己的办法，不是硬攻，而是智取。

后来，由于《生活》周刊的锋芒越来越犀利，租界当局决定封杀它，并缉拿邹韬奋等相关人员。

恰好，执行这个任务的探长是杜月笙的朋友。在执行任务前，他把这当作喜讯告诉了杜月笙。

他本以为杜月笙肯定会很高兴。不承想，杜月笙毫无半点喜悦之情，反而很平静地对这名探长说："他们办刊物也实属不易，你们就别抓人了，到门口一喊，把他们从后门吓跑，也就行了。"

探长很奇怪，问道："难道杜先生忘了他们骂你的事情了？"

杜月笙哈哈一笑，说："上海滩骂我杜月笙的人多了去了，有明的有暗的，我全不在乎。"

探长得了杜月笙的令，果然照办，只是封了报馆，却没有抓捕一个人。

后来，《生活》周刊复刊，信息灵通的邹韬奋早就知道杜月笙帮了自己的忙，《生活》周刊上再也没出现过骂杜月笙的文章。

这件事杜月笙解决得实在漂亮，但他觉得要是每次都这样解决，那自己就会十分被动。

他决定在新闻界广收徒弟。

杜月笙在新闻界收的第一个徒弟名叫唐世昌，是《新闻报》的编辑。

唐世昌是一名老编辑，从事新闻工作二十多年，在新闻界算是一个知名人物。

为了结交唐世昌，杜月笙托朋友捎话，请唐先生到杜公馆做客。

当时，能到杜公馆做客，是一件十分荣耀的事。但唐世昌并没有立即答应，因为他心里对杜月笙存在偏见。认为他不管势力多大，都是不干不净的黑道人物。但经不起朋友的多次规劝，最后还是决定去会一会这个上海滩的新晋大亨。

见到杜月笙后，唐世昌大吃一惊。

当日，杜月笙身着一袭白绸长衫，脚穿一双布鞋，温文尔雅，气度不凡。唐世昌原以为，杜月笙应该是袒胸露乳、大大咧咧的粗人，没承想他竟然是一副读书人的模样。再经过一番交谈，唐世昌发现这位杜先生口中不仅没有半点污言秽语，反而是侃侃而谈、彬彬有礼，还颇有见识。

从此之后，唐世昌彻底改变了对杜月笙的固有看法，开始对他仰慕不已。后来，他就成了杜月笙的徒弟。

通过唐世昌的关系，杜月笙与很多新闻界的编辑、记者熟络了起来。

为了在新闻界收到更多的门生，杜月笙迎合他们的心理，将徒弟一律改称"学生子"，而"老头子"则改称"先生"或"老夫子"。

同时，他还简化了青帮开香堂的程序。比如，将开香堂简化为点香烛；将磕头跪拜改成三鞠躬；多人同时拜师时，还可以集体鞠躬。而原本写有祖先三代的"拜师帖"也被改为"门生帖"，拜师帖上一贯沿用的"一祖流传，万世千秋，水往东流，永不回头"的套语，简化成了一句"愿拜门下听从训诲"。

有了这种相对文明、简易的招收门生的方式，再加上唐世昌的牵线搭桥，没多久就有一大批新闻界的人士投到杜月笙的门下，如汪松年、赵君豪、姚苏凤、余哲文、李超凡等著名报人，都或明或暗地成为杜月笙的学生子。通过这些徒弟，杜月笙的势力终于渗透进了新闻界，开始左右社会舆论。

在杜月笙的授意下，一条举世震惊的大新闻可以压下不发，而一件无中生有的事可以在报上占据醒目位置，引起人们的热烈谈论。有时候，一条排好了版的头条新闻在见报当天会突然失踪，而报馆老板会对此一言不发，采编人员也会视而不见。因为他们明白，这肯定是杜先生的意思。

靠着对新闻界的掌控力，杜月笙帮着不少上流社会的人物摆平了许多不宜登报的丑闻。而这些人对于杜月笙当然是感激涕零，以后遇到杜月笙有事，不用他开口，便一个个主动大力相助，以报答昔日的恩情。

杜月笙这种"存交情"的处事方式，让他的关系网四通八达，在各个领域更加如鱼得水。

当然，作为回报，杜月笙也不会亏待了那些为自己出力的学生子。杜月笙知道他们薪金不高、生活清苦，他每月都让杜公馆的账房向他们发放津贴，小到几十块，大到几百块。如此一来，他们对杜月笙更是言听计从。

搞定新闻界后，杜月笙还不满足，他还需要结交一些有名的文人墨客，来为自己装点门面，抬高自己的身价。

章太炎是著名的国学大师，在国人心目中很有威望。杜月笙一直想与他结交，但苦于没有可以递上话的朋友。

可杜月笙的运道实在是太好了，就在他苦于没有门路结交的时候，章太炎却主动找到了他的门上。

事情是这样的：章太炎有一个侄子，正好居住在法租界，与一位颇有背景的人士发生了房屋纠纷，求章太炎帮他出头。章太炎早就听闻过杜月笙的大名，于是抱着试试看的态度，给杜月笙写了一封信，请他帮忙。

杜月笙收到信后，大喜不已，很快就把这件事摆平了。

由此，杜月笙就和章太炎攀上了交情。

不久后，他亲自到章太炎府上拜会。两人会面后，居然一见如故，相谈甚欢。

在闲谈中，章太炎问到杜月笙名字的来历。杜月笙告诉他，自己是农历七月十五夜晚出生的，当时月亮正圆，于是父亲便为其取名"月生"。

杜月笙说完后，章太炎沉思了一会儿，说道："杜先生的名字好是好，但不够大气，如果你不嫌弃的话，老朽给你换个名字如何？"

杜月笙一听满腹经纶的章太炎要给自己改名字，心中顿感荣幸之极，连忙说："好，好，我一切听从章先生的。"

章太炎笑了笑，说道："我看杜先生不如改名为'镛'，号月笙。'笙'为'生'字头上加一个竹字头。"

章太炎一边说，一边拿手在桌子上比画。

杜月笙本来就没读过几天书，根本就不知道是哪几个字，更别提其中蕴含的深意了。

看到杜月笙一脸的不解，章太炎便给杜月笙解释道："《周礼》上讲，'东方之乐谓笙'，笙者生也；'西方之乐谓镛'，镛者功也。故取名为镛，号月笙。"

听章太炎解释完，杜月笙其实还是一头雾水，但他听章太炎说得头头是道，心中敬佩不已。他赶紧站起来，朝着章太炎深深地鞠了一躬，毕恭毕敬地说："多谢章先生赐名，以后我就叫杜镛了。"

临别时，杜月笙不动声色地将一张两千元的钱庄庄票压在了茶杯底下。此后，他每月都派人送钱接济当时境况并不太好的章太炎。

此后，一有空闲，杜月笙便到章太炎的府上聆听教诲，两人建立了"平生风义兼师友"的深厚友谊。后来，杜月笙要修建杜家祠堂，章太炎不惜国学大师的身份，屈尊降贵，亲自为杜月笙修订了家谱。

除了结交章太炎，杜月笙与当时的著名律师秦联奎的结交，也被传为一时佳话。

杜月笙结交秦联奎，是以"赌"为媒。

话说杜月笙搬到华格臬路的新宅之后，曾在公馆里大设赌局。这不是一般的小打小闹，其场面大得惊人，来杜公馆赌博的人，都是非富即贵的名流，他们视金钱如粪土，经常是一博万金。

当时，秦联奎刚刚执业不久，手里积攒了一点钱，但又不太多。听说杜公馆的豪华赌局后，他心痒难忍，十分向往。终于，有一天他鼓足勇气，请杜公馆的常客朱如山带他来玩两把，碰碰运气。

不承想，刚刚玩了几把，秦联奎带来的四千块大洋就全输光了。当时，吃一桌鱼席不过五六块大洋，普通人家的女仆一月工资只有一两块大洋。四千块大洋对秦联奎来说，真不是个小数目。

输了钱后，秦联奎懊恼地站起身，付了赌钱，转身走了。

这一幕正好被杜月笙看到了，他问朱如山道："你的这位朋友是做什么的？"

朱如山告诉他说："他叫秦联奎，是个刚刚执业的小律师，本来是说来见见世面，没想到竟然输了四千块大洋。"

杜月笙听罢，有意结交，于是立即叫人取出了一张四千元的钱庄庄票，对朱如山说："麻烦你把这张庄票退还给他。当律师靠的是摇笔杆、用心血、动脑筋、费口舌，能挣几个钱啊？我不能赢他的钱。"

朱如山把杜月笙的钱和话都带给了秦联奎。秦联奎收到庄票后，感念杜月笙的豪爽和义气，之后便经常前往杜公馆，渐渐地与杜月笙成为无话不谈的朋友。后来，他成了杜月笙的义务法律顾问，为杜月笙处理法律事务，甚至运筹帷幄，可谓殚精竭虑。

有了这些文化名流装点门面，杜月笙在知识界的名气越来越大。不久之后，上海滩的"才子律师"江一平，留法博士、后担任国民党上海地方法院院长的郑毓秀，乃至曾任北洋政府司法总长的章士钊，以及晚清名士、后加入中国共产党的杨度，都成为杜月笙的好友；曾任吴佩孚的秘书长、人称"江东才子"的杨云史，当过国民党监察委员、号称"诗人"的杨千里，也先后成为杜月笙的私人秘书。

通过与这些人的交往，杜月笙俨然已经由黑帮的流氓头子脱胎换骨，变成了名副其实的绅士。这是他跻身上流社会，跟那些曾经耻与黑道人物为伍的名流平起平坐的重要一步。

受黄金荣的影响，杜月笙也非常喜欢听戏。一来二去，他就与许多前来上海滩开唱的名伶建立了很深的交情。

那时候，凡是来上海演出的名伶，都要依照老规矩拜码头。

所谓拜码头，其实就是前去拜见本地有势力的大亨，以保证自己演出时不会受到本地恶势力的刁难。在上海滩，黄金荣、杜月笙、张啸林是这些名伶首先要参拜的。拜了他们，就相当于为自己找到了一把保护伞，就可以踏踏实实地唱戏了。

杜月笙结交过众多伶人，但其中最出名的当数梅兰芳。

杜月笙初识梅兰芳，是在黄公馆。那是一九一三年，梅兰芳首次到上海演出，到黄公馆拜见黄金荣。这次见面，杜、梅两人并没有深谈，也谈不上什么交情，不过互相之间留下了很好的印象。

等梅兰芳二度驾临上海滩的时候，杜月笙已是首屈一指的大亨了，梅兰芳自然要专程前往杜公馆拜会。

这次会面，两人相谈甚欢，大有惺惺相惜之感，从此结下了深厚的友谊。此后，只要梅兰芳来上海滩演出，不论日程多紧、事务多繁忙，必定到杜公馆与杜月笙一叙。后来，梅兰芳离开北京，定居于上海，二人更是成了经常见面的亲密挚友。

由于这些伶人朋友的熏陶，再加上自己对于戏剧浓厚的兴趣，所以杜月笙也学了几出戏，比如《黄鹤楼》中的赵云、《黄天霸拜山》里的黄天霸，杜月笙都演得有板有眼，成了上海滩的著名票友。

开始，杜月笙学戏全是为了兴趣，但没想到后来居然派上了用场——在多次募捐义演中，杜月笙都亲自登台表演。

贫苦的童年生活对杜月笙的影响很大，突出的一点就是他同情穷人。只要上海滩有什么募捐活动，杜月笙都热情参与。

前后二三十年间，每次上海发起募捐义演，杜月笙不是当主任委员，便是当总干事。他不仅能请来全天下的名角儿捧场，而且自己也亲自登台，与一干名人票友在台上卖力地表演。

一九二四年，直系军阀齐燮元伙同孙传芳，与浙江督军卢永祥争夺地盘。齐卢大战爆发后，江南一带炮火连天，各地难民纷纷扶老携幼逃往上海避难。这些难民衣衫褴褛、风餐露宿，十分凄惨。

看到这些难民，杜月笙不觉想起了自己凄惨的童年，于是他登高一呼，号召各界人士伸出援手实施救济。为了募捐到更多的钱财，杜月笙请来诸位名角，专门组织了一场义演。

在这次义演中，杜月笙拉着张啸林一起登台，上演了一出《黄天霸拜山》。

这是杜月笙平生第一次公开登台演出，他的心情非常紧张。为了不出差错，他推去一切应酬，连日在家中苦练。另外，还专门做了一套崭新的行头。

演出那天，观众爆满。与其说他们是去听戏的，不如说是去看热闹的。毕竟，这是杜月笙的初次登台。

在这场戏里，第一主角黄天霸由杜月笙饰演，而张啸林则饰演大花脸窦尔墩。由于太过紧张，两位大亨在登台后都把台词给忘了。幸亏杜月笙急中生智，干脆现场自己编词，算是含含混混地糊弄过去了。好在他的浦东口音浓重，大家也听不太清楚他到底说了什么。

张啸林看杜月笙现场编词，自己当然也不能僵在台上，他也依葫芦画瓢，竟也遮掩了过去。

过了刚上场时的紧张劲，二人渐渐记起了台词，终于顺利地把这出戏给唱完了。

台下掌声雷动。尤其是杜公馆和张公馆的人，一直在为台上的两位捏着一把汗，此时自然是大声欢呼叫好。

有了这次经验，往后登台的时候，杜月笙就轻车熟路了。此后，只要是募捐义演，需要他登台的，杜月笙一点都不含糊。

有一次，闸北的王彬彦办了一场慈善义演，杜月笙应邀前去捧场。杜月笙登台的消息发布以后，票价竟然售至五十元一张，而且还一票难求。

有人说："花五十块钱看杜月笙唱戏，并不算贵。他的戏在内行看来，固然不是很好，但他在台上那副姿态与唱腔，看了能让你笑破肚皮！"

杜月笙喜欢戏剧，但对于当时的新生事物——电影，却并不感冒。他认为电影故事千篇一律，没有什么看头，而且电影院漆黑、憋闷的环境也让他极为讨厌。

不过，这并不妨碍他为电影业的发展出力。当时，许多电影公司的创办人，如张石川、周剑云等都是杜月笙的徒弟，为了支持他们，杜月笙不仅替他们筹集巨额资金，连自己在杜美路的房子都贡献出来当摄影棚。

除此之外，当时赫赫有名的电影红星，如胡蝶、阮玲玉、徐来等，也都是杜月笙的座上宾，与杜月笙的关系十分密切。

尽管杜月笙不喜爱电影，但在当时的电影界，杜月笙依然有着巨大的影响力。

第二十五章
拖住毕军长

一九二六年七月，中国的政治形势风云突变，国民革命军大举北伐，与北洋军阀的战争进入到了生死较量的阶段。

此时，由于战局尚不明朗，所以杜月笙处于观望之中。

进入一九二七年，在国民革命军的步步紧逼下，北洋军节节败退，渐显颓势。此时，杜月笙心中已经隐约产生了押宝的念头。

一九二七年三月，张宗昌的直鲁部队和孙传芳的五省联军会师上海滩，他们以北火车站毕庶澄的司令部为中心，在大街小巷堆沙包、拉铁丝网，布置防线，大战几乎一触即发。

与此同时，共产党人顾顺章和周恩来也在积极建立工人武装。李立三、汪寿华、瞿秋白、赵世炎、罗亦农、侯绍裘等领导上海总工会，掌握了上海八十万工人，随时准备协助北伐军，与北洋军阀的军队一决雌雄。

眼看着上海就要燃起战火，各界名流纷纷积极活动，希望保住上海滩的平安，以免自己的利益受到侵害。

杜月笙当然也不会坐视不管。一天晚上，他拉着张啸林来找黄金荣商量对策。

在黄公馆里，经过深思熟虑、反复权衡，三大亨最终一致决定：倒向以蒋介石为总司令的国民革命军。

他们之所以作出这个决定，有两个原因：一是，当时的战局已经明朗化，北伐军的胜利只是时间的问题；二是，国民革命军的总司令蒋介石与黄金荣颇有交情。当年，蒋介石在落魄之时，黄金荣曾慷慨解囊资助过他，并且蒋介石曾向黄金荣投过拜师帖，名义上还是黄金荣的徒弟。有了这层关系，三大亨断定，把宝押在蒋介石身上，一旦他占据上风，自己便会大有收获。

打定主意后，他们又商量着如何助北伐军一臂之力，以增加自己的政治资本。

经过一番商讨，他们决定想方设法拖住毕庶澄，以瓦解直鲁军的斗志。

三月十日，杜月笙派人给毕庶澄送去一张请帖，邀他赴宴。宴席的地点设在上海滩名妓——花国大总统富老六的闺房里。

其实，杜月笙和张啸林不仅为他送上了秀色可餐的富老六，还请来了张素云、云兰芳和芳卿三位名妓作陪。这三人貌美迷人，芳名远播，与富老六合称"四小金刚"。

尽管毕庶澄军务繁忙，但杜月笙等人的宴请他却无法推辞。他知道杜月笙、张啸林是他的顶头上司张宗昌的好朋友，此次宴请他，完全是冲着张宗昌的面子，如果他不去，那就是不识抬举。在上海滩，要是得罪了三大亨，那他的日子不会太好过。另外，他两年前曾经跟随张宗昌进驻上海，看着张宗昌在三大亨的招待下享尽好酒美色，他是看在眼里，急在心里，却无奈当时没有资格享受。

但现在不同了，两年之间，他扶摇直上，从一个小小的补充旅长成为直鲁联军第五路总指挥兼第八军军长，提兵两万，控制着整个上海滩，可谓风头正劲。有了资本的毕庶澄，一定要把张宗昌在两年前玩过的花样重玩一遍，尤其是那风骚撩人的富老六，更是让毕庶澄心痒难忍。

收到请帖的当晚，他就轻装简从地来到了地处英租界的富春楼。

杜月笙和张啸林亲自到楼下迎接。

毕庶澄下车后，杜月笙看到这毕军长相貌英俊、衣着倜傥，一副儒雅的模样，完全不像是一介武夫，不禁内心感叹：难怪他平日里自诩为公瑾再世，今日一见，果然名不虚传。

杜月笙心里不禁打起了鼓，这样一个儒将，会不会不好色呢？要是他对富老六无动于衷，那自己的计划可就泡汤了。

杜月笙一边忐忑着，一边把毕庶澄引进了富老六的房间，可此时房间里却不见富老六和另外三位名妓，只有几个相貌平平的女仆站在桌边侍奉着。

这是杜月笙故意安排的。因为熟悉男人心理的杜月笙知道，越是雾里看花，越容易勾起男人的兴致。

没有第一时间看到富老六，毕庶澄的眼里明显露出了失望之色。

接着，美味珍馐一道道上桌，杜月笙、张啸林一边陪着毕庶澄闲聊，一边开始敬他酒。

闲聊中，杜月笙仔细观察眼前的这位毕军长，发现他竟然心不在焉、满眼饥渴，还不时地朝着门口瞄两眼。

看到他的这副模样，杜月笙彻底放心了——原来也是个好色之人。

又过了一会儿，杜月笙觉得铺垫得差不多了，就朝身边的女仆使了一个眼色，女仆会意，走了出去。

片刻之后，房门被打开了，满脸桃花的富老六翩翩而至，在她身后，是另外三位名妓。

看到富老六走进门，毕庶澄的眼中立即放出了两道精光，朝富老六那丰满的肉体上射去，仿佛要把她身上的旗袍剥掉。

富老六一边走进门，一边嗲声道："哎哟！毕军长，真不好意思，刚才我们姐妹几个在更衣，来迟了一步，还请您大人大量，原谅我们啊。"

毕军长哈哈一笑，说："没关系，没关系，快来坐下。"

说着，"四小金刚"已经围坐在了毕军长的周围。

望眼欲穿的毕庶澄终于等到了富老六，心中积聚的欲望瞬时迸发出来。开始，碍着杜月笙、张啸林的面子，他还把一双手放到桌子底下，在富老六的大腿上迫不及待地摩挲。后来，几杯酒下肚，他干脆放浪形骸，不再遮掩，隔着那诱人的旗袍，对着富老六的身体上下其手。同时，对其他几位美女也是连搂带抱，快活得不得了。

酒宴就在这种淫靡的气氛中进行着。

酒宴结束后，杜月笙本来还想陪毕庶澄玩几把麻将，但看他色心荡漾的模样，就拉着张啸林告辞了，留下毕庶澄与四个美女在房间里颠鸾倒凤。

毕庶澄从此一发而不可收拾，接连几日都待在富老六的房间里，乐不思蜀。

本来，毕庶澄是怀着建功立业的万丈雄心来到上海的，但自从一头扎进富老六的温柔乡，就把一切都搁在一边了。

他是真喜欢富老六。以前他总觉得自己这个再世公瑾没有小乔陪伴，遇上富老六后，他就把她当成小乔了。

在富老六身上，他可谓不惜血本。光是送给富老六的第一笔缠头资，就有两万大洋，后来更是变本加厉，干脆让副官、卫士把成捆的钞票搬过来，让自己随时可以一掷千金。富老六的香闺里没有账房，也没有保险箱，于是副官、卫士就把成捆的钞票垫在屁股底下做凳子。只要毕庶澄一声招呼，就随时搬进来付账。

毕庶澄躲在富春楼不出门，这个渤海舰队的总司令一下子失踪了。同时，第八军士兵也见不着军长的面。

这时，驻沪海军总司令杨树庄拒绝渤海舰队南下，而是改由他的舰队担任水路防卫。部下十万火急，找到毕庶澄报告此事，可他哪有心思管这些事啊，就随口答道："这很正常，没什么大不了的。"

结果，几天之后，杨树庄突然率领部队向国民革命军投诚。如此一来，

170

第八军不但陷入腹背受敌的困境，而且还被断了退路。

此时，北伐东路军下衢州、定杭垣、克宜兴，剑指上海滩，一路势如破竹。张宗昌转战徐州，孙传芳苦守南京。

眼看着毕庶澄孤军陷在上海，而孙传芳部的守军又渐渐不支，于是张宗昌接连给毕庶澄拍发急电，令他火速撤出上海，驰援南京。

可是，此时的毕庶澄正陷于花丛之中，被"四小金刚"伺候得欲仙欲死。让他现在撤出上海，那不是要他的命吗？毕庶澄干脆来了个"将在外，君命有所不受"，将一封封急电搁置一边，不予搭理。

张宗昌气得大声骂娘，但他怕毕庶澄反叛，所以不得不采用怀柔政策，忍着怒火，于三月二十一日任命毕庶澄为海军副总司令。毕庶澄一看，自己逛窑子也碍不着升官发财，之后就更是有恃无恐，甚至把司令部搬到了富春楼，一边办公一边享乐，将军国大事弄得如同儿戏。

看到毕庶澄进了自己设下的陷阱，杜月笙欣喜不已。但他并不满足于此，他还有进一步的计划。

那天，他趁着毕庶澄外出，秘密与富老六会面，将自己的下一步计划告诉了她。富老六听后，莞尔一笑，回道："杜先生放心，我一定尽力促成此事。"

"我听杜先生说，他曾经怂恿蒋尊簋劝孙传芳向北伐军投降。"当天晚上，她就在毕庶澄的耳边吹起了枕边风。

"竟有这种事？"毕庶澄听后大吃一惊。

"千真万确，那天我亲耳听杜先生说的，"富老六信誓旦旦地说，"而且孙传芳当时已经同意了，去年十月二十六日，蒋尊簋专程去南昌晋谒蒋总司令，替孙传芳接洽此事。孙传芳提出的要求是：保住苏、浙、皖、赣、闽五省总司令的名号。蒋总司令明知孙传芳心存诡诈，但他还是答复道：'如果他能够确定撤出江西、湖北各路军队的日期，准许公开设立国民党党部、开放集会自由、筹备国民会议，其余都可以商量。'"

毕庶澄听后更加吃惊了。他没想到，如此机密的事情，杜月笙居然知道得这么详细。

他充满疑惑地问道："杜月笙怎么会跟蒋尊簋有交情？"

富老六为了减轻他的疑心，灵机一动，避重就轻地答道："连你们的张大帅都是杜先生的好朋友，为什么蒋尊簋不能是呢？"

毕庶澄觉得富老六的话在理，但还是将信将疑，愣在那里没说话。

富老六看透了他的心思，就继续解释道："蒋尊簋先生在法租界住了很多年，而且算是上海滩有头有脸的人物。这样的人物，杜先生都会倾力结交的。"

"哦，原来如此。"毕庶澄说道，"不过，这个蒋先生可不是一般的上海滩名流，他是中国少有的几个军事专家之一，曾经参加过辛亥革命的杭州战役，在军界资格极老。民国元年，他还出任过第二任浙江都督。"

听罢毕庶澄的介绍，富老六趁热打铁地说："这就对了，难怪我听杜先生说，孙传芳对蒋尊簋非常尊敬，对他说的话也能听得进，所以才请他替自己去跟蒋总司令商谈投降的具体事宜。"

经过富老六那三寸之舌的一番鼓动，毕庶澄有点动心了，他若有所思地说："连五省联帅都有反心，我一个小军长还在这里卖什么力啊！"

听毕庶澄这么说，富老六赶紧附和道："是啊，现在上海的局势这么危险，我看你不如学学孙传芳，趁早跟北伐军接洽。要是北伐军答应了，你照样做你的军长，留在上海不走，如此一来，我们日后不是可以天天在一起了吗？"

富老六的话句句说到毕庶澄的心坎里，不由得他不动心。

最后，经由杜月笙介绍，毕庶澄与国民党驻上海特派员钮永建搭上了关系，通过钮永建，毕庶澄向北伐军提出条件："只要北伐军保证不攻打淞沪地区，我就演一出'让徐州'，带着我的军队由江阴退到江北。"

北伐军根本不想接受毕庶澄的投降，但为了稳住他，防止他逃走，就与他虚与委蛇，诈称："如果毕先生的部队留沪不走，在东路军抵达上海时缴械投诚，东路军总部可以呈报蒋总司令，任命你为国民革命军第四十八军军长兼华北海防总司令。"

这是一个令毕庶澄喜出望外的答复，为了表示自己的诚意，收到答复的当天，他就把直鲁军最机密的作战计划全盘交给了北伐军。

稳住毕庶澄后，东路军一路高歌，挥戈北上，一步一步逼近上海。不久，何应钦率领的第四、五、六纵队，攻宜兴、溧阳，取丹阳、常州。白崇禧率领的一、二、三纵队，进兵嘉兴，直指淞沪。

三月十六日，何应钦与白崇禧兵分两路，会攻上海。

十八日，孙传芳见局势危急，又孤立无援，就悄悄地从南京逃往了扬州。次日，孙传芳的心腹部将周荫人、白宝山、李宝章等所率的四个师分别渡江北撤，退守江北。至此，整个江南，除了毕庶澄这支孤军，北洋军阀的部队已全部撤离，只剩下些失去战斗能力的散兵游勇四处流窜。

二十日，东路军前敌总指挥白崇禧率兵攻打松江第三十一号铁桥，毕庶澄的一支部队仓皇应战，但一触即溃，随即京沪、沪杭两铁路被切断，毕庶澄成了瓮中之鳖。

前方战事正酣，毕庶澄却依旧躲在富老六的闺房里花天酒地，完全没有意识到情势的危急。而倒霉的第八军，原以为自己的军长已经与北伐军商洽好了投降事宜，没想到受到了北伐军的迎头痛击。如今，连自己的军长都不知道在哪儿，瞬时陷入群龙无首的混乱境地，战斗力大大削弱。

于是，北伐军一路势如破竹，转眼间就进驻新龙华，与法租界只隔了一座枫林桥。

与此同时，从三月二十一日起，共产党人领导的八十万上海工人以及三千多名工人纠察队开始进行武装暴动，猛烈攻击第八军司令部和虹口区警察厅。号称直鲁军精锐的第八军，在工人们的攻击下，竟然败得一塌糊涂，士兵们纷纷落荒而逃。

就在第八军的生死关头，毕庶澄居然还是没有离开富春楼半步。更讽刺的是，他还在那儿坐等北伐军的委任状呢。当他的副官把外边的战况告诉他之后，他一屁股坐到了地上。

此时，他才知道，大势已去，无力回天了。

他赶紧穿戴整齐，长叹一声，与富老六依依惜别，然后一头钻进汽车，向车站奔去。

此时，北车站还掌握在直鲁军手里。毕庶澄一刻也没有耽误，下了汽车立即登上火车，下令升火待发。这时有一位记者，在乱军之中找到了他，要求采访。毕庶澄还算客气，让他上了车。当记者问到外面风传毕总司令已经和北伐军议和了时，毕庶澄万分激动地打断他的问话，大义凛然地说道："上有青天，下有黄泉，外面的谣言，日后自会有事实证明。"

日后的事实是——四月五日，对他恨之入骨的老上司张宗昌，一纸电文，将他诱到济南，然后以违抗军令、贻误战机的罪名，把他给枪决了。

第二十六章
做了蒋介石的帮凶

三月二十一日的工人暴动，经过三十多个小时的激战，取得了巨大的胜利，解放了除各国租界之外的整个上海。

第二天，上海市民代表大会召开，会议结束后，上海特别市临时政府宣告成立，大会推选出了十九名临时市政府委员，其中中共代表九人、工人代表一人、国民党及资本家代表共九人，钮永建、白崇禧、杨杏佛、汪寿华、王晓籁等五人则被推选为临时政府常委。

共产党领导的工农革命力量在上海滩的壮大，令蒋介石惴惴不安，他既想篡夺工人们拿命拼来的胜利果实，但又怕担上破坏国共合作的骂名。经过一番谋划，他决定使用阴招——借助黄金荣、杜月笙、张啸林等帮会力量，与工人们对抗，把局势搞乱，然后趁乱下手，以调解的名义，除掉工人们自己的武装力量——工人纠察队，顺势打掉共产党领导的上海总工会。

为了实施自己的阴谋，三月二十六日，蒋介石亲自来到上海，住进了设在枫林桥的原淞沪护军使署。

次日晚上，他派出自己在北伐军中的两个心腹——陈群和杨虎，前去黄公馆拜会黄金荣，转达蒋介石欲镇压共产党与工农革命力量的想法。

说起来，蒋介石与黄金荣颇有渊源，当年落魄之时，蒋介石曾拜黄金荣为老头子，后来还在黄金荣的资助下投奔孙中山。如今，时过境迁，曾经的落魄之人已经高居北伐军总司令之位，大权在握。

有了这么个出息的徒弟，黄金荣自然是脸上有光。而徒弟的忙，不管是出于利益还是情谊，自己当然是要帮的。当即，他派人把杜月笙和张啸林叫到黄公馆，与陈群和杨虎见面，一起商量此事。

当陈群把蒋介石的想法告诉三大亨之后，三人的表现却略有差异。

首先表态支持的是杜月笙，因为他早就作了押宝蒋介石的打算，蒋介石愿意用他，正中其下怀。

一向行事谨慎的黄金荣却有些疑虑，一来，他是法租界巡捕房的总探长，不好直接出面；二来，他觉得共产党深得民心，其力量不可小觑，所以不敢得罪。

而张啸林向来与北洋军阀亲近，他当年的很多同学都在北洋政府任职，而与国民党并没有多少交情，所以他一副懒洋洋的模样，表现得也不是很积极。

但经过杜月笙和陈群、杨虎的劝说，三大亨最终还是统一了立场——坚决帮助蒋介石反共。

几人一番谋划，决定以青帮弟子为基础，迅速建立一支武装力量，加紧训练，随时待命。

在向蒋介石汇报此事的时候，陈、杨二人把三大亨的态度全都告诉了蒋介石，并重点推荐了杜月笙。蒋介石点点头，嘴里没说什么。

经过一番紧锣密鼓的筹备，一支由流氓打手组成的队伍成立了。为了掩盖这支武装力量的反动本质，他们将一九一二年成立的进步组织中华国民共进会的名字挪为己用，将之命名为中华共进会。

为了给共进会造势，吸引更多的流氓前来参加。四月三日，淞沪警察厅厅长吴忠信高调宣布："奉蒋总司令谕，中华共进会准予成立。"之后，杜月笙控制的上海各家报纸纷纷发布中华共进会成立的消息，并对它大肆美化，疯狂宣传。

经过一番造势，没多久，参加中华共进会的流氓打手就达到了一万六千多人。杜月笙秘密购买了大量的武器弹药，把他们全部武装起来，然后交由自己的亲信"小八股党"等人带领，找了个隐蔽的地方，秘密训练。

四月九日，蒋介石突然宣布上海戒严，做好了发动"四一二"反革命政变的最后准备。

为了瓦解工人力量，让他们陷入群龙无首的困境，蒋介石密令杜月笙，暗杀著名的工人领袖——上海总工会委员长汪寿华。

杜月笙领命后，与"小八股党"商量实施办法，最后决定在杜公馆设下鸿门宴，诱杀汪寿华。

之前，由于杜月笙喜欢结交朋友，与汪寿华也有交情。在汪寿华遇到困难时，杜月笙还救济过他。杜月笙相信，只要请帖一到，汪寿华必然会前来赴宴。

打定主意后，杜月笙便叫来管家万墨林，命他亲自把请帖送到汪寿华手里。

尽管此时上海滩的局势已是十分紧张，空气中到处弥漫着火药味——这是大战前的特殊味道，但汪寿华从没想过，向来以讲义气著称的杜月笙会用这么下三烂的手段杀掉他。所以他毫无戒心，当即就答复万墨林道："杜先生请客，我一定会按时到。"

四月十一日傍晚七点多，载着汪寿华的小汽车急速向杜公馆驶去。而此时的杜公馆，已是戒备森严、杀气腾腾。在大门口的周围和院子里，早就埋伏好了杀手，专等汪寿华一现身，就一拥而上。

对于汪寿华这个人，杜月笙心里其实十分欣赏，欣赏他的胆魄和义气，欣赏他能受到八十万工人拥护的出色的能力。杜月笙在内心是不想杀汪寿华的，但既然打定主意跟了蒋介石，那蒋介石的命令就不得不听。

杜月笙突然记起自己刚入黄公馆时，奉黄金荣之命去取歪脖子阿光手指的事情。他长叹一声道："人在江湖，身不由己啊。"

他不想亲眼看到汪寿华毙命的情景，便对负责具体捕杀的"四大金刚"之首顾嘉棠说："待会不要在院子里杀他，把他绑进小汽车，换个地方。"

顾嘉棠应允。

七点半刚过，杜公馆门口传来一声汽车的刹车声，杜月笙知道肯定是汪寿华到了。他突然感到一阵疲惫袭来，急忙坐在了客厅的藤椅里，闭上了双眼。

果然是汪寿华来了。他下了汽车后，大踏步走进了杜公馆的大门。

他没有发觉，此时，身后的大门已悄悄地关上了。

当他走到院子中央的时候，突然，"四大金刚"仿佛从天而降，噌地蹿了出来。还没等汪寿华反应过来，就已经被他们按在了地上。接着，又被用绳子五花大绑，口中也被什么东西塞住，既动弹不得，也发不出声响。

顾嘉棠几步迈进客厅，向等候在那里的杜月笙和张啸林汇报。杜月笙没有睁眼，也没有说话，只是轻轻地朝着顾嘉棠扬了扬手。

顾嘉棠知道，杜月笙的意思是让他赶紧把人弄走。

"四大金刚"把汪寿华装进麻袋，然后塞进小汽车。车子启动，朝着枫林桥的方向疾驰而去。

到了枫林桥的一片树林旁边，车子停住，汪寿华被抬了下来。片刻后，树林深处传来几声沉闷的枪声，汪寿华被他们杀害了。为了掩盖尸体，四人用铁锹挖了一个深坑，把汪寿华的尸体推了进去，然后掩埋好。

一代工人领袖，就这样死在了几个流氓手里。

在回来的路上，四个人一声不响，脸上挂着怪异的表情。

俗话说，血债要用血来偿。多年之后，"四大金刚"中的高鑫宝与芮庆荣相继死去，到上海解放前夕，顾嘉棠跟着杜月笙逃到了香港，唯有叶焯山留在了上海。

一九五一年五月，叶焯山被捕，在枫林桥汪寿华遇害的地方被执行枪决。

这也算是对汪寿华烈士在天之灵的一丝安慰吧。

杀掉汪寿华后，杜月笙加紧了行动的步伐。

四月十一日午夜，杜公馆里灯火通明。共进会的各大流氓头子齐聚在这里，听候三大亨的命令。

杜月笙和张啸林分别作了战前动员，然后详细地布置了作战任务。

十二日凌晨两点半，各流氓头子领命后回到自己的地盘，火速集结队伍，奔赴事先约定的会合地点。

按照事先的计划，他们由南北两面夹攻工人纠察队和上海总工会。一共兵分四路，负责北面进攻的有三路。第一路专攻设在商务图书馆的工人纠察队总指挥处；第二路负责攻打商务图书馆对面的商务印刷厂，主攻目标是驻在厂里的一百多位工人纠察队队员；第三路进攻设在湖州会馆的上海总工会会所。

第四路负责南面的进攻，目标是南市华商电车公司，这里是工人纠察队的另一个聚集点。

各路人马集结完毕后，朝着各自的目标进发。

首先打响战斗的是第四路人马，他们分成三队，从三面围攻华商电车公司。驻在这里的纠察队队员被枪声惊醒后，马上跳下床，抄起家伙，立即投入到战斗中。他们在电车公司的东、南、西、北四面架起四挺机关枪，对着共进会的流氓们一阵扫射。

这些流氓平日里哪见过这阵势，眼看着机关枪射出的子弹像雨点一样朝自己这边倾泻过来，一个个吓得赶紧撤退，再也无法发起有效的进攻。

领头的流氓无计可施，只好打电话向坐镇总部的杜月笙求助。

杜月笙原以为这路人马胜算的把握最大，没承想一交火就败下阵来。

杜月笙压着火，问道："你们怎么搞的，连个小小的电车公司都拿不下来？"

"没想到他们有机关枪啊，而且是四挺。火力太密集，我们全被压制住了。"电话中急促地说道。

杜月笙说："你们的手榴弹是干什么吃的？用手榴弹炸他们。"

"不行啊，机关枪躲在坚固的工事里，只露个头，手榴弹扔不进去啊。"

这时，一旁的张啸林听到进攻受挫，气得破口大骂道："一群饭桶！一群饭桶！"

杜月笙沉默了一会儿，斩钉截铁地说道："他们用机关枪，咱们也用机关枪跟他对攻，你们等着，我马上派人把机关枪给你们送去。"

放下电话后，张啸林急躁地说："月笙，咱们手里哪有机关枪？"

"咱们没有，二十六军有。"说完，杜月笙一个电话打到了驻扎在南市的二十六军军部。杜月笙说明意图后，电话迅速转接到第一团。第一团就驻防在南市附近，更重要的是，第一团有一个机关枪连，手里有充足的机关枪。

电话接通后，杜月笙说道："一团长你好，我是杜月笙，现在急需机关枪，想从你这里借四挺，所用弹药三天内归还。"

一团长知道杜月笙的大名，赶紧说："杜先生，没问题，需要我派机枪手吗？"

"谢谢，我这里有机枪手，只要枪支和弹药。"杜月笙说。

"好，你派人来取吧。"

杜月笙马上派出顾掌生和马祥生，开着卡车来到第一团团部，借来了四挺马克沁机关枪和十几箱子弹，然后直接送到了电车公司。

此时，已是凌晨五点多。流氓们拿到机关枪后，朝着电车公司里的纠察队猛烈扫射。纠察队手里的机关枪是普通的水冷式，远远不及流氓们手里的马克沁威力大。猛烈对攻了大约五十分钟后，纠察队的火力被压制了下去。在四挺马克沁的火力支持下，流氓们终于成功攻进了电车公司。

与第四路人马的遭遇类似，其他三路人马的进攻也遇到了纠察队员们的拼死抵抗。他们一次又一次发起进攻，但一次又一次被打退。尽管共进会的流氓打手们在人数上占有绝对优势，但跟训练有素的工人纠察队比起来，他们的战斗能力的确有限。

　　激战了数小时，双方互有伤亡，但一直分不出胜负，于是陷入了胶着状态。

　　眼看着共进会的流氓们久攻不下，上午九点半，二十六军第二师第五团开到了工人纠察队总指挥部所在的商务图书馆。团长邢振南打着调停的幌子，限令双方在上午十一点前停火，并上缴所有武器。

　　邢振南的意图很明显，既然攻不下来，那就用调停的名义缴了工人纠察队的武器。

　　攻打商务图书馆的第一路人马是由顾嘉棠为首的"四大金刚"亲自带队，接到邢振南的调停令后，他心里长出了一口气，心想：救星终于到了。但他还是装模作样地给杜月笙打了个电话请示，然后对邢振南说："愿意接受调停，上缴所有枪械。"

　　这边在绘声绘色地演着双簧，那边的纠察队早就看出了其中的阴谋，因此，根本不理会什么调停令，继续用火力还击共进会。

　　邢振南一看阴谋被识破，眼下又无计可施，只好威胁道："以十一点为限，要是哪方不接受调停，我就用武力解决问题。"

　　"嗒嗒嗒"，又是一阵枪响。工人纠察队根本没把他放在眼里。

　　邢振南黔驴技穷了，只好一边叫嚷着"我要让你们承担后果"，一边仓皇地撤了下去。

　　自己的救星跑了，顾嘉棠只好再给杜月笙打电话，请示接下来怎么办。

　　此时，杜月笙已是骑虎难下，只好一咬牙，说道："继续打，务必尽快把它攻下来。"

　　于是，顾嘉棠又指挥发起了一次进攻，但还是被纠察队打了回来。

心急火燎的杜月笙坐不住了，拉着黄金荣和张啸林赶到了现场。

看到共进会的流氓们久攻不下的狼狈样，一向脾气暴躁的张啸林火冒三丈，凶狠地说："妈的，去弄几门大炮，轰他娘的。"

本来，他只是在这里说说气话。但说者无意、听者有心，他这话给杜月笙提了个醒，说道："对啊，啸林哥说得有道理。"

黄金荣不以为然地说："办法是好办法，但上哪儿弄大炮啊？"

"我听说英租界有不少小钢炮，可以借来一用。"杜月笙如梦初醒。

杜月笙说完，片刻也不耽误，立即坐上小汽车，朝着英租界飞奔而去。炮果然被他借来了，而且一借就是二十门。

二十门小钢炮抵达后，围着商务图书馆大楼一阵猛轰。

在炮火的轰击下，完全处于火力劣势的纠察队再也顶不住了，共进会的人马潮水般涌进了大楼。

此时，已是晚上九点多，一百多位纠察队员在这场战斗中牺牲了生命。

第二十七章
黄金荣彻底退休

"四一二"之后，杜月笙并没有闲着。

由于上海的共产党员都转入地下，蒋介石授意陈群，一边改组总工会，一边进行"清党"行动。

要"清党"，当然少不了杜月笙、张啸林等人的大力支持。他们不仅派出手下帮着收集情报，还派出自己的得力干将直接参与"清党"行动。比如，"小八股党"之一的芮庆荣就担任行动大队长一职。他上任的当天，就替陈群抓捕了一千多名共产党员。

四月十四日，上海清党委员会正式成立，陈群自己担任主任。清党委员会的总部设在枫林桥下的交涉使公署，后来由于场面越来越大，周转不开，又把旁边的上海道尹公署也收了过来一并使用。

除此之外，陈群还在法租界的嵩山路十八号建立了一个俱乐部，里面吃喝嫖赌之处应有尽有。每天，陈群、杨虎、杜月笙、张啸林必在这里会聚，一边玩乐，一边商量"清党"的事宜。此时的杜月笙和张啸林，虽然未担任任何职务，但却执掌着上海滩的生杀大权。

俗话说，有权不用，过期作废。杜月笙也许并没有这么想，但张啸林肯定是这么想的。

于是，他决定借机了一了私怨。但搜肠刮肚想了半天，也没找出泄愤的对象，因为这些年都是他张啸林欺负别人，还没有人让他塌过台。自己没有，那就帮朋友们了吧。他马上想到了露兰春跟薛二私奔的事，这事一直让他替黄金荣感到窝火，现在终于可以出出气了。

他没跟任何人商量，而是悄悄地吩咐行动大队长芮庆荣，把薛二抓了过来，对外宣称他是共产党。

上海滩的人都知道，那薛二不过是个贪生怕死、热衷享乐的浪荡公子，怎么可能是共产党呢？因此，这事传开后，大家纷纷议论，说一定是黄金荣借机泄愤。与此同时，露兰春私奔的事又被重新翻了出来，被人们添油加醋地大肆传扬。

"我什么时候抓过人啊？"外边的议论传到黄金荣耳朵里时，黄金荣对此感到莫名其妙。

他知道，杜月笙的手下芮庆荣是行动大队长，这人一定是他抓的。于是，他立即把电话打到了杜月笙那里。杜月笙也是一头雾水，说："我不知道这件事情啊！"

"是啸林哥下的命令。"等他问过芮庆荣之后，他如实告诉黄金荣。

"婊子养的，他这是安的什么心？他抓人，外边把屎盆子都扣在了我的头上，骂我小肚鸡肠，几年前的丑事也都被人翻了出来。他这不明显要让我难堪吗？"黄金荣当即大怒，在电话里就骂开了。

杜月笙马上当和事佬，说："金荣哥，你消消气，啸林哥也是一番好意，大概是想帮你出出气。"

"帮我出气？我看他是存心要气死我。这么大个事，事先为什么不找你我商量？"黄金荣依然不依不饶。

挂掉杜月笙的电话后，黄金荣又把电话打给了张啸林，对着他一阵劈头盖脸的大骂。张啸林申辩了一番后，火气也腾地上来了。黄金荣知道张啸林的狗脾气，也没法再跟他理论，只好压着火说："这事到此为止，你把人放了吧。"

没想到，张啸林大声吼道："你爱怎么骂我就怎么骂，想要放人，没门儿。"吼完，就把电话给挂了。

"娘的，我招谁惹谁了？平白无故挨了一顿骂。月笙，你说说，当年老板被人戴了绿帽子，屁都没放一个，我帮他出出气，他竟然对着我破口大骂，天底下有没有这样的道理？"受了气的张啸林，当晚就把这事告诉了杜月笙，一边说，一边骂骂咧咧。

杜月笙笑了笑，息事宁人地说道："你先消消火。这事情我知道，老板是不想旧事再提了，他怕被人说成小肚鸡肠。再说，你提前也没跟他商量，弄得他很被动。"

"提前跟他商量？跟他商量了，他能同意我抓人吗？"张啸林大声说道，"我这刚把人抓回来，他就让我放人。"

杜月笙说道："那就听老板的，把人放了吧，免得事情越闹越大。"

"放人？还是那句话，没门儿。"

张啸林这么说，杜月笙也毫无办法，只得从长计议，等他消消火再说。

抓人的这边，为了放不放人正吵得翻了天；被抓的那边，则在为如何营救忙成一团。

露兰春嫁给薛二后，两人一直非常恩爱。当天，听说薛二被抓去了枫林桥，露兰春吓得一下子瘫倒在了地上。

当时的上海人，听到"枫林桥"三个字，无不谈虎色变。他们都知道，被抓到枫林桥的人，十有八九就再也出不来了。即使侥幸出来，经过一件件刑具的伺候，身上也得脱去三层皮。

露兰春赶紧找来薛家的朋友们，不惜财力，设法营救。最终，通过薛二的好朋友周培义找到了陆冲鹏，陆冲鹏曾经跟杜月笙做过烟土生意，算是能说得上话的朋友。周培义是陆冲鹏的好朋友，朋友之托，陆冲鹏义不容辞。

他立马来到杜公馆，请杜月笙帮忙。

没想到，在陆冲鹏说清来意后，杜月笙长叹一声，然后把张啸林抓人、黄金荣大骂张啸林的事情原原本本地说了一遍。

他之所以这么做，一是替黄金荣撇清，证明这事跟黄老板没半点关系；二是告诉陆冲鹏，这事他帮不上什么忙。

但他给陆冲鹏指了条路，说："这事必须你亲自出面，去找陈群和杨虎，现在只有他们俩能劝说啸林哥同意放人。"

陆冲鹏是个明白人，当即抱拳道："既然如此，那就不叨扰杜兄了，我告辞了。"

从杜公馆里回来，他立即通知薛二的家人，筹集了一大笔钱，然后由他分别送给了陈群和杨虎。同时，他又把整件事情的原委述说了一遍——其中包括黄金荣和杜月笙同意放人，只是张啸林不肯。

陈群和杨虎收了钱，又知道了黄金荣和杜月笙的意思，就把薛二给放了。

薛二被放，张啸林感觉自己塌了台，心中怒气冲天。一想到黄金荣和杜月笙对此事的态度，他心里更是窝火。

就是从这件事之后，张啸林跟杜月笙、黄金荣的关系慢慢疏远了。

自从四年前露兰春携款私奔的事情发生后，黄金荣便一蹶不振，连续几年都打不起精神。但"四一二"反革命政变发生后，黄金荣自恃厥功至伟，又加上自己名义上的徒弟蒋介石做了总司令，因此，精神大为振作，有东山再起的势头。

但很不幸，就在他踌躇满志之时，张啸林突然闹了这么一出，不仅将他的陈年丑事再一次公之于众，而且给他带来了许多无端的指责。尽管事情最终妥善地解决了，但外界那些不知详情的人依然把屎盆子扣在了黄金荣头上，这让已经年近六十的黄金荣再一次泄了气。

他不禁在心里暗想：我都六十了，经不起什么大风大浪了，不如就此退休养老吧，也享享天伦之乐。但潜伏在他心中的另一个黄金荣却不服老，不断地告诉他这可是千载难逢的好机会，如果这次不能借机东山再起，那以后就很难再有机会了。

就在黄金荣内心斗争激烈的时候，另一件事情的发生，彻底消灭了他的心气。

有一天，新任市政府秘书耿家基突然来到了黄公馆，打着官腔，毫不客气地对黄金荣说："在下代表市政府前来通知黄老板，市政府近日要检查各戏院演出的剧目，请黄老板务必配合。"

本来，黄金荣一看到耿家基那副装模作样的架势就已心中窝火。他暗想，一个市政府的小秘书就敢跑到我面前摆臭架子，真是岂有此理。之后，又听到他说居然要检查他的戏院，更是火冒三丈。几十年了，都是他黄金荣派人去检查别人，还没有谁敢来检查他的戏院。

于是，黄金荣没好气地反驳道："我的戏院在法租界，法租界的事情，什么时候轮到市政府插手了？"

看到黄金荣态度比较恶劣，耿家基没跟他争论，一甩手，走了。

黄金荣以为，耿家基肯定是被他吓住了，那此事也就算结束了。

不承想，几天之后，负责戏剧检查的官员还真来了。和耿家基一样，他们一进门就打着官腔，要求检查黄老板所有戏院的剧目。

黄金荣依然火冒三丈，一顿理论，把他们给赶跑了。

黄金荣心想：这该是最后一次了吧？

没想到，他们却一不做、二不休，把这事捅到了法国驻上海总领事范尔迪那里。范尔迪把黄金荣叫到自己的办公室，语气生硬地质问他："你是中国人，中国人开的戏院，中国官员为什么不能检查呢？"

黄金荣被问得目瞪口呆。以前，他能在上海滩呼风唤雨，一个原因是自己手底下兵多将广，但更重要的是有法国人替他撑腰。

可如今……

黄金荣没了半点脾气，市政府的官员第三次登门的时候，他只好乖乖地让他们检查。

黄金荣自知这次又塌台了，不禁心灰意冷。他觉得，这世道变了，不是以前那个鱼龙混杂的军阀时代了，与这些新贵打交道的能力，自己显然不如杜月笙了。

"算了，就此退休养老吧。"黄金荣长叹一口气，终于下定了决心。

这一年，黄金荣整整六十岁。

没想到，黄金荣退休没多久，好事就来了。

"四一二"结束之后，陈群和杨虎去南京晋见蒋介石，大谈了三大亨在"清党"行动中立下的汗马功劳。蒋介石为了表彰他们的良好表现，决定委任三大亨为"军事委员会少将参议""海陆空军司令部顾问"和"行政院参议"。

这些虽然是虚职，只是象征着一种荣誉，没有什么实际的权力，但对于流氓出身的三大亨，已经足够了。

当陈群把委任状交到他们的手里时，他们一个个欣喜若狂。

黄金荣想到的是，有了这份委任状，自己可以体体面面地退休了。

张啸林想的是，有了这个政治资本，自己的烟、赌生意肯定可以越做越大了。

而最为感慨的是杜月笙，他双手捧着委任状，眼角几乎沁出了泪花。他的思绪不禁飞回了高桥镇，飞到了那个流浪街头、无父无母的可怜男孩身上。从高桥镇来到上海滩，他从一个食不果腹的小混混变成炙手可热的黑道大亨，如今又从一个见不得光的黑道人物变成了由蒋总司令亲自任命的"少将"。有句话叫"鲤鱼跳龙门"，他今天就是跳了龙门，只不过他是从丑陋的泥鳅一步步跳过了龙门，比"鲤鱼跳龙门"更是来之不易。

但是，黄金荣和杜月笙得到的还不仅仅这些。

这年的十一月二十四日，是黄金荣的六十大寿。

借着刚被蒋总司令委任"高官"的喜气，黄公馆大肆操办，一时间宾客如林、贺礼如山。黄金荣满面红光，端坐在一个硕大的"寿"字下面，享受着宾客们的祝贺。

在这些宾客中，有一个人的到来，让黄金荣感到受宠若惊。他就是蒋介石。

早在"四一二"之前，鉴于名义上的徒弟已是身居高官，黄金荣识趣地主动退还了蒋介石的拜师帖，相当于替蒋介石洗清了入"青帮"的那段历史。

这件事做得实在漂亮，蒋介石对黄金荣感激在心。后来又加上黄金荣在"四一二"中的全力配合，蒋介石为了表示感谢，决定送给黄金荣一个天大的面子。于是，黄金荣六十大寿这天，蒋介石亲自登门拜寿。尽管他只在黄公馆坐了一个多小时就匆匆离去，但黄金荣还是觉得十分满足。

有了蒋介石的这一出，黄老板更是可以风风光光地颐养天年了。

蒋介石对于自己更为器重的杜月笙，当然更不会吝啬了——单独召见杜月笙前来南京。

当陈群把这个诏令带给杜月笙时，杜月笙激动不已，心想：当初押宝蒋介石，看来真是明智之举。

但片刻之后，他又有点担心，就问陈群说："就我自己吗？为什么不是跟黄老板和啸林哥一起？"

陈群笑着说："总司令发的诏令，我哪知道为什么呢？"接着，他又朝着杜月笙诡异地一笑，说道："由此可见，总司令对杜兄的器重啊！"

杜月笙向来精通人情世故，他决定主动把这事告诉黄金荣和张啸林，免得从别人口中得知后，二人心中别扭。

当杜月笙把此事告诉黄金荣时，黄金荣没有半点嫉妒，而是发自内心地祝贺他。杜月笙知道，这是因为黄金荣已经决定退休，没有了大的抱负；而且之前蒋介石亲自登门拜寿，让他心里已经满足了。

但张啸林就不同了。同样是出力不少，他却没有得到蒋介石额外的奖赏。果然，杜月笙告诉他此事后，他脸上没有任何表情，沉默良久，才吐出一句酸溜溜的话："以后老弟做了大官，别忘了你这个老哥啊。"

听到张啸林这么说，杜月笙反而心里踏实了。因为他知道，依照张啸林的脾气个性，这算是最好听的一句话了。

晋见的日期越来越近，杜月笙收拾行李，挑选随从，准备动身。

听到杜月笙要去南京晋见总司令，他的手下都觉得是件非常荣耀的事，于是纷纷请求做他的随从。甚至有人说："师父，干脆把我们全都带去得了，也让我们沾沾喜气、见见世面。"

这让杜月笙哭笑不得，不得不苦口婆心地劝告道："我又不是去当皇帝，只是跟蒋总司令见个面而已，要是把你们全带去，那成什么样子了？人家还以为我杜月笙在摆谱呢。"

最终，杜月笙只带了司机、保镖、总管万墨林以及区区几个手下，就上路了。

在路上，杜月笙告诫随从说："这是去南京，不是在上海，所以你们一定得收敛收敛，遵守规矩，不要让人家瞧不起咱们。"

一行人下了火车后，蒋介石派来迎接的专车早已等候在车站。众人坐上小汽车，直接被送到了南京最高级的旅馆——中政饭店。

第二天一大早，杜月笙就早早地起床，将自己收拾得干净利落，等着蒋总司令召见。

不多时，总司令部的小汽车将杜月笙接走了。

这是蒋介石与杜月笙的首次会面。虽然地位和出身差异很大，但两人竟然一见如故，相谈甚欢。杜月笙充分展示了自己对蒋介石的恭敬、相随之意，而蒋介石也让杜月笙感受到了自己的欣赏之情。总之，这是一次十分愉快的会面。

这次晋见，让杜月笙知道了自己在蒋介石心中的地位，因此大受鼓舞，打算跟定他，做一番大大的事业。

日后的事实证明，这不过是杜月笙的一厢情愿。蒋介石对他，不过是暂时的利用而已。一旦他失去了利用价值，就一脚踹在一边，不再搭理。正如杜月笙晚年所说："蒋介石拿我当夜壶，用过了就塞到床底下。"

不过此时，正是这把"夜壶"还有利用价值的时候。

第二十八章

开银行，步入金融界

从南京回到上海后，杜月笙踌躇满志，决定不再局限在烟、赌两档见不得光的生意之上，而是要拓展疆域，进军商界，洗掉自己身上的黑帮印记，做一个真正的上流人物。

不久后，法租界华董出现空缺，在众人的追捧下，杜月笙当仁不让地登上了五人华董首席的宝座。

这件事更加助长了杜月笙的信心，他觉得凭他现在的财势和人脉，只要去做，就没有事情做不成。

恰在此时，上海金融巨头钱新之的来访，促使杜月笙迈出了跻身商界的第一步。

钱新之，名永铭，字新之，原籍浙江吴兴（今湖州），在上海出生。钱新之留学过法国，能力超群，极有见识。在清末状元张謇出任交通银行总裁时，他就担任了交通银行的总经理。此时又刚刚出任国民政府财政部次长，堪称上海滩的金融巨擘。

本来，钱新之与杜月笙没有半点交情。但是，几天前，钱新之丢失了两只大箱子，恰好箱子里又有钱新之极其珍重的东西。钱新之心急如焚，赶紧向巡捕房报案。但几天过去了，巡捕房却没有查到半点线索。后来，受到朋友指点，钱新之便托人找到了杜月笙帮忙。这种小事对杜月笙来说，简直是小菜一碟。何况杜月笙早就听说过钱新之的大名，正有意结交，因此立即交代自己的手下，务必帮钱新之把箱子找到。

杜月笙的手下遍布上海滩的角角落落，只半天的工夫，那两只大箱子便送到了钱新之的手中，而且是完璧归赵，箱子中的东西没有一件丢失。钱新之一边感慨，一边掏出钱交给来人，让他转交给杜月笙作为酬金。没想到来人不但没有收钱，还转达了杜月笙的意思——希望与钱先生交个朋友。

这让钱新之觉得欠了杜月笙一个人情。所以，他决定登门拜访，当面表达谢意。

见到杜月笙后，钱新之先是一拱手，接着说道："前几天失窃的事情，多谢杜先生出手相助啊。"

杜月笙笑笑，回道："小事情一桩，钱先生不必挂在心上，快请坐。"

说话间，两人先后落座，侃侃而谈起来。

闲谈了一会儿，两人竟发现彼此十分投机，大有相见恨晚之意。

此时，钱新之在心中已经把杜月笙当成朋友。于是，他就像个老朋友一样对杜月笙说："杜兄，有句话，不知当讲不当讲。"

杜月笙哈哈一笑，答道："我已经把钱兄当朋友了，你有话但说无妨。"

"那我就说了，"钱新之开门见山地说道，"杜兄在上海滩财势熏天，如今又深得蒋总司令器重，可谓是风头正劲。但据我所知，你目前做的都是烟、赌两档生意，它们毕竟不是正途，也不是长久之计。杜兄何不借着这个时机，来一个大转身，进军商界呢？如此一来，杜兄的名望将更盛，地位也会更加稳固。"

听罢钱新之的话，杜月笙一把抓住钱新之的手，激动地说道："钱兄真是上天派来助我的。不瞒你说，我早就有此打算了。只是隔行如隔山，我两眼一抹黑，不知从何处下手。请钱兄务必指教。"

钱新之想了一会儿，说道："我建议杜兄先开一家银行，踏入金融业。开银行是一本万利的买卖，吸收了客户的钱，既可以放债，也可以做实业、做生意，相当于借鸡下蛋。"

"开一家银行，大约需要多少本金？"杜月笙问道。

钱新之答道："开一家一般规模的，只要五十万就足够。"

杜月笙琢磨了一会儿，说："开银行好是好，但需要的资金也多，我上哪儿筹集那么多钱。"

其实，杜月笙手里并不缺钱，只是他习惯了做无本生意，不想把这么多钱投进一个自己心里没底的领域。

钱新之似乎看出了杜月笙的心思，于是笑着说道："杜先生自家就开着富生、荣生、利生、义生、源利五家赌场，再加上日进斗金的烟土生意，筹集资金应该不成问题吧？"

杜月笙笑笑，不置可否。钱新之看了他一眼，继续说道："不过，开银行的本金没人会自己全出，一凑一堆，自然就差不多了。"

这话正合杜月笙的本意，于是他迫不及待地问道："请钱兄说明白点，什么叫'一凑一堆'？"

钱新之吸了口烟，缓缓说道："开一家五十万本金的银行，事先只要张罗一番，凑齐二十五万就足矣。至于找谁凑，杜兄肯定有门路。剩下的二十五万，银行开业时自然就有人来'堆'。"

"谁来堆呢？"这话说得杜月笙一头雾水。

钱新之说："上海滩的银行界有一个通行的惯例，只要新银行开张，其他的银行就会在开业当天存一笔钱进去，以示祝贺，这笔钱就叫堆花。凭着杜兄目前在上海滩的地位和威望，那几十家银行肯定得大出血，何愁'堆'不出剩下的那二十五万？"

杜月笙一琢磨，还真是这么个理儿。

于是，他当即拍板，决定开一家银行。

钱新之一拱手，说："以后咱俩通力合作，定能在金融界搞他个风生水起。杜兄有需要我的地方，钱某一定全力相助。"

送走钱新之后，杜月笙一边盘算着如何凑齐那二十五万，一边琢磨着银行该交给谁负责、管理。他的事务繁多，再说又是外行，是不可能亲自经营的，只能把它托付给能胜任又信得过的人。选来选去，他选中了自己的两个智囊——苏嘉善和田鸿年。

苏嘉善的优点是极有商业头脑，非常善于经营生意，一直是杜月笙的经济顾问；而田鸿年一直帮着他处理银行的事务，在银行界人脉颇广，并熟悉银行的业务。

杜月笙把这二人叫来，将银行开业的一些事宜交给他们俩筹备，自己则一门心思去凑那二十五万的本金。

平日里，杜月笙善于存交情，上海滩的许多富商都因为或这或那的事情求他帮过忙，而他也来者不拒，帮他们摆平了许多麻烦。所以，他们欠着杜月笙一份人情。

如今，正是使用这份人情的时候了。

杜月笙首先想到了富商子弟徐懋棠。

当年，徐懋棠的父亲去世时，留下了大笔遗产。由于之前并没有立下遗嘱，安排好身后财产的分配，作为长房长子的徐懋棠就想着全部归为己有。但他父亲的一个小妾却不答应，非要跟他平分。而且这个小妾的靠山也颇有势力，徐懋棠还不敢跟她来硬的，一时间让徐懋棠焦头烂额。

"听说在上海滩，没有杜月笙摆不平的事情，你为何不找他来帮你调解一下呢？"后来，有个朋友给他指了条路。

徐懋棠茅塞顿开，赶紧找到能跟杜月笙说上话的朋友，把杜月笙请了过来。

杜月笙领着几个彪形大汉找到那个小妾，直截了当地跟她说："你要跟长房平分财产，不合规矩。这么着吧，我让徐懋棠分给你五十万，让你日后的生活有个保障。其余的，你就别惦记了。"

没想到那小妾根本不给杜月笙面子，说："我们自家的事情，由不得你外人插手。再说了，五十万就想把我打发了，没门儿。"

杜月笙看她十分嚣张，就决定吓唬吓唬她，于是吩咐那几个彪形大汉说："既然她不识抬举，那就绑了扔黄浦江喂鱼吧。"

杜月笙话音刚落，那几个大汉就要动手。

小妾吓坏了，赶紧服软道："别，别，有事好商量。"

杜月笙说道："住手。"

小妾惊魂未定，杜月笙又趁热打铁，说："我再跟徐懋棠说说，除了给你五十万，另外允许你继续住在徐家。你看怎么样？"

小妾哪还敢说半个"不"字，只得答应了。

就这样，杜月笙顺利地帮徐懋棠拿到了绝大部分遗产，徐懋棠自然是对杜月笙感激不尽。

杜月笙想，这次开银行让徐懋棠凑点钱，应该没问题吧？他立即找到徐懋棠，把自己的意思告诉了他。徐懋棠二话没说，当即就答应了。之后，杜月笙又用同样的办法找了其他几个富豪。没用多久，二十五万就顺利凑齐了。

一九二九年二月，一切筹备妥当后，杜月笙的银行终于开张了。

杜月笙的银行名叫国民银行，位于爱多亚路九十七号。杜月笙名义上担任董事长，但具体的事务都由总经理田鸿年和苏嘉善处理。

银行开业之日，门口车水马龙，贵客云集。上海滩大小几十家银行全部送来了存款，而且比给别家的要多得多。除此之外，那些从事烟、赌两档生意的，以及许多普通商户，也都拿着钱来捧场。结果，国民银行当日收到的"堆花"及其他存款，是其他银行开业当日所收数目的数倍。更让杜月笙意想不到的是，连法国驻上海总领事范尔迪也派人存进了一大笔钱。

杜月笙的银行算是红红火火地开张了。

杜月笙迈进金融界的大门后，开始竭力与银行界的大佬们结交，广结人脉，以提高自己的地位。

如何跟他们建立交情呢？杜月笙用的还是老办法——存交情。他的逻辑非常简单，只要我在你遇到麻烦的时候出手相助，那日后我需要帮忙的时候，你肯定也不会袖手旁观。

一系列的事情证明，杜月笙的这个办法是极其奏效的。

踏进金融界之后，杜月笙结交的第一位大银行家，是上海商业储蓄银行的老板陈光甫。他与陈光甫的结交，源于陈光甫遇到的一次危机。

一九三一年七八月间，长江发生了百年不遇的大水灾，上海商业储蓄银行投资的一宗食盐生意在长江里翻了船，损失将近两百万，但外界传闻损失达几千万。储户们听到传闻后，担心银行倒闭，纷纷连夜到商业储蓄银行门口排起长队，争先恐后地挤兑现金。一连三天，商业储蓄银行被提走的现金超过了两千万，占总存款额的一半还多。而且门口的队伍越排越长，大有不把银行掏空不罢休的势头。

陈光甫焦虑万分，却想不出任何解决的办法。他知道，要是谣言不破，提款的队伍会一直排下去，直到把银行里的钱取光。

在几乎走投无路之时，陈光甫突然想到了杜月笙。他立即打电话给刚受到杜月笙重用的智囊——杨管北。他和杨管北是老乡，又是能说上话的朋友。

在电话里，他把商业储蓄银行的事情大体说了一下，然后说："整个上海滩，恐怕只有杜先生能帮上忙了，请杨兄一定帮我说服杜先生出手相助。"

杨管北放下电话，马上赶到杜公馆，把事情的原委告诉了杜月笙。

杜月笙只说了一句："既然是你的朋友，这个忙我得帮。"

其实，就算陈光甫不是杨管北的朋友，他照样会出手相助。因为像陈光甫这样的银行界翘楚，正是杜月笙想方设法要结交拉拢的对象。

当天晚上，杜月笙就让管家万墨林筹集了三百万现金，并把烟、赌两档的老板们请到家中，向他们通报了商业储蓄银行的情况，请他们跟他一起帮着陈光甫渡过难关。

第二天上午，商业储蓄银行刚开门，门前突然来了三辆小汽车，为首的一辆牌号是"7777"。当时的上海人都知道，这是杜月笙的汽车。

汽车停住后，杜月笙跨出车门，身后的几个随从也下了车，人人手里都提着沉甸甸的麻袋和手提箱。走进银行门口后，有随从朝着里面大声喊道："杜先生申报存款三百万元。"

这一喊不要紧，等着排队取款的人群立即炸开了锅，纷纷大喊道："杜先生来存钱了。"

不一会儿，又陆续来了几辆小汽车，从小汽车里走下的人，依旧是提着沉甸甸的麻袋和手提箱，朝银行门口走去——这是烟、赌两档的老板派来存钱的。

看到此情此景，不一会儿的工夫，排队的人群哗的一声就散去了。

"连杜先生的钱都存在这里，我们怕什么？"人们奔走相告。

之后的几天，不但不再有人来取款，之前那些把钱取出来的储户，又纷纷把钱存了进来，商业储蓄银行的危机就此圆满解决。

自此之后，陈光甫几乎奉杜月笙为自己的再生父母。只要是杜先生的事情，陈光甫都会二话不说，万死不辞。

金融巨子徐新六是杜月笙结交的另一位银行界精英。

徐新六是号称"南三行"之一的浙江兴业银行的总经理。他出身世家，并且出国留过学，在财政金融和经济方面极有学识。由于他精明能干、善于经营，浙江兴业银行在他手里得到了很大的发展。

一九三五年，国民党政府推行所谓的"法币政策"，趁机以官股打入并控制各大银行。面对此事，大多数银行都无计可施，只好眼睁睁地被政府控制，但浙江兴业银行在徐新六的带领下，却奇迹般地挺了过来，成为当时仅有的两家以商股为主的银行之一。此事让徐新六名声大振，银行界的人士，不管多老的资历、多大的本事，见了他都要敬他三分。

不仅能力出众，徐新六的人品也是有口皆碑。他生活态度严谨，嫖赌、烟土都与他无缘，纳妾这样的事更是与他沾不上边，因此被银行界的人称为"圣人"。

但杜月笙通过手下的情报得知，"圣人"也有难言之隐——他在外边秘密地金屋藏娇，而且已经育有两子一女三个孩子。

这件事，徐新六捂得非常严实，几乎没人知道。他的家人及亲友更是无从知晓了。

但徐新六心里一直为此事焦虑不堪，他担忧的是，一旦自己哪天离世，外室所生的三个子女肯定得不到承认，也就分不到自己的任何财产，这让他十分内疚。但碍于自己一贯良好的形象，他又没有勇气在生前把此事公之于众。因此，他一直在物色一个值得托付之人，将自己的遗嘱交给他，在自己死后把这事公布出来，让外室所生的三个子女能获得徐家的承认，并分得自己的财产。

一九三三年夏天，徐新六与杜月笙在杭州西北的避暑胜地莫干山相遇，二人一见如故。在一次外出散步时，徐新六郑重地把此事托付给了杜月笙。

杜月笙拿着遗嘱，同样郑重地说道："只要你活着一天，我就替你保密一天；一旦你有什么不测，我绝不会辜负你的重托。"

徐新六感激地握着杜月笙的手，说："日后杜先生有什么需要我帮忙的地方，徐某一定尽力相助。"

果然，杜月笙一直守口如瓶，而徐新六也经常在公共场合对杜月笙大力褒扬，以提高杜月笙在银行界的地位。当杜月笙需要他出手相助的时候，他也总是竭尽全力。

五年之后，徐新六不幸遭遇空难，机毁人亡。杜月笙把徐新六亲笔签名的遗嘱向徐家公布，又尽力说服，使得徐新六的外室夫人和三个子女获得了徐家的承认，分到了应得的财产，算是完成了徐新六的重托。

除了陈光甫和徐新六，杜月笙与交通银行的总经理唐寿民、四明银行的总经理孙衡甫等银行界的权势人物同样建立了深厚的交情。有了这些四通八达的人脉，杜月笙不仅在金融界站稳了脚跟，而且地位越来越高，有了与那些金融巨擘平起平坐的资格。

一九三四年，杜月笙斥巨资在爱多亚路一百四十三号新建起一座大楼，命名为中汇大楼。九月，国民银行正式更名为中汇银行，迁进了中汇大楼。

之后没多久，杜月笙被上海滩的金融大鳄们推选为上海银行分会的理事。至此，杜月笙的事业与威望达到了一个新的高度。到抗战前夕，上海滩把他列为董事、监事的银行、钱庄、信托公司竟达二十多家。

第二十九章
进军面粉业

在金融界打下一片江山后，野心勃勃的杜月笙并没有满足，他开始瞄上了实业界。而收购华丰面粉厂，就是他进军实业界的开始。

华丰面粉厂的老板叫卢少棠，此人嗜赌如命，一九三二年，竟然欠下了几十万的赌债。在被逼无奈之下，只好卖掉华丰面粉厂还债。

当时，面粉业位列上海滩十大行业之一，是一门利润丰厚且风险极小的生意。而杜月笙恰好正在寻找机会进军实业界，他当然不会放过这块肥肉。

杜月笙听到华丰面粉厂要转让的消息后，立即找来了自己的得力助手杨管北，让他前去洽谈。

华丰面粉厂负责接洽此事的是一位姓陈的经理，恰好是杨管北的老相识。

但当杨管北说明自己的来意后，陈经理却一脸遗憾地说道："杨兄，你来迟了一步，昨天就有人过来跟我谈了，价钱都定好了，他说今天去筹钱，明天就过来签协议。"

听陈经理这么说，杨管北十分懊恼，心想：难道眼看着到嘴的肥肉就这样让别人叼去？再说，回去如何向杜先生交代？

正在他懊恼的时候，忽然记起了陈经理的最后一句话，顿时转忧为喜，急忙问道："你是说你们还没签协议？"

陈经理点点头。

杨管北长舒了一口气，说："既然你们没签协议，那就不算数。只要今天咱们谈定价钱，立即把协议签了，不就行了吗？"

陈经理为难地摇摇头，说："这样不太好吧？做生意毕竟得讲信义。"

"做生意是得讲信义，但也要讲利益。生意场就是这样，你争我夺。咱们没有做任何坏规矩的事情，他没签协议，只能怪他自己了。"杨管北劝道。

看到陈经理还在犹豫，杨管北继续劝道："就算你不看在咱俩老相识的分上，杜先生的面子，你总不能不给吧？"

"可是，这人也是上海滩有头有脸的人物。"

"是谁？"

"这个，我得替他保密。"

在杨管北的软磨硬泡、威逼利诱下，陈经理终于松了口，答应把华丰面粉厂转卖给杜月笙。经过一番讨价还价，最后定为一百零九万成交。这算是一个比较低的价钱了。

敲定价格后，杨管北马上通过电话向杜月笙汇报。杜月笙只说了一句："一切交由你做主。"

于是，杨管北马上就与陈经理签订了协议。

协议签好了，接下来就是筹集资金了。

这对杜月笙来说一点都不难。他想到中国通商银行的董事长傅筱庵财大气粗且请他帮过忙，于是授意杨管北，去找傅筱庵借钱。

杨管北是个精明的生意人，他找到傅筱庵后，并没有直接说借钱的事，而是先试探道："华丰面粉厂要出售，要价只有一百零九万，这个价钱非常低，傅先生何不趁机买下来？"

当时，关于杜月笙要买下华丰面粉厂的事情已经传得沸沸扬扬，傅筱庵早就听说了。听到杨管北这么说，他故作惊诧地问道："可我听说杜先生志在必得啊。"

杨管北笑笑，心想这傅筱庵果然是个明白人，接着说道："傅先生果然是消息灵通啊。杜先生想买下华丰是不假，但他在资金方面遇到麻烦了。"

傅筱庵早就猜到了杨管北此行的动机，于是笑着说道："杜先生的事情就是我的事情。资金方面，中国通商银行可以提供低息贷款。"

就这样，资金问题迎刃而解，华丰面粉厂顺利转入杜月笙名下。他挂名担任董事长，由杨管北主持具体的经营。

拿下华丰面粉厂之后，杜月笙又紧锣密鼓地开始了下一步计划——登上上海面粉交易所理事长的宝座。

其实，从决定买下华丰面粉厂开始，杜月笙就立下了这个目标。因为只有这样，他才能控制上海，乃至江南、江北数省的面粉生意。

当时的上海面粉交易所，主要掌握在理事长王一亭和常务理事荣宗敬的手里。杜月笙要想登上理事长的宝座，必须先扳倒这两人。而这两人中，最难对付的当数荣宗敬。

荣宗敬是无锡人，与其兄弟荣德生同是实业界巨子。尤其是在当时的上海面粉业，两兄弟处于执牛耳的地位。荣氏兄弟自光绪年间便开始投资面粉业，在无锡开设茂新面粉厂，后改为茂新一厂，该厂生产的兵船牌面粉畅销全国。生意做大后，兄弟二人又相继开设了茂新二厂、三厂、四厂……直至十厂。除了茂新，他们还开设了福新面粉厂，也是从一厂开起，一直开到十厂。

面对荣氏兄弟如此强大的实力，杜月笙想依靠华丰面粉长一厂之力打败他们，几乎是天方夜谭。不过，猫有猫道，狗有狗道。正面强攻不成，杜月笙自有他独特的办法。

概括地说，杜月笙的办法不过两条：壮大自己和削弱对手。这两个办法看起来平淡无奇，但实施这两条办法的手段就有学问了。

首先，杜月笙出重金将荣氏面粉的顶梁柱王禹卿及兵船牌商标从荣家兄弟手中挖了过来。王禹卿绰号"面粉二王"，其人精明干练、经营有方，多年来主管荣家以"福新"为厂号的十家面粉厂。在面粉行业中，只要提起王禹卿的大名，可谓无人不知、无人不晓。

另外，杜月笙还委派杨管北把内地面粉业的翘楚——大同面粉厂总经理卞筱卿聘请了过来，与杨管北、王禹卿一起共同担任华丰面粉厂常务董事，负责全厂的业务。

有了这三驾马车的强强联手，华丰面粉厂的实力日益强盛起来。

没多久，杜月笙又以整个华丰面粉厂作抵押，从国华银行贷款一百五十万，扣除归还中国通商银行的一百零九万贷款及少量的利息，剩下的全部用于增添面粉厂的设备，从而进一步加强了华丰的实力。

除了壮大自己之外，杜月笙还想方设法拉拢面粉行业中与荣家兄弟有矛盾的商人，以此孤立荣氏兄弟，削弱他们的势力。

当时在上海面粉交易所活动的生意人，分属于两个面粉业公会——上海面粉业公会和苏浙皖三省面粉业公会。荣氏兄弟掌控着上海面粉业公会，而杨管北因为祖上在扬州、高邮等地开有多处面粉厂，因此与苏浙皖三省面粉业公会关系密切。这两个公会所代表的势力，围绕价格及市场分配等问题，长期以来明争暗斗，竞争异常激烈。

一九三一年，国民党实行裁厘加税政策后，这种矛盾进一步加剧。

"厘"即厘金，是旧中国政府在交通要道设关卡，对运销商品征收的一种捐税。裁厘加税的政策一出台，苏、浙、皖地区的面粉商人立即怨声载道，因为他们用于加工面粉的小麦差不多都是在当地购买，根本用不着长途运输，厘金负担非常轻，只有把面粉运到上海的途中才需交纳厘金。裁厘给他们减轻不了多少负担，但加税却使他们的支出大大增加。与之相反，上海的面粉业商人需要到外地采购小麦，路途遥远，需要支付大量的厘金，如今裁厘加税，他们自然是受益者。

苏、浙、皖等地的面粉商人，本来就因为运费等问题，在竞争上处于劣势，裁厘加税政策实行后，他们的境况更加糟糕了。

杜月笙看清了两个公会之间的矛盾，于是决定抓住这个千载难逢的好机会，将苏浙皖三省面粉业公会的面粉商拉到自己这边，希望在日后自己与荣氏兄弟一决雌雄时，他们助自己一臂之力。

他先是主动跑到苏浙皖三省面粉同业公会那边，安慰那些充满怨愤的面粉商人，并承诺一定想办法帮他们解决这个问题。

一开始，那些面粉商人以为杜月笙只是说说而已，没想到他说到做到，没多久就让自己的智囊们炮制出了一篇呈文。在呈文中，他一方面表示拥护裁厘加税政策，一方面又以补助内地实业的名义，要求政府考虑苏、浙、皖三省面粉商人的损失，将加税的额度减免一半。

呈文写好后，杜月笙请苏、浙、皖三省的面粉商签字盖章，然后呈请国民党政府江苏省财政厅送到行政院财政部和实业部。

当时的江苏省主席叶楚伧和财政厅厅长张寿镛都是杜月笙的好朋友，所以江苏省财政厅这一关顺利通过。

呈文送达财政部和实业部后，也没有遇到什么障碍。

因为财政部长宋子文和实业部长孔祥熙，一个是蒋介石的小舅子，一个是蒋介石的连襟，通过蒋介石的关系，与杜月笙自然也不陌生，再加上杜月笙的积极活动，呈文中的要求很快就被批准了。

通过这个事件，苏、浙、皖三省面粉商人对杜月笙感激不尽，杜月笙自然就获得了他们的充分信任和热烈拥护。

之后，杜月笙又拉拢了一批上海面粉商人。然后授意他们联合苏、浙、皖面粉商人，暗中收购上海面粉交易所的股票。同时，杜月笙命人搜集理事长王一亭与常务理事荣宗敬的资料。结果发现，王一亭挪用交易所公款二十万两白银，而荣宗敬则挪用了三十万两。

等收购的股票数额已经占据绝对的优势后，他们立即要求召开上海面粉交易所股东大会。

此时，对于杜月笙的这些猫腻，王一亭与荣宗敬还一无所知。结果，股东大会开始后，两人受到了猛烈攻击。面对挪用公款和操纵面粉价格两项指责，措手不及的两人毫无还手之力，最后只好被迫同意改选理事。

结果，杜月笙获得的票数遥遥领先，如愿以偿地取代王一亭，坐上了上海面粉交易所理事长的宝座，杨管北则当选为常务理事。

于是，除了金融业，杜月笙又下一城，做了上海面粉业的龙头老大，正式开始在实业界大展拳脚。

第三十章
吃进大达轮船公司

通过买下华丰面粉厂，杜月笙在上海滩的实业界有了一席之地。接着，一个天赐的良机，又让他吃进了大达轮船公司，从而跨进了航运业。

而这一切的开端，都源于大达轮船公司的负债危机。

大达轮船公司是由清末状元张謇创办的一家著名的民营轮船公司。张謇是我国近代著名的实业家，从光绪二十一年到民国十五年，先后建立了纱厂、电厂、油厂、面粉厂、机械厂、轮船公司等众多企业。

一九〇四年六月，张謇首先建立大达外江轮步公司。八月，又成立天生港轮步公司。之后，他又从国外买来两艘客货两用轮船，然后将大达外江轮步公司与天生港轮步公司合并为一家公司，即大达轮船公司，专跑上海经南通天生港至扬州霍家桥这条航线。

一九二六年八月，张謇病逝。不久，大达轮船公司经理鲍心斋也驾鹤西去。这两人的相继去世，给大达轮船公司的管理带来了一定的混乱。

俗话说，屋漏偏逢连夜雨。更坏的事情还在后面，先是大达轮船公司存有巨款的德记钱庄破产，大达轮船公司因此损失好几十万。接着，大达轮船公司的两艘轮船——大生号与大吉号先后发生大火，不仅轮船被烧毁，而且所载货物损失严重，更严重的是，船上旅客死伤众多。

经过这一系列灾难，大达轮船公司从红红火火变成了负债累累。

就在这危急关头，另一件事情的出现，成了压垮骆驼的最后一根稻草——原来一直由大达轮船公司独占的航线之上，偏偏在这时出现了一个竞争对手大通轮船公司。

大通轮船公司背景深厚，实力不凡。其董事长为洪门大哥杨在田，总经理则由法租界公董局华董费伯鸿担任。

有了大通轮船公司的竞争，早就摇摇欲坠的大达轮船公司变得更加艰难了，几乎走到了倒闭的边缘。

这让大达轮船公司的债权人心急如焚。

上海商业储蓄银行董事长陈光甫就是这些债权人里最主要的一个。眼看着大达轮船公司就要关门，他绞尽脑汁，想法挽救。最终，他想到了杜月笙。只有杜月笙，才有力挽狂澜的能力，从而把大达轮船公司从水深火热中拯救出来。

恰好，大达公司常务董事兼上海商业储蓄银行业务部经理越汉生，与陈光甫的想法不谋而合。

陈光甫立即前往杜公馆，把自己和越汉生的想法告诉了杜月笙。

此时的杜月笙，正处于对实业着迷的阶段，恨不得一日看尽长安花，把上海滩所有的实业都插上一脚。陈光甫的想法，可谓正中其下怀。

他想都没想，就痛快地答应了。

但他知道自己是个外行，于是说道：“你帮我物色个助手，替我主持日常的事务。”

陈光甫心中早有人选，立即脱口而出道：“我那个小老乡杨管北，肯定能够胜任。”

杜月笙对杨管北的能力一直非常认可。既然陈光甫推荐了他，那杜月笙当然没有拒绝的道理。

两人当即商定，由杜月笙出任董事长，杨管北则担任总经理。

接着，陈光甫打电话叫来越汉生，请他尽快跟张謇生前的得力助手——手握张謇旗下的上海南通地产公司大权的吴寄尘，商谈此事的具体事宜。

结果，吴寄尘以杨管北年纪太轻为由，坚决不同意他出任大达轮船公司的总经理。

杜月笙知道，吴寄尘醉翁之意不在酒。他反对的是他杜月笙介入大达轮船公司，但又不敢明说，只好反对杜月笙手下的执行者杨管北。

另外，他与杨管北之间也确实发生过龃龉。几年前，作为上海南通地产公司股东的杨管北，在股权问题上与吴寄尘发生过言语冲突，最后闹得吴寄尘很没面子，所以久久无法释怀。

杜月笙弄清事情的症结后，决定找人前来调解此事。

他找的人是杨志雄。

杨志雄口才极佳，并且出任过张謇创办的吴淞商船学校的校长，与张謇家族的关系非常密切。在杨志雄的极力斡旋下，最终吴寄尘以拯救大达轮船公司为重，同意了杜月笙、杨管北的介入。

股东大会召开后，杜月笙当选为董事长，杨管北当选为董事，并任副总经理，而总经理则由张謇的儿子张孝若担任。

之后，在杨管北的建议下，杜月笙不仅大量买进大达轮船的股票，还把自己的好友杨志雄和胡筠庵拉了过来，出任常务董事。如此一来，杜月笙不仅在名义上，而且也在事实上掌握了大达轮船公司的大权。

接下来，他要做的就是增强自己的实力，打败竞争对手大通轮船公司。

这时候，杜月笙丰厚的人脉又发挥了关键作用。

当时，苏北一带的盗匪多如牛毛，过往货物随时都有被劫的危险，从而导致苏北各地的交通几乎阻塞。

在杨管北的建议下，杜月笙决定先从打通苏北航道开始。

杜月笙知道，上海滩的"大"字辈老前辈高士奎就是苏北人，在苏北盗匪中颇有威望。于是，他亲自出马，请高士奎回一趟老家，帮他搞定那里的盗匪，以保证走此航道时，大达轮船公司运载的货物不会被抢。

一直以来，杜月笙对青帮的前辈们都礼敬有加，而高士奎对杜月笙也非常欣赏。所以，高士奎痛快地答应了杜月笙的请求。

次日，杜月笙派出大达轮船公司的大裕号载着高士奎一路北上，朝他的老家杨庄进发。

当时的苏北盗匪总头领吴老幺就是高士奎的同乡，住的地方离杨庄不远。

到达杨庄后的第二天，高士奎就派人传话，请吴老幺前来会面。

吴老幺是青帮"悟"字辈的弟子，比高士奎低两辈。接到传话后，他立即赶到杨庄。见到高士奎，行的是三跪九叩首的大礼——由此可见他对高士奎的尊敬。

高士奎开门见山地说道："老幺，我这次是专门回来找你的。"

吴老幺丈二和尚——摸不着头脑，诚惶诚恐地说道："老太爷有什么吩咐，尽管讲。"

"上海有个杜月笙，你听说过没有？"

吴老幺老老实实地回答道："听说过。"

高士奎接着说："他新买了一家大达轮船公司，想要开辟苏北航线。于是托我找你，对大达的轮船好生照顾。"

吴老幺马上说道："小事情一桩，请老太爷放心，以后大达轮船公司的船上要是少了一粒麦，您老拿我是问。"

就这样，高士奎几句话就帮杜月笙打通了苏北航线，大达公司的轮船甚至可以抵达蚌埠、清江浦之间，全都畅通无阻。

航道打通后，杜月笙的任务完成了，接下来就是杨管北大展拳脚了。

果然，杨管北趁热打铁，开始筹备大达轮船公司的子公司——薛鸿记帆轮联运公司和达通小火轮公司，航行皖北、苏北各线，专司货运。

俗话说："投之以桃，报之以李。"为了回报吴老幺等青帮兄弟的照顾，杨管北在设立各地分支机构时尽量起用青帮的人，每月以经理薪水的名义支付给他们每人两百块大洋。其实，这些人只是挂名，而实际业务的处理，杨管北则另派有经验的人负责。

岂料，达通小火轮公司成立后的第一次航行就遇到了危险。

险情发生在柏树湾一带，这里河道极其弯曲，向来是盗匪频繁出没之地。当时，大约是晚上十点钟左右，行驶至此的轮船一共有三艘，第一艘是扬子公司的轮船，第二艘是戴生昌的轮船，达通公司的火轮排在最后面。

就在扬子公司的轮船率先进入柏树湾后，岸边突然传来了大声喊叫："关掉灯！人回舱里去，谁敢探出脑袋就要谁的命！"紧接着，是一阵急促的枪声和哭喊声。

走在最后面的达通公司火轮上的船员都吓坏了，纷纷跑进船舱，侧耳倾听外边的动静。但很奇怪，他们听到的声响全都是从前面两艘船上传过来的，而自己的船上却没有劫匪光顾的动静。不一会儿工夫，外边的声响渐渐平息。船员们壮着胆子走出船舱，发现劫匪已经远去，而自家船上的货物好像并没有被劫。

待到天明，船员一检查，果然，达通公司火轮上的货物毫发未损。但同时传来消息，劫匪把扬子和戴生昌公司的两条船、货物以及行李全部劫走了。

这个消息传回上海后，达通公司的名声大震。托运货物的客户纷纷涌到了达通公司。如此一来，大达轮船公司的业务直线上升，银圆哗哗地流了进来。

在如此大好的形势下，杨管北又乘胜出击，鼓动杜月笙从上海商业银行和交通银行贷款三千万，创办了大兴公司，专门做苏北货物押汇，替苏北商人在上海采办货物。货价以《上海新闻报》公开的价格为准。委托大兴公司采办货物的苏北商人只需要预付三成的货款，剩下的七成暂由大兴垫付。大兴采办货物完毕后，将它交给大达公司运输，取到提单，立即向当地银行连水路运费在内一起做押汇。这样，大达、大兴、薛鸿记三大业务连成了一条线——代办货物，平安运达，立即押汇。一笔生意赚三份钱，而且还能互相促进业务量，杨管北的手段的确高明。

随着大达轮船公司的生意越来越红火，大通轮船公司却一赔再赔，几乎难以支撑下去。

走投无路之下，大通轮船公司的董事长杨在田、总经理陆伯鸿只好识时务者为俊杰，派出代表去跟杜月笙谈判，力争打破恶性竞争的局面，达成一种双方都能接受的经营方式。

但杜月笙此时胜券在握，根本不可能接受讲和。为了照顾与他还有些交情的杨在田和陆伯鸿的面子，他只好搪塞道："大达公司的事务，都由杨管北负责，我从来不掺和，你们得去找他商量。"

没办法，大通公司的人只好再去找杨管北谈。

杨管北是典型的生意人，懂得将自己的利益最大化。于是，他决定抓住这个天赐时机，吞下大通。

当大通的人把希望和解的想法说出来后，杨管北不露声色地答道："我也认为恶性竞争对我们双方都不利。怎么才能永远地消灭竞争呢？我有一个好办法——两家联营。"

"联营？"大通公司的代表被吓了一跳，等回过神来，才继续问道，"怎么个联营法呢？"

"很简单，"杨管北侃侃而谈道，"咱们两家公司成立联营处，共同经营上海到扬州这条航线。"

"那两家各占多少比例？这个比例怎么计算？"大通的人问道。

"这个也简单。我们可以共同请来一位上海滩最有名的会计师，请他细查大达、大通过去三年的经营账目，以两家公司的总营业额为参照，计算出各自所占的比例。"杨管北早把一切都考虑好了。

大通公司的代表把杨管北的建议汇报给了杨在田和陆伯鸿，他们知道这是杨管北在乘人之危吞并大通，但仔细一琢磨，这也是他们最佳的选择了。

谈定后，双方请来了上海滩著名的会计师奚玉书，经过查账，又经过两家公司的讨价还价，最终，大达公司占联营公司股权的百分之五十五，大通公司则只占百分之四十五。

一九三二年春，为了继续扩大业务规模。杨管北说服杜月笙，从上海商业银行以低息获得贷款六十万两白银，要新造一艘豪华客轮——大达号，该船的载客量将达到两千多人。

一九三三年，大达号造成，立即投入运营。

随着大达轮船公司业务的蓬勃发展，杜月笙在航运业的地位也节节攀升。不久后，他终于登上了上海船联会第三届理事长的宝座，成为上海航运业举足轻重的人物。

第三十一章

做了纱布交易所的理事长

如果说做大银行业、面粉业和航运业都是杜月笙一步步计划好的，那么，他担任纱布交易所的理事长，则纯粹是"有心栽花花不成，无心插柳柳成荫"。

当时的上海滩，经营棉纱生意的以通海人士居多，通海即江苏南通与海门。"亨"字辈的顾永园，就是这些棉纱生意人中的一员。有一段时间，他坚持选择做空，但纱布交易所却天天利多，拍一板就涨一截，而且天天涨停板，这种状况一连持续了一个多星期，丝毫没有下跌的迹象。这在纱布交易所是前所未有的怪现象。

随着一天天地涨停，顾永园赔进去的钱越来越多。渐渐地，他有点坐不住了。凭着他的经验，纱布交易所里一定有理事在作弊，但他却拿不到证据。

而此时，杜月笙和张啸林也在做空，和顾永园一样，他们也是赔了个底朝天。尤其是张啸林，气得天天破口大骂，恨不得拿炸弹去把纱布交易所给炸平了。

顾永园有个好朋友叫陆冲鹏，与杜月笙颇有交情。于是，顾永园决定找陆冲鹏帮忙，请出杜月笙、张啸林一起把纱布交易所作弊的理事揪出来。

顾永园找到陆冲鹏，对他说道："陆兄，我快完蛋了。"

陆冲鹏吃了一惊，急忙问道："出什么事情了？"

"我一直在做空，但纱布交易所却天天利多，连涨了一个多星期，再涨下去，我就要倾家荡产了。"顾永园向陆冲鹏倾倒苦水。

陆冲鹏感到不可思议，马上说道："连涨了一个多星期，这不正常吧？"

顾永园听到陆冲鹏也有跟自己一样的猜疑，心里就更有底了，于是说道："没错，是不正常。我敢打赌，交易所里一定有理事在作弊，不过……我手里没有证据。"

陆冲鹏明白了，顾永园肯定不单是来找自己倒苦水的，他是想让自己帮忙。想到此，他问道："不能再赔下去了，你打算怎么解决作弊的事情？"

"找杜先生帮忙，把作弊的理事揪出来，"顾永园说道，"我听说，张大帅和杜先生也在做空，他们比我赔得还多。"

"你有具体的计划吗？"陆冲鹏问道。

"我愿意做先锋，到交易所去当场质问，逼迫他们明天一上来就停拍，然后由杜先生出面，把作弊的理事揪出来。"

"好，事不宜迟，我这就去找杜先生。"说完，陆冲鹏马上起身，朝杜公馆赶去。

见到杜月笙后，陆冲鹏笑着说："听说杜先生做纱布生意赔了？"

"赔了几十万。"杜月笙苦笑。

接着，陆冲鹏把顾永园告诉他的关于纱布交易所的黑幕，全都告诉了杜月笙，同时把顾永园的想法也和盘托出。

杜月笙听完，凶狠地说道："怪不得呢！"

他立即派人去把张啸林找来，三人商量了半天，把行事的原则和细节都做好计划，然后才散去。

离开杜公馆后，陆冲鹏没有回家，而是直接找到了顾永园，把具体的实施步骤告诉了他。

顾永园冷笑一声，说："好极了，明天就让那几个狗娘养的全完蛋。"

第二天上午，坐落在爱多亚路北的纱布交易所准时开市。但是，稍有警觉的人就会发觉这天的状况跟往日不同——交易所里外多了几十个横眉怒目的家伙，他们穿一身短打扮，鸭舌帽拉低到眉毛，腰际的衣服鼓囊囊的，好像别了什么家伙。

交易所的伙计正要高声宣布开拍时，顾永园在十几个保镖的簇拥下，怒气冲冲地冲进大厅，向着人群喊道："交易所连日涨停，这是从来没有发生过的事。我怀疑交易所有人在作弊，制造了一发不可休止的涨风。我要求交易所马上宣布暂时停拍，由各经纪人成立调查小组，彻底清查事实，然后依法惩处作弊者。"

顾永园的话，激起了那些同样做空的人的共鸣，他们一起高声呐喊道："马上停拍，揪出作弊者！"

看到人群骚动，被指控的理事恼羞成怒，命令负责维持秩序的场务人员立即把"扰乱秩序"的顾永园拖出去。

但在那十几个彪形大汉的阻挠下，场务人员根本连顾永园的衣角都挨不着。就在双方冲突之时，有一名场务人员不经意间碰到了保镖别在腰间的手枪，顿时吓得脸色发白，用发颤的声音大声叫喊道："他们身上有枪！"

这一嗓子喊出去，原本嚣张至极的理事和场务人员吓得一下子四散开去，有的还钻到了桌子底下。

其中一个还算冷静的理事，快步冲进办公室，拨通了巡捕房的电话。

巡捕的头头早就被杜月笙事先买通了，接到电话后，隔了半天，他才派出四名懒洋洋的巡捕，来到了纱布交易所。

理事们看到巡捕，以为自己的救星来了。没想到这四名巡捕就像是来看热闹的闲人一般，根本不去维持秩序，只是拿冷眼旁观。

而顾永园则继续大声疾呼道："揭开黑幕，揪出作弊理事！"

众人也跟着他一起大喊。

交易所的人眼见巡捕原来是跟顾永园一伙的，顿时没了主意。惊慌失措中，只得给纱布交易所的主要负责人闻兰亭和袁履登打电话，如实汇报了现场的情况。闻、袁两人一听交易所来了带枪的人，知道此事非同小可，又听说连巡捕也跟对方是一伙的，更加认识到这些人的来头不小。

他们让交易所的人保持冷静，不要轻举妄动，同时告诉他们说："不用着急，我们立即去请杜先生出面调解。"

当时，杜月笙的社会声望已经如日中天。人们凡是遇到解决不了的争端，首先想到的就是找杜先生来调解。

闻、袁二人急匆匆地赶到杜公馆，却吃了个闭门羹。

杜公馆的听差告诉他们说："杜先生刚刚午休，现在不会客。"

"我们有十万火急的事情，麻烦你务必通报一声。"说着，闻兰亭掏出了几块大洋，塞进了听差的手中。

没想到，听差的硬是把钱还了回去，面露难色地说道："杜先生午睡的时候，我们做下人的哪敢随便进去打扰啊！"

闻、袁二人心急如焚。时间宝贵，要是再拖下去，交易所那边闹出什么大事情，那就麻烦了。此时，只有找一个德高望重且与杜月笙交情极深的人物出面，直闯杜月笙的卧室，把他喊起来。

一番权衡之后，他们决定去请上海工商界的大佬虞洽卿出马。

虞洽卿向来对工商界的事情比较热心，听闻、袁二人讲完纱布交易所的紧急情况后，二话没说，直接坐上小汽车赶到了杜公馆。

进了杜公馆的大门，虞洽卿直接喊来管家万墨林，让他带路，朝杜月笙所在的卧室走去。

万墨林知道虞洽卿的地位和与杜月笙的关系，只好乖乖带路。

走进卧室，虞洽卿大声喊道："月笙，出了大事情了，赶紧起来。"

杜月笙被喊醒，一看是虞洽卿，也不好意思发作。只好立即穿衣、洗漱，跟着他和闻、袁二人坐上小汽车，风驰电掣般朝纱布交易所开去。

杜月笙一走进交易所，原本还站在台上大声喊叫的顾永园马上安静了下来，交易所的人则像被困已久的残军等到了援军一样，大叫道："太好了！杜先生来了，杜先生来了！"

杜月笙走到顾永园面前，装模作样地说："这位先生，可认识在下？"

顾永园抱拳道："杜先生的大名如雷贯耳，我怎能不知？只是一直没有机会亲自拜见。"

杜月笙一笑，说道："客气，客气！既然这位先生认识我杜某人，那我有一句话，不知你愿不愿意听？"

"杜先生有什么话尽管说，我顾某一定遵命。"顾永园说。

"好，痛快。我想请兄弟赏光，到寒舍走一趟，交易所这边的朋友也一道去。有什么事情，咱们到寒舍再慢慢商量。"

这是之前定好的计划，顾永园当然不会拒绝。

于是，一行人坐上小汽车，又回到了杜公馆。

而交易所这边，暂不开拍，等事情有了结果再说。

众人在杜公馆的大厅落座后，当着杜月笙和虞洽卿两位仲裁人的面，顾永园首先发难，指责纱布交易所的理事作弊，要求彻查经纪人的账目。否则，他将不惜代价将作弊者告到法院。

杜月笙和虞洽卿没有言语，等着交易所那边的人表态。

交易所的人被顾永园的气势镇住了，觉得他既然敢在两位大亨面前一口咬定，那肯定是掌握了什么证据，于是，只好乖乖地承认确实做了手脚。

看到交易所的人承认了，顾永园继续虚张声势地威胁道："好，既然事情搞清楚了，那剩下的事情交给法院吧。"

说着，就佯装要起身离去。

这时候，杜月笙一把拉住顾永园，以和事佬的姿态说道："这位先生暂且坐下。"然后他拿眼睛扫视了一周，继续说道："依我杜某的意思，还是不要轻易打官司。"

顾永园问道："那杜先生觉得这事情该怎么处理？"

杜月笙笑道："容易得很，套一句戏词的说法，怎么来的便让它再怎么回去！"

众人不解，全都聚精会神地听他继续说下文。

"交易所继续开拍，但开拍以后，要让它跌，不管跌多久，一直跌回原价。"杜月笙不容置疑地说道。

杜月笙说完，顾永园当即表态说："我听杜先生的。"

而交易所那边的人却没吭声。此刻，他们的心在滴血。好不容易忙活一场，眼看着肥肉都已到口，可就在要咽下去的时候，又被迫吐了出来。

杜月笙看他们不言语，继续说道："这是最公正的做法。怎么来的怎么回去，谁也不吃亏。"

事已至此，交易所的人也只好忍痛割肉了。

下午，纱布交易所继续开拍，之前作弊利好的人摇身一变，做了利空。自此后，交易所的股价一路狂跌，直到跌回了原价。

这样，杜月笙不仅将自己和张啸林、顾永园赔的钱拿了回来，而且还挽救了大量因做空而濒临破产的人，几乎是帮他们从黄浦江边捡回了一条命。

杜月笙的此次出手，让他在上海的纱布业建立了极高的威望。人们都口口相传"杜先生是个讲公道的人"。他们不知道，其实杜月笙的"公道"首先是为了自己和朋友，而其他人不过是顺便沾光而已。凭着这份威望，没多久，杜月笙就被推上了上海纱布交易所理事长的位子。

经过不断的势力扩张，杜月笙的触角几乎伸到了上海滩金融工商界的每个角落。最终，他顺利取得了上海市商会的领导权，从一个专事烟、赌两档生意的黑道人物，转型为在上海金融工商界具有重要地位的商业精英。

这个阶段，算是杜月笙一生之中的巅峰。

第三十二章
娶了第四房太太

一九三○年前后，正是杜月笙一生中最辉煌的一段时间。

说起来，老天对杜月笙实在是眷顾，随着他的事业蒸蒸日上，他在感情生活上也有了意外收获——遇到了恩爱一生的四太太姚玉兰。

这一年，杜月笙刚满四十二岁。

杜月笙能遇上姚玉兰，得感谢黄金荣。因为正是黄金荣把姚玉兰母女三人请来黄金大戏院演出，杜月笙才有了与佳人邂逅的机会。

姚玉兰出身演艺世家，他的父亲为梆子青衣姚长海，母亲是著名的京剧老生筱兰英。姚玉兰打小耳濡目染，再加上勤学苦练，十二岁就正式登台演出，青衣、花衫、老生样样都能来。

姚玉兰还有一个妹妹叫姚玉英，也是一名角，专攻花脸、丑角、武生。

此次，这母女三人在黄金大戏院同台演出，一时轰动上海滩。她们从《群英会》唱到《华容道》，使看台上的戏迷听得如痴如醉。

杜月笙本来就对京剧十分喜爱，当他听说黄金大戏院来了色艺双全的两姐妹后，立即派人订了包厢。当晚，刚吃过晚饭，就迫不及待地钻进小汽车，朝黄金大戏院赶去。

这晚，姚玉兰母女三人唱的是《群英会》，当扮演关云长的姚玉兰登场后，杜月笙一下子就被迷住了。

散场后，他来到后台，想对姚玉兰表达一下敬仰之情，但无奈她的母亲筱兰英拦在中间，根本不让女儿跟杜月笙说上哪怕一句话。

杜月笙悻悻而归。

之后一连几天，杜月笙都雷打不动地前来为姚玉兰捧场。慢慢地，他发现自己的心全都放在了姚玉兰身上。

他告诉自己：我一定要把她娶回家。

苦于老练的筱兰英隔在中间，杜月笙十分烦恼。但他又不想硬来，那不符合杜月笙的风格。

相思之苦把杜月笙折磨得非常难受，他决定找黄金荣倾诉一番。

见到黄金荣后，他直截了当地说："金荣哥，那个在你的黄金大戏院唱戏的姚玉兰你知道吧？"

"我请来的角儿，我当然知道。怎么了？"黄金荣感觉杜月笙问得莫名其妙。

"我想把她娶回家。"杜月笙说道。

这让黄金荣十分意外。如果杜月笙只是说想要玩玩的话，他可能觉得没什么，但杜月笙一张口就是要娶回家，这就让他不得不惊讶了。

他猛然间想到了露兰春的事情，于是劝道："月笙啊，你是认真的？"

"是的。不瞒你说，我现在满脑子里全是她，却因她的母亲隔在中间，我连话都说不上一句。"杜月笙说道。

黄金荣顿了一下，继续说道："既然你是认真的，那我就不得不劝你几句了。露兰春的事情你还记得吗？俗话说：'婊子无情，戏子无义。'你可得想明白啊！"

"金荣哥，你放心，我会小心的，绝对不会栽在她身上。"杜月笙信誓旦旦地说道。

"哦，你这么坚决，那我就不劝你了。接下来你打算怎么做？"黄金荣问道。

杜月笙答道:"我看那筱兰英是个老派的人,所以我想请金荣哥出山,去替我提亲。"

"以你现在的财势,应该不成问题,但我去提亲不合适。我给你举荐个人,你可以去找阿妹,她跟筱兰英母女关系很亲热,而且女人和女人也好说话。"

阿妹就是黄金荣的大儿媳李志清,黄公馆的长辈都这么称呼他。黄金荣退休后,黄公馆的事情基本上都交给这个儿媳妇打理。

黄金荣说罢,杜月笙觉得此话在理,就立即起身,去找李志清。

见着李志清后,杜月笙说:"阿妹,我有个事情想请你帮忙。"

李志清答道:"杜家叔,有什么吩咐您尽管说。"

"我听金荣哥说,你跟筱兰英母女关系不错?"

"嗯,我经常过去陪她们说话,还算投缘。"

"那我想请你……请你……请你去给我保个媒。"跟自己的晚辈媳妇说这样的事情,连一向干脆利落的杜月笙也不好意思起来,说话竟然有点结巴了。

看到杜月笙这副尊荣,李志清忍不住笑了起来。

这样一来,杜月笙更不好意思了,朝着李志清尴尬地笑了笑。

李志清笑完后,揶揄地问道:"杜家叔,你不会是看上筱兰英了吧?"

杜月笙一愣的工夫,李志清又是扑哧一声,笑得更是花枝乱颤。

杜月笙搓着手,一本正经地说道:"不是她,不是她。"

把一世英雄的杜大亨捉弄成这样,李志清也不好意思继续开玩笑了,她收敛笑容问道:"那杜家叔看中的是老大还是老二?"

"姚玉兰。"杜月笙轻轻地答道,话语里满含柔情。

李志清痛快地说:"好,我这就去跟筱兰英说这事。"

当李志清把杜月笙的意思告诉筱兰英后,她也是吃了一惊。她以为,跟其他男人一样，杜月笙也不过是想玩玩而已，没想到他竟然动真格的了。

按说，以杜月笙的财势，绝对算是个乘龙快婿。不过，此时他已经四十二岁了，而姚玉兰刚刚二十出头，两人相差近二十岁。而且，杜月笙已经有三房太太，姚玉兰嫁过去也只能是四姨太。如果说年龄的差距姑且可以不论的话，后面的一条却是筱兰英无法接受的。

第二天，李志清把筱兰英的意思转告了杜月笙。杜月笙当即表示，姚玉兰嫁到杜公馆后，绝不是做小妾，而是要明媒正娶，跟其他三房太太是同等的地位。

中间人李志清又把杜月笙的话传给了筱兰英母女。

看到杜月笙如此有诚意，姚玉兰和筱兰英都动心了。毕竟，尽管年轻貌美、色艺双绝的姚玉兰不乏富家子弟追求，但像杜月笙这么有财势且诚意十足的，还真不多。

经过一番权衡，姚玉兰答应了杜月笙的追求。但是，筱兰英替女儿提出了两个条件：一是要用大花轿光明正大地抬进杜公馆，表示这是明媒正娶，跟正房没有什么区别；二是要另设公馆，不与其他三房太太同住。

对于这两条要求，杜月笙也全部答应了。这时候，不用说是这样的两条要求，就是她们提出再过分的要求，相信杜月笙也会答应。因为从大太太沈月英到二房、三房，都没让杜月笙产生过这种怦然心动的感觉，但姚玉兰却让他有了这种感觉。

一切商议妥当后，李志清长出一口气，总算是不辱使命。

杜月笙感激地对她说："你们黄家真是我杜月笙的恩人。我娶大太太的时候，就是黄老板保的媒、桂生姐准备的彩礼。现在，你这个做儿媳的，又给我保了一次媒，我得好好谢谢你。"

李志清调皮地问道："哎呀，杜家叔要怎么谢我啊？"

"我要送你一件礼物。"杜月笙答道。

果然，第二天，杜月笙就派人给李志清送来了一块纯金的怀表，算是酬谢。

杜月笙在辣斐德路辣斐坊十六号新设了一座杜公馆，待他和姚玉兰商定的婚期一到，便用一顶大花轿把她抬进了这座崭新的杜公馆。

杜月笙大摆筵席，招待四方宾朋，其规格比前三任太太都要高得多。

这让筱兰英和姚玉兰都非常高兴。

嫁给杜月笙后，姚玉兰离开了挚爱的舞台，专门在家做她的阔太太。实在技痒的时候，就在卧室里与杜月笙琴瑟和谐地来上一段。除此之外，只有在杜月笙组织的募捐义演的舞台上，她才会破例登台，风采依旧不减当年。

婚后第二年，姚玉兰为杜月笙产下一女。这是杜月笙的第一个女儿，杜月笙视之为掌上明珠，为其取名为美如。

杜美如满月的那天，杜月笙容光焕发，不仅大宴宾朋，还安排了演出堂会，连当时风靡上海滩的梅兰芳、马连良等大腕都请来了。此外，张学良的夫人于凤至也亲自登门祝贺。

自从姚玉兰嫁到杜公馆后，杜月笙的另外三房太太就全部失宠了。

杜月笙除了因处理要事而留宿华格桌路的杜公馆外，其他的时间大部分都是睡在辣斐德路姚玉兰的卧房。

面对这种局面，大太太沈月英早就麻木了。其实，自从二太太陈帼英进门后，她就几乎被打进冷宫了。陪伴的唯有孤灯，和孤灯下那杆可以为她驱赶寂寞的大烟枪。

而三太太孙佩豪也是一个想得开的人，看到杜月笙的心思已没有半点在自己的身上，干脆把感情都寄托在杜维屏和杜维新两个儿子身上，专心教子。待到他们念到初中后，经杜月笙批准，孙佩豪就带着他们去英国留学了。杜维屏和杜维新非常有出息，各方面都取得了很好的成就，孙佩豪也就在海外过上了自豪而又舒坦的日子。

如此一来，就剩下醋劲极大的二太太陈帼英与姚玉兰争宠了。好在姚玉兰还算识大体，经常劝杜月笙不要太冷落了陈帼英，再加上许多大事情也要在华格臬路的杜公馆处理，因此，尽管争不过姚玉兰，但好在输得不是太多，陈帼英也就勉强接受了。

二太太陈帼英和三太太孙佩豪，都算找到了适合自己的生活方式，最惨的就数大太太沈月英了。

由于长期吸食烟土，且不与外人接触，沈月英变得骨瘦如柴、呆若木鸡。

一天，杜月笙偶尔看到她，心中大吃一惊。他没想到，沈月英竟然变成了这副模样。想到当年，他杜月笙还是一个穷小子的时候，沈月英就无怨无悔地嫁给了他，杜月笙的心里掠过了一丝内疚。他决定想办法帮助沈月英戒掉大烟，恢复健康。但试了许多方法，都没奏效，最后就放弃了。

长期吸食烟土，让沈月英的身体每况愈下，结果四十八岁就病逝了。

第三十三章

盖祠堂，衣锦还乡

古语说："富贵而不还乡，犹如锦衣夜行。"

当年，那个只有十几岁的少年，在离开家乡高桥镇的时候，曾经对着白发苍苍的老外婆发下毒誓说："外婆，以后若不能风风光光回家，我发誓永远不再踏进高桥镇半步！"

转眼间，二十多年过去，杜月笙发达了，但外婆却只能在天上看着了。不过，杜月笙一直没有忘记当年的那条誓言。

一九三一年，志得意满的杜月笙终于衣锦还乡，为刚刚建好的杜氏家祠举行开祠盛典。早在前一年，杜月笙就斥资五十万元，在高桥镇的祖屋边上买了五十亩地，请人建起了一座富丽堂皇的杜氏家祠。

祠堂是五开间的门面，共三进，头进是轿马厅，二进大厅，三进便是栗主奉安之所，亦即飨堂。门前雄踞两个一人多高的石狮子，威风凛凛。飨堂里的一楹一柱、一龛一屏，都是请来能工巧匠精工雕刻的，雕龙画凤，还有整台的戏文。飨堂里供的是杜氏祖先总主一座，大厅则供的是福、禄、寿三仙，又有两座一人半高的云南大理石屏，远山苍茫，白云泱泱，仿佛一幅写意的名画。

与之同时，杜月笙还令人在杜氏家祠旁建了一座两层高的藏书楼以及一座杜氏私塾，以造福乡里。

一九三一年夏天，所有的工程都已完成，杜月笙决定举行盛大的开祠盛典。

这场盛典的场面之大，可谓空前绝后，之后数十年，一直被高桥镇和上海滩的人们津津乐道。通过这个盛典，我们也可以从侧面窥视到杜月笙当年的地位之隆、交游之广。

杜月笙散落在各地的友人得知杜月笙要举行开祠盛典的消息后，纷纷派人送来了贺礼。其中最多的是牌匾，其次是联、屏、幅，还有古董器玩、旗伞花篮，甚至礼券现金，琳琅满目，不一而足。

尤其需要称道的是杜月笙收到的牌匾。当时的社会名流，不管是政要还是富商，只要是稍有社会地位的，几乎全都送来了牌匾。上到国民政府主席蒋介石、军政部长何应钦、外交部长王正廷、实业部长孔祥熙、曾经的北洋军阀徐世昌以及各省主席等，下到淞沪警备司令、警察总监，可谓声势显赫，令人仰止，正如当时的一家日本报纸所写："足以见杜月笙在各界中伟大声望之征象。"

为了保证这次开祠盛典顺利地完成，杜月笙的亲朋好友以及手下全都行动了起来，并为此成立了庞大的机构。

杜氏家祠落成典礼执事，设总理三人，分别是虞洽卿、黄金荣和王晓籁。

另设协理七人，分别是张啸林、金廷荪、郭祖绳、蔡琴荪、胡咏莱、俞叶封和李应生。

还有一个文书处，主任是前国史馆副馆长杨度，副主任是江西议员、民国初期政坛的要人汤漪。六位秘书，首席是前大本营党务处长、国民政府委员办公处秘书长陈群，其余五人分别是邱方伯、翁左青、徐慕邢、童学庸和许菩僧，这五人也都是响当当的上海名流。

文书处的这八位名流，受到全国的瞩目，被称为"杜公馆八大秘书"。

人们纷纷说："杜月笙真是了得，连这样的角色都愿意充当他的秘书。"其实，这八人都不过是作为朋友前来帮忙而已，根本不是传统意义上的秘书，杜月笙当然也不会真把他们当作秘书，而是以朋友之道与之相处。

此外，为了分工明确，又设了八大处。其中，总务处的负责人是洪雁宾和邬崖琴，警卫处是王杉彦、江倬云，卫生处是王培元、庞京周，庶务处是张延龄、沉荣山，筵席处是俞叶封，会计处是杨渔笙、朱步青，剧务处则由张啸林和朱联馥负责。

这八大处中的办事人员或多或少，少的十人左右，多的大约二十人。

由于宾客太多，又不得不另行分设招待主任两名，分别是袁履登和李征五；副主任三名，分别是樊潜之、杨虎、刘志陆。全部招待共有一百零九人，再加上外宾招待十一名，一共一百二十名。

在组建这个庞大机构的同时，杜月笙请人做了一道总神主，因为杜月笙的三代以上已无从稽考，所以只能做一道总神主，把祖宗们全代表了。总神主做好后，暂且安放在华格臬路的杜公馆里，待到开祠盛典举行的当天，再把这个总神主护送到高桥镇的杜氏家祠里去。

随着开祠的日子越来越近，杜月笙又命人在祠堂门前搭建了一座五层高的彩楼，以迎接四方宾客。彩楼富丽堂皇，楼中央是戏台，楼后是剧场。彩楼下的广场看起来广袤无边，能容纳好几千人。在祠堂的西边，又搭建了一座宽敞的席棚，可以同时容纳两百多桌酒席，供宾客们在这里就餐、喝酒。

一切筹备工作都完成后，一九三一年六月九日，开祠盛典正式开始了。

第一天先举行奉主入祠仪式——即把暂时安放在华格臬路杜公馆的总神主送往祠堂。

天刚蒙蒙亮，华格臬路的杜公馆门前就围满了仪仗、旗帜、台阁、伞牌、中西乐队、护送的军警、商团、学生、童子军、陪送的名流、贵客、亲友等，只等着杜月笙一声令下，就朝着高桥镇进发。

而更远处，则围满了闻讯前来目睹盛况的普通市民。

九点钟一到，杜月笙一声令下，庞大的队伍就浩浩荡荡地出发了。

据当时的报社记者估计，这支队伍竟有五千多人，首尾相距达两英里。而这支队伍的人员组成，也令当时的市民们啧啧称叹。

走在仪仗队最前面的，是骑着高头大马的英国巡捕，他们充当开路先锋，护送着一面硕大无比的中华民国国旗。在他们后面，是三五十杆同样硕大的彩旗，每杆上面都绣着一个大大的"杜"字。这些彩旗都是各界人士送的，色彩璀璨，却迎风招展不起来，由于这些旗子太大，每一面都得由三五名大汉举着旗杆，两三个人拽着旗角，再由七八个人护佑在左右。这阵仗，连古代行军打仗时的帅旗都比不上。

除此之外，参与护送国旗和"杜"字旗的还有安南巡捕。法租界巡捕房出动近百辆自行车，四辆一排，由全身武装的安南巡捕推着，慢慢前进。在当时，自行车还是个稀罕玩意儿，看着这近百辆自行车组成的自行车队，围观的市民们可谓过足了眼瘾。

紧随着自行车队的是中国巡捕，再往后则是黄金荣办的金荣小学的学生，他们身着海军式的中国童子军制服，敲着洋鼓，扛着齐眉棍，专门负责护送旗伞牌亭。

在整个队伍的中央，淞沪警备司令部的军乐队和一排荷枪实弹的步兵在前，中央陆军第五师的乐队和一连步兵在后，共同护卫着三面八人杠抬的大匾，分别是国民政府主席蒋介石送来的"孝思不匮"匾、淞沪卫戍司令熊式辉赠送的"慎终追远"匾和军法总监何键相赠的"辉光照国"匾。

这是整个仪仗队的第一部分。

第二部分则由公安局军乐队、保安队员和铁华学校的童子军组成，他们共同护送着淞沪警备司令部张春甫副司令、上海市长张群、外交部长王正廷所赠的匾额，以及新江、天新、宁绍等轮船公司所赠的伞亭。

走在第三部分的是吴淞要塞司令部的军队和静安小学的童子军，他们负责护送监察院长于右任、司法院长王宠惠等送的赠匾。

第四部分最让人津津乐道，因为它可谓是"军阀专号"。那些在战场上争得你死我活的各派军阀，竟一同为杜月笙捧场，算是一大奇观。

这部分由陆军第五师军乐队开道，闸北和南市保卫团、宁波旅沪小学童子军紧随其后，共同护送着徐世昌、曹锟、段祺瑞、吴佩孚、张宗昌、张学良和前清提督李准送来的匾。

走在第五部分的是江湾救济会的西乐队，他们护送的是中央各院部长首长、各省主席，以及党国要人、法国官员送来的匾额。

走在第六部分的，则是当时最富盛名的海军司令部军乐队，由他们护送的是各国团体、学校、公会、私人赠送的旗伞花篮。

第七部分，单由蒋介石的一方祝词匾额组成，词曰：

> 诗咏祀事，典备蒸尝，水源木本，礼意蓦详。敬宗收族，德在无忘，激彼秕秉，俗兹彝常。元凯之家，清芬世守，孝孙有庆，服先食旧。任侠好义，声驰遐迩，济众博施，号为杜母。肯堂肯构，实大其宗，爱建新祠，轮奂有容。簋簋既饬，锵济攸从，式瞻枚实，介福弥隆。

这方匾额，是在开祠盛典的前一天下午，蒋介石派副官临时送来的，同时指派国民党中央监察委员杨虎代表道贺、宣读祝词。这让杜月笙感到倍增荣宠，为了表示隆重，特意为它准备了一座匾亭。

走在队伍最后面的，就是护卫神主轿亭的仪队了，这些人扮成金甲武士的模样，手里拿着古色古香的刀矛剑戟。杜月笙头戴礼帽，身着长袍马褂，领着他的几个儿子，手扶轿杠，跟着队伍徐徐前进。跟在他后面的，则是杜月笙的亲朋好友和手下们。

整整走了两个半小时，浩浩荡荡的大部队才到达了金利源码头。

码头外面的黄浦江上，早有一百多艘渡船等在那里，其中既有轮船，也有拖驳和舢板，还有杜公馆自备的"月宝"与"欢迎"两艘游艇。这些船只上统一飘着一面红底白字的"杜"字小旗。

众人依次登船，船队出发，朝高桥镇码头进发。

一个多小时后，渡船依次靠岸，众人下船。此时的高桥码头早已布置得整齐清洁，焕然一新。而杜月笙在高桥镇的亲戚们，也早早地来到了码头，等着迎接这个家族的英雄。

从码头到杜氏家祠的路上，道路平坦，一尘不染，沿途装置了无数盏煤油路灯。路边站满了赶来看热闹的当地人，他们一个个喜笑颜开，仿佛是自家的喜事一般。

六月十日清晨，"栗主奉安典礼"正式开始，杜月笙毕恭毕敬地把由栗木做的总神主牌位安放到了神龛里。之后，杜月笙率领全部家眷，对着神龛里的总神主牌位跪拜磕头。

上述仪式结束后，由杨虎宣读各方要员发来的贺电贺词。然后是宾客们向总神主牌位行礼的时间，杜月笙率家眷在一旁答谢宾客。

至此，"栗主奉安典礼"结束。

据统计，参加这个典礼的宾客、乡亲达一万多人。杜祠飨堂和大厅里面，人如潮涌，川流不息，几乎要把房子挤破，可见其空前盛况。

六月十一日是整个开祠典礼的最后一天。这一天，没有什么特别的仪式，就剩下纯粹的吃喝玩乐了。

梅兰芳、谭小培、金少山、程砚秋、尚小云、荀慧生等当时的京城名角、沪上名伶，悉数到场献艺，让人山人海的观众们过足了戏瘾。

据统计，三天时间，前来参加开祠典礼的人数竟然超过了十万人。

当时的中外报纸，对此盛况作了不厌其详的报道。其中，《上海新闻报》在六月十一日的报道最有代表性，他们使用了"人气白热"的标题：

……剧场广可容数千人，但观者近万，几无插足地，加以天热场低，四围密不通风，观众挥扇观剧，莫不汗流浃背，全场空气，异常混浊，"人气白热化"，五字形容，最为恰当。台上由张啸林、王晓籁两君维持秩序，卒亦无法驱散台上观众。入晚，客复陆续而来，跋涉十余里，畏难而退者，日必数千人。贵宾席中占有位置者虽极视听之乐，但兀坐通宵，呼吸急促，头痛欲裂，一身不能转侧，大有欲罢不能之势，诚有说不出之痛苦也。

第三十四章
全面参与抗日

杜月笙轰动一时的开祠盛典仅仅过去三个多月，中国局势风云突变，"九一八"事变爆发了。

一九三一年九月十八日晚，日本关东军炸毁了南满铁路沈阳北部柳条沟的一段铁轨，然后按照事先预谋好的，诬陷是中国军队所为，之后便以此为借口，向中国军队发起攻击，发动了震惊中外的"九一八"事变。由于蒋介石奉行不抵抗政策，东北三省迅速沦陷。

日本帝国主义的侵略行径，激起了中国人民的抗日怒潮，上海人民也不例外。

九月二十四日，上海的十万学子宣布抗日罢课，同日，三万五千名码头工人举行抗日罢工。九月二十六日，上海各界人民举行抗日救国大会，要求政府对日宣战、武装民众和惩办失职失地者，会后举行了抗日示威游行。十月初，来自上海各行各业八十多万工人组织了抗日救国联合会。

抗日热潮的涌动，让每个中国人都同仇敌忾，杜月笙也参与了进来。

他找到虞洽卿、王晓籁等上海滩的大佬们商量，准备成立一个抗日救国组织，众人皆赞成。在获得国民党上海市党部的首肯后，上海市反日救国会正式成立，杜月笙、虞洽卿、王晓籁、王延松、陈霆洸等人担任常务委员。后来,国民党上海市党部委员陶百川将其改名为上海市抗日救国会,并由他担任秘书长。

救国会成立后,杜月笙等人经过商讨,决定以"抵制日货"为突破口,发起对日本人的制裁、反抗。他们登高一呼,吁请上海市民拒绝购买任何日本商品,并在各处要塞成立了检查所和保管所,到处搜查日货,一旦发现,立即没收,带回保管所储存。

检查所和保管所里的人员,除了少量的爱国人士和学生之外,大部分都是杜月笙的门生。他们在这场轰轰烈烈的抗日爱国运动中,竭尽全力,为杜月笙挣足了面子。

比如,深受杜月笙器重的门生陆京士在上海从事劳工运动多年,专门负责杜月笙和劳工大众的联系,也是杜月笙处理劳工问题的最高顾问和私人代表,在这次"抵制日货"的运动中,起到了很好的穿针引线作用。

还有一个名叫于松乔的杜氏门生,更是靠着自己拼死一搏的胆识、气魄,不仅使自己成了铁血英雄,也让这次运动更加深入人心。

于松乔是邮务工会出身,负责当时的天后宫桥检查所。一天,他和同样满腔热血的爱国青年刘心权一起到著名的合昌祥绸布庄检查,结果查出两大箱日本棉布。于松乔非常愤怒,立即宣布这两箱棉布充公,然后按照规定,令人带回保管所封存。

合昌祥绸布庄的大老板,是上海市纱布同业公会理事长陈松源,此人在上海工商界也算是个人物。于松乔知道,查了陈大老板的货,他肯定不会善罢甘休。于是就在保管所守株待兔,等着陈松源找上门来。于松乔此举的用意是"擒贼先擒王""杀鸡给猴看",如果其他商贩知道连陈松源的货都会被没收,那他们就不敢再出售日货了。

果然,没多久,载着陈松源的小汽车就开到了天后宫桥的保管所门前。

陈松源下了汽车,趾高气扬地走进了保管所的大门。在他身后,跟着两名凶神恶煞般的大汉,那是陈松源的保镖。

一进门，陈松源就大声嚷嚷道："你们这里谁是负责人？借一步说话。"

自打陈松源走下小汽车，于松乔就坐在保管所里冷眼旁观着。陈松源的话音刚落，于松乔就嗖的一下站了起来，不卑不亢地答道："我是负责人，我叫于松乔。"

陈松源假装客气地拱拱手，然后说道："这位朋友，我是陈松源，有点事情向你请教，能否借一步说话？"

于松乔微微一笑，答道："陈先生，有什么话在这里说就行了。"

陈松源看于松乔一副大义凛然的模样，知道这人不好对付，于是又客气地说道："刚才贵所有人从在下的合昌祥绸布庄拿走了两箱布匹，不知是何原因？我想大概是误会了，所以特地前来，请于先生高抬贵手，让我把布匹带回去。"

于松乔冷笑一声道："陈先生是揣着明白装糊涂吧？合昌祥的两箱布匹是日货，按照规定，理应充公。"

于松乔一番义正词严的话语，让陈松源愣住了。他没想到，凭着自己的鼎鼎大名，竟然在一个无名小辈这里碰了钉子。但他又不敢肯定于松乔背后是否有过硬的后台，所以也不敢贸然发作。

正在这时，他身后的一名保镖发话了，冲着于松乔嚣张地吼道："小子，做事不要做绝了。你知道站在你面前的这位先生是谁吗？"

保镖的语气把于松乔惹怒了，他不甘示弱地回道："管他是谁！在这国难当头之际，还卖日本货，让日本人赚了钱造枪造炮，再回过头来打我们中国人，那他肯定不是什么好人。"

"小子，你敢骂我们老板？"说着，两个保镖就要动手。于松乔也不示弱，昂头瞪着保镖。

双方剑拔弩张。

这时候，陈松源摆了摆手，制止了冲动的保镖。

"有什么事情咱们好商量。"陈松源对于松乔说道。

于松乔却没有给陈松源留半点面子，骂道："商量？我跟一个卖日货的汉奸没什么好商量的。"

也许是"汉奸"两个字把陈松源彻底触怒了，他吼道："敬酒不吃吃罚酒。"然后命令身后的两个保镖："你们去各个房间搜，搜到我们的布匹，马上带回去。我倒要看看，这个姓于的能把我怎么着。"

保镖领命后，马上就往里面的房间冲。

没想到，于松乔突然出手，一把抓住陈松源的领口，就往里面拖，一边拖一边吼道："你们敢在保管所胡闹，我一定把你们关起来。"

于松乔身手矫健，像拖死狗一样拖着陈松源往里走，而陈松源根本没办法反抗。

两个保镖一看自己的主子被拖走，再也顾不上搜那两箱布匹，他们几步走到于松乔面前，掏出手枪，对着他的脑袋，同时说道："赶紧把陈老板放了，不然老子一枪毙了你。"

于松乔把手一提，让陈松源挡在自己面前，自己的身子紧紧贴着他，朝着保镖喝道："有种你们就开枪。我倒要看看你们长了几个脑袋。"

边说着，边朝一个小房间的门口挪动，他要把陈松源关进这间小屋。

"小子，再不放手，我们真开枪啦！"保镖虚张声势道。

于松乔也不搭理他们，眼看着已经到了门口，他手腕一翻，就把陈松源推了进去。

就在这时，"砰"的一声枪响。

但子弹并没有打中于松乔。

听到枪声，保管所里的工作人员全部跑了出来，看到两个保镖手里拿着枪，就一哄而上，要把枪夺下来。这两名保镖一看对方人多势众，吓得掉头就跑，把陈松源一个人留在了这里。

看到保镖狼狈而逃，陈松源彻底崩溃了，他在房间里大声咆哮，对着门拳打脚踢，发狠道："于松乔，我陈松源不会饶了你！"

于松乔并无惧色地回敬道:"不管你怎么说,我今天是关定你了。"

保镖很快把消息带回了陈家。陈家顿时炸开了锅,赶紧托人营救。

纱布大亨陈松源被抗日救国会的人关起来的消息像长了翅膀,很快传遍了上海的大街小巷。人们在惊诧之余,无不拍手称快。

但陈松源毕竟是纱布业公会的理事长,而纱布业一直是上海十大行业之一,可见陈松源在上海滩的地位。

这样一位大亨被关,自然会引起轩然大波。

为了防止事态扩大,许多上流社会的大佬都纷纷出面求情。于是,天后宫桥抗日救国会保管所的门前一时间门庭若市、车水马龙。

首先赶来的是抗日救国会常务理事兼秘书长陶百川和上海市党部委员吴开先。他们首先对于松乔的爱国心和刚正不阿的态度进行了赞赏,继而陶百川话锋一转,苦口婆心地劝道:"咱们的抗日救国会虽然可以从事爱国运动,但它毕竟只是一个民众团体,按照法律,我们没有把人家关起来的权力。你关押陈松源实在是违法之举,为了防止把事情闹大,请于先生先把陈松源放出来,剩下的事情咱们再从长计议,你看好不好?"

听罢陶百川的话,于松乔依然一动不动地坐在地上,挡住羁押陈松源的那间小房间的房门,他不动声色,平静地答道:"陶先生,我一直对您非常敬仰,但今天的事情,我不能听您的。不管是对是错,我已经下定了决心,坚决不放人。陈松源不仅卖日货,还带着保镖来保管所抢东西,态度十分嚣张。我若不关他,就没法向我的良知交代。你们若是坚持要放他……"他拿手一指对面的水泥墙壁,"那我就撞墙自杀。"

陶百川看于松乔不为所动,只好悻悻而归。

陶百川刚离开,虞洽卿、王晓籁又闻讯赶来,一番劝说,依然无效。

接下来,又陆续来了很多有头有脸的人物,但于松乔就是不松口,坚决不同意放人。

杜月笙早就知道了于松乔关人的消息,但他心里认为自己的弟子做得对，因而尽管外边乱成了一锅粥，但他坚决不露面。

陈松源的家人看众人无计可施，就请上海市商会的大佬们设法营救。上海市商会为此召开紧急会议，然后给上海市抗日救国会发来了抗议书，宣称：若不放人，各行各业将掀起无限期罢市。

这个抗议书实在令人遗憾，本来该是共御外敌的时刻，却变成了兄弟反目。

如此一来，事情就闹大了。但于松乔依然坚定地坐在那扇门前，就是不肯放人。

有人想趁于松乔不注意的时候，把他拖开，可于松乔眼疾手快，竟然一头撞在了对面的水泥墙上，顿时头破血流。众人一看这情况，再也不敢逼他了。只是一个劲儿地劝他去医院，可于松乔答道："就让我死在这里吧。为抗日而死，我于松乔一点都不感到委屈。"

杜月笙听到于松乔撞墙的消息后，再也坐不住了，赶紧叫来陆京士，让他去探探情况，要是伤势严重，赶紧送去医院医治。

陆京士奉命赶到，发现于松乔伤得很严重，就劝他立即去医院。

于松乔依然不为所动。

陆京士急了，问道："那你告诉我，谁的话你才肯听？"

于松乔答道："除非杜先生发话。"

陆京士说："那好，我这就给杜先生打电话。"

杜月笙听完陆京士的汇报，得知于松乔伤得不轻，于是说道："你告诉于松乔，保命要紧，我立即派车，接他去医院医治。"

陆京士把杜月笙的话原封不动地转告给了于松乔。

于松乔还将信将疑，问道："杜先生真是这么说的，你没骗我？"

陆京士苦笑道："我没有骗你，杜先生真是这么说的。"

"那我听杜先生的。"于松乔总算松了口。

众人终于长出了一口气。于松乔一离开那扇小门，他们就把陈松源给放了出来。

于松乔走出保管所门口时，杜月笙派来的小汽车也到了。陆京士陪着他坐上汽车，然后朝着附近的医院驶去。

纵观此事，陈松源虽然在法律上占理，但在道义上却理亏——因为当时的大环境是抗日救国，所以于松乔的行为得到了大多数上海人的赞赏。

有鉴于此，陈松源被放后，并没有像之前所说的"我绝对不会放过你"，而是一概不咎。

至此，事情算是圆满结束。

于松乔一夜之间成了大英雄，更重要的是，这件事情大大促进了"抵制日货"行动的进展。上海滩的商贩们看到连陈松源这样的人物都被抗日救国会关押，那自己更不在话下了，于是个个胆战心惊，铺子里有日货的，赶忙退货，实在退不掉的，只好放到仓库里藏起来。

一九三二年一月二十八日午夜，骄横的日本海军陆战队指挥官鲛岛，将海军陆战队分成三路，突然向驻守上海的十九路军阵地发起猛烈攻击。

"一·二八"淞沪之战爆发。

十九路军是从江西"剿共"前线调到京沪铁路沿线各地来的，总部设在上海。其总指挥是蒋光鼐，军长是蔡廷锴，参谋长则由赵一肩担任。该军下辖三个师——第六十师、六十一师和七十八师，其师长分别是沈光汉、毛维寿和区寿年。这些人都是当年的风云人物，也是与杜月笙颇有交情的好朋友。

十九路军初到上海时，士兵们头戴草笠、脚穿草鞋、身着灰色军装，一个个肤色黝黑、神情低迷。装备的武器也十分落后，除了步枪和手榴弹，最具威力的重武器也只不过是几挺轻机枪而已。

正因为这样，日本人对十九路军十分藐视，在发动突袭前，海军陆战队指挥官鲛岛曾傲慢地宣称："日本皇军一旦发动攻势，保证在四个小时之内，占领闸北。"

但鲛岛为自己的傲慢付出了代价。

面对日军的突袭，扼守宝山路至宝兴路一线的十九路军一扫之前因中国人打中国人带来的低迷士气，顿时群情激奋，奋起还击，死死地守着自己的阵地，不让日军前进一步。

同时，报告日军突袭的电话打到了十九路军指挥所。此时，军长蔡廷锴已经就寝。听到电话铃响，他一跃而起。

电话里传来隆隆炮声，还有一个焦急的声音："报告军长，日军突然袭击我部，我部正在全力抗击，请指示。"

蔡廷锴听到日军突袭的消息后，胸中热血涌动，他想都没想，立即命令道："誓死抵抗，寸土必争，给我狠狠地打！"

这与前方将士的想法不谋而合。蔡军长的命令传来后，他们激动万分，杀敌更加奋勇。

的确，在蒋介石"攘外必先安内"的错误政策的推行下，官兵们早就憋坏了。此刻，对于外敌入侵的愤恨，全部变成了杀敌的动力。

尽管日军的突袭部队有三千多人，且武器精良——不仅配备有轻重机枪、野炮、曲射炮等重武器，而且还有装甲车。但交战开始后，日军并没有占到什么便宜。

闸北地区街道狭窄，里弄纵横，日军的重武器在这里发挥不出绝对的优势。况且十九路军的将士们早就如困兽脱笼，为了杀敌，早已把生死置之度外。当日军的装甲车横冲直撞而来时，十九路军的弟兄们竟然在战友的掩护下，直接爬到它的上面，揭开车盖便将冒着白烟的手榴弹掼进去。为了保证扔进去的手榴弹不会再被敌人扔出来，算好时间，手榴弹一掼进去，马上就爆炸了，十九路军的勇士也就跟对方同归于尽了。

就靠着这种不怕牺牲的精神，十九路军的将士们接连炸毁了好几辆日军装甲车。

在十九路军的拼死抵抗下，日军伤亡惨重。这大大出乎他们的预料，于是气急败坏地陆续增兵，先后参与战斗的有陆军十一万人、军舰十余艘、飞机数百架，而我方固守阵地的只有十九路军的区区三万兵力，以及稍后来援的第五军及其他少量部队，总计不到八万人。

尽管这样，日军连续攻了一个多月，依然没能突破我军阵地。

早在"一·二八"淞沪大战爆发当晚，杜月笙就打电话给蔡廷锴军长，豪气满怀地说："但凡有用得着我杜某人的地方，万死不辞！"

对于杜月笙的挺身而出，蔡廷锴十分感激。

杜月笙说的不是空话。第二天，他就开始四处奔走，拜访各界名流，提议在抗日救国会的基础上，建立一个支持十九路军抗日的后援会。他的提议得到了大家的热烈响应。

很快，上海市抗敌后援会宣布成立。为了避免别人觉得这是一个由青帮人士把持的组织，杜月笙竭力避嫌，大力推举著名的实业家、上海《申报》主编史量才担任会长，自己则不担任任何职务。

后来在众人的一致推举下，实在推托不掉，杜月笙才勉强担任了副会长一职。但为了削弱自己的影响，他又提议另设一名副会长，由上海市商会会长王晓籁担任。

本来，十九路军的英勇表现已经燃起了民众强烈的爱国热情。杜月笙迎着这股东风，推波助澜，以使十九路军的英雄事迹更加深入人心。他利用自己手中控制的新闻力量，从报纸到电台，连篇累牍地对十九路军抵抗日寇的事迹进行报道，使民众对十九路军的敬佩之情达到了顶峰。

接着，他就通过报纸和电台发出支援十九路军的号召，有钱的出钱、有力的出力，竭尽自己的能力支援前线将士。

这个号召得到了民众的热烈响应，从富豪到乞丐，大家纷纷行动了起来，有钱的捐钱，有物的捐物，为十九路军的将士们提供了很好的后勤保障。

另外，与杜月笙关系极为密切的上海市总工会，还联合工商界人士共同成立了战地服务团，战地服务团以"团"为编制，先后成立了第一、第二两个团，每团拥有一千多人。第一团团长由杜月笙的门生朱学范担任，第二团团长为周学湘，他虽然不是杜氏门人，但一直对杜月笙十分景仰。

十九路军在前线英勇杀敌，战地服务团则担当前线与后方的桥梁，他们穿梭在枪林弹雨之中，帮着将士们运送伤员、弹药和食物。他们手无寸铁，却一样地英勇无畏，经常有团员中流弹或被俘杀，为国捐躯。有人牺牲后，马上就会有新鲜力量补充进去，继续战斗，毫无退缩。

"一·二八"淞沪大战停战以后，抗敌后援会曾在上海北站立碑，把那些牺牲者的姓名镌刻上去，算是对他们的纪念和缅怀。

第三十五章
与日军代表谈判

就在上海乃至全中国人民的抗日热情日益高涨的时候，日本侵略军却突然想要停火了。

日本人之所以想要停火，主要有两个原因：一是，日本海军陆战队兵力有限，又加上十九路军的连日抗击，所以渐渐不支，于是想用缓兵之计，以待援军。二是，日本人发动"一·二八"淞沪大战的如意算盘是迅速拿下上海，却没想到遭到顽强抵抗，胜败难料。关键是此战属于投机行为，并没有获得日本大本营的命令。胜利倒也罢了，一旦失败，指挥官恐怕难辞其咎。

但日本人既想停火，又怕被国民党当局拒绝，所以日军指挥官海军中将野村想先采取秘密途径，通过与富有影响力的民间人士接触，以试探中方的和平意愿。

于是，杜月笙成了野村选定的那个"民间人士"。他之所以选择杜月笙，是因为杜月笙在民间和官方都有极大的影响力。在民间，他是声名显赫的社会领袖，由他出面组建的上海市抗敌后援会一直是十九路军的得力帮手。在官方，他与上海滩的军政领袖吴铁城、俞鸿钧、蔡廷锴等人都是交情很深的挚友。

野村拿定主意后，就找来一个名叫李泽一的人负责联络此事。

李泽一是中国人，但与日本人很熟，能讲一口流利的日语。更关键的是，他是杜月笙的朋友。

这个李泽一究竟是何许人也？

早在杜月笙取代黄金荣成为上海滩的头号大亨之时，日本的特务机构就开始设法拉拢他。由于杜月笙对于在野、下野的政客都倾力结交，所以他们找到一些北洋政府的失意政客，让他们身带巨款，去参加杜月笙组织的赌局，从而与他搭上关系，以备日后所用。

于是，在杜公馆的赌局中，便时常有一些财大气粗的陌生人出现。曾在民初政坛极为活跃的李立阁和他的本家弟弟李泽一，便是这些人中的一员。由于政客的身份，再加上出手豪迈，兄弟俩很快便引起了杜月笙的注意，一来二去，便与杜月笙搭上了关系，成为杜月笙的座上宾。

尤其是李泽一，因为会说日语的关系，便在杜月笙与金融工商界的日侨打交道时，居间介绍，代为联络，成为杜月笙的顾问之一，两人的关系自然也是十分密切。

野村找来李泽一，算是找对人了。

李泽一领命后，便去杜公馆传达此事。

见到杜月笙，李泽一开门见山地说："杜先生，日军的野村中将有停火的意思，鉴于杜先生在上海滩的显赫地位，所以想跟你谈谈。如果杜先生能促成停火之事，那对于上海的老百姓——尤其是战区的老百姓来说，真是天大的好事。"

听到日军有停火的意思，杜月笙从心里为上海的老百姓高兴，但此事事关重大，他不敢立即答应，于是答复道："这是件大事情，你可否容我斟酌斟酌？"

李泽一知道，杜月笙行事向来心思缜密，他不可能不告知官方而贸然前去跟日本人见面，所以痛快地答道："此事的确得斟酌一番。那我等着杜先生的消息，你决定后，请给我来个电话。"

杜月笙说："好的。"

李泽一离开后，杜月笙立即把他的几位高级智囊招来，想听听他们的意见。这是杜月笙的习惯，一旦遇上重大事情，他都要找这些人来商量对策。

众人来到杜公馆后，杜月笙先是把事情的原委大概说了一遍，然后说出了自己的想法："现在，闸北、虹口几乎成了一片废墟，那里的老百姓正经受着战火的摧残，而十九路军未必能够全歼日军，取得全面胜利。如果能促成停战，对上海人民来说是一件大好事，那我杜月笙万死不辞。只是，我担心里面是否有什么圈套，想听听你们的意见。"

杜月笙的这些智囊们，此时正为杜月笙高兴，认为他能以民间人士的身份参与国家之间的谈判，实在是一件提升地位与威望的好事情。因此，他们中的大多数赞同杜月笙前往，只不过要倍加小心，而且事先要报告官方。

这个想法与杜月笙不谋而合。

但也有人不赞同，他们认为日军奸诈，此次谈判，要么是缓兵之计，赢得时间以等待国内的援兵；要么就是想给杜月笙身上泼上通日的脏水，以瓦解上海市抗敌后援会以及众志成城的抗日热潮。

对于这种意见，杜月笙答道："是否拖延时间等待援兵的问题，我也想过。但我又一琢磨，东洋人想缓兵，我们自己又何尝不需要呢？即使真的不需要，那至少日本人传来了他们渐渐不支的信息，我们告知吴市长和蔡军长后，不正好可以趁机对他们发起反攻吗？所以，不管日本人是否是缓兵之计，对我们都没有害处。"顿了一下，杜月笙又接着说道："至于诬我通日的事情，我倒没想到，但我觉得这个问题可以想办法解决。我可以请法国驻上海总领事甘格林先生参与谈判，并把会谈地点设在法国总领事馆。"

杜月笙一番话下来，打消了反对者的疑虑。最后，他们达成一致意见：先把此事告知官方，若是官方允许，就可以大胆地与日方接触。

　　上海官方接到杜月笙的报告后，经过一番讨论，又向中央政府请示，最终给杜月笙的答复是："需不需要跟日本军方人员接触，由杜月笙自己决定。"

　　这个答复的意图很明显，既有想和谈的意愿，又怕跟抗日热情高昂的民众不好解释，所以就给出一个模棱两可的答复，实际上是鼓励杜月笙前去与日方人员接触。

　　杜月笙当然看透了其中的玄机，于是开始部署与日本军方人员会面的事情。

　　按照计划，他先找到法国驻上海总领事甘格林，把会晤的事情告诉了他，然后请他参与会晤，并允许把会晤的地点设在法国总领事馆。

　　甘格林不仅是法国驻上海总领事，而且还兼任法租界公董局总董。杜月笙自一九二七年起一直担任公董局华董，所以与甘格林颇有交情。

　　有了这份私谊，再加上甘格林也不希望上海的战火扩大，影响到法国的在华利益，因此，就痛快地对杜月笙说："一定全力配合。"

　　有了甘格林的支持，杜月笙心里有了底。

　　他立即派人把李泽一请到杜公馆，对他说："与日方人员会晤的事情，我答应了。不过，我有个条件，会晤的地点要设在法国总领事馆，并且要允许我邀请法国驻上海总领事甘格林先生参与会晤。"

　　对于杜月笙的这个安排，李泽一吃了一惊，他知道，日本军方希望单独跟杜月笙接触，不希望有第三方插手。但他又不能一口回绝杜月笙，只好赔着笑脸问道："敢问杜先生为什么要如此安排呢？"

　　杜月笙一脸严肃地告诉他："李先生也是中国人，应该知道现在中国人对于日本人的态度。我与日本军方人员接触，冒着极大的风险，我的名誉、地位必须有所保障。有甘格林先生在场，以后万一发生说不清道不明的龌龊之事，他可以替我作证，还我清白。"

听了杜月笙的话，李泽一明白了，杜月笙并不是想请甘格林插手此事，只是想让他当个见证人而已。

这下李泽一放心了，也可以向日本人交差了。同时，他在心里对杜月笙佩服不已——不愧是上海滩的头号大亨，做起事来称得上是滴水不漏。如果此事成功，那他就是拯救万民的英雄；即使不成，有甘格林作证，他也担不上什么不好的名声。

李泽一把杜月笙的要求告诉了日本人，日本人答应了杜月笙的条件。

到了会晤之日，杜月笙带着秘书、翻译和多名保镖提前来到法国总领事馆，不一会儿，几名日军军官也在李泽一的陪同下按时抵达。

大家走进甘格林的办公室，李泽一将在场的人一一介绍。没想到，李泽一刚刚介绍完毕，一名日本军官就操着一口生硬的中国话，盛气凌人地对杜月笙说："'一·二八'战争的爆发，完全是中国十九路军的过错。他们必须撤出上海。"

面对日本军官傲慢而又颠倒是非的嘴脸，杜月笙的火气噌地冒了上来，他一拍桌子，大声回敬道："'一·二八'大战的爆发，是你们发动的突然袭击，怎么把责任推到了十九路军身上？十九路军是中国的军队，中国的军队驻守在中国的地盘上，合情合理，凭什么撤出上海？要撤，也该是你们日本的军队撤出才对。"

杜月笙一番义正词严的话语，让日军代表无从反驳，但他们还是强词夺理地吼道："我们进攻闸北地区，事先获得了上海租界各国防军的谅解，我们的行动完全合法。"

此时，杜月笙的情绪已恢复到正常。面对日军代表的谬论，他冷笑一声，扭头对身旁的甘格林问道："请问甘格林先生，闸北可是中国的地界？"

甘格林点点头。

"既是中国的地界，那国防军是否有权允许日本军队进驻？"杜月笙接着问道。

甘格林尴尬地摇摇头。

一番唇枪舌剑下来，日军代表没占到半点便宜。他们本想给杜月笙来个下马威，没想到搬起石头砸了自己的脚。此时只能干瞪眼，再也想不出什么话来反驳了。

李泽一看到现场的火药味这么浓，赶紧站起来打圆场，赔着笑脸对杜月笙说道："杜先生，今天要谈的事情有很多，让我们暂时抛开上一个问题，从长计议，好不好？"

杜月笙没有搭理他，只是拿眼睛死死地盯着日军代表。

为了缓解一下杜月笙的敌意，李泽一继续说道："杜先生是为了上海市民的生命财产挺身而出，来此与日军代表会晤，听一听日方停战的意愿，然后代为转告上海军政当局，试探一下可否借此开启谈判之门。"

李泽一说完，双方都沉默不语。

因为这席话明显有讨好杜月笙的意思，所以李泽一紧接着请杜月笙发表意见。

杜月笙不紧不慢地说："我今天只带了耳朵来，正如李先生所说，我是来听听日方有没有停火的诚意。"

看到杜月笙终于开口，李泽一如释重负，抢在日军代表发言前答道："有，当然有，不然，他们这几位代表也就不会来了。"

这时候，日军的一名代表也开腔道："停火可以，但我们有条件。"

杜月笙不接话。

甘格林怕双方再次吵起来，于是令翻译传达他的意思："杜先生刚才说了，他今天就是来听取日方意见的，贵方如有条件，可以提出来，让杜先生衡量一下，看能否向华方转达。"

没想到日军代表又旧话重提，第一个条件就是让十九路军撤出上海，理由却冠冕堂皇——为了避免发生冲突。

杜月笙被这恬不知耻的谬论气得哈哈大笑，笑完后，又冷静地说道："冲突早就因日方的突袭造成了，现在要避免冲突，依我看，应该是日军退回到公共租界才对吧？"

日军代表看杜月笙凛然不可侵犯，只好退而求其次，说道："日军可以退回到公共租界，但中国军队也得撤出上海。"

杜月笙毫无让步的意思，回击道："日军退回到公共租界是对的。但中国的军队为什么不能驻守在自己的土地上呢？为什么要撤？没有道理嘛。"

李泽一看到双方又要吵起来，于是不等日军代表开口，又抢着说道："杜先生，今天跟日军代表会晤，主要是为了听听日方的停火条件，刚才日军代表已经把条件讲清楚了，杜先生可否先跟有关方面商量一下，然后交由官方采取外交途径解决？"

甘格林也怕双方再次陷入僵局，于是附和道："李先生说得对，我们只是民间的会晤，正式的交涉应该由官方出面。"

连甘格林先生都这么说了，杜月笙也不好再争，只好点头同意。日军代表也无异议。

双方的会晤结束。

杜月笙回到杜公馆后，上海市长吴铁城的两个秘书——王长春和耿嘉基已在客厅里等候多时，杜月笙把会晤结果告诉了他俩，王、耿二人听完后立即回去向吴铁城复命。

当天，吴铁城采取了两项行动：一是派人参加了当日下午在英国领事馆召开的调停会议，经过一番激辩，日方代表完全处于下风，基本默认了蓄意侵略的事实。接着，吴铁城趁热打铁，又采取了第二项行动：由杜月笙出面，代表政府请法国驻上海总领事甘格林联合英、美总领事立即召开第二次会议。

二月一日傍晚，第二次会议在英国领事馆召开，中方有吴铁城和十九路军七十八师师长区寿年参加，日方参加会议的则有日本总领事村井仓松和海军第一先遣舰队司令官盐泽少将，另外，英、美、法的防军司令以及公共租界工部局和法租界公董局总董也列席参加。最终，双方达成协议，自二月二日起，停火三天。停火期间，双方不得互相攻击。

停战届满的几个小时前，日军又撕毁协议，向十九路军阵地发起猛攻。

此时，日军即将奔赴上海支援的一师陆军正在途中，而援军第九师团、混成第二十七旅团也将在两天之后投入战场。

国军方面，精锐第八十七师王敬久部和第八十八师孙元良部也已顺利开抵战场。

一场规模更大的战役一触即发。

自二月四日至二十四日，是"一·二八"淞沪大战的第二阶段。二月二十四日后，进入第三阶段，一直打到三月三日，双方进入半休战状态。然后一直到五月五日，中日双方再次签订了停战协议。

就在战役的第二阶级，杜月笙又立下了一个大大的功劳。

话说，日军要攻击国军据守的阵地，自始至终都以公共租界为基地，公共租界也有日本人的一份，租界当局似乎无话可说。

但在二十四日、二十五日、二十六日三天，日军派出几千名士兵趁黑夜潜往法租界的辣斐德路、祁齐路一带，暂时潜伏下来，然后由法租界冲入沪西，抄袭江湾、庙行，进犯国军阵地的右翼。

杜月笙的耳目探听到这个消息，立即报告了杜月笙。杜月笙惊出一身冷汗，因为他知道，如果日军的此次突袭成功，国军将大受损失。

他马上将此事告知吴铁城和蔡廷锴，蔡廷锴命十九路军紧急加强江湾、庙行后侧的防务，而吴铁城则将此事紧急呈报国民政府外交部。

二月二十七日，外交部立即照会法国公使，请他转告驻沪总领事和法租界当局，"迅将潜伏界内的日军立予驱逐"，"嗣后务须严密防范，勿使潜入，以免肇成祸端"。

没等外交部的照会抵达，杜月笙就直接跑到甘格林的办公室，当面质问道："有没有这个事情？"

甘格林知道杜月笙肯定已经掌握了证据，只好点头承认，但继而又做无可奈何状，说："杜先生，你应该知道，潜入法租界的日军有几千人，而且他们都携带武器，如果租界当局采取强硬行动，一旦激起日军的反抗，那法租界就将毁于战火之中。"

对于甘格林这种只顾自家安危、不管别人死活的做法，杜月笙十分气愤，他正告甘格林道："日军潜伏在法租界，中国军队为了自卫，依然会对法租界发起炮击，到时候法租界依旧难以保全。"

甘格林知道杜月笙不是在吓唬他，于是问道："那你说，事到如今，这个事情该如何解决？"

杜月笙思虑片刻，胸有成竹地答道："事已至此，必须得请各国一块儿解决。我请你明天一早召开一个会议，把各国领事和中日双方的高级代表都请过来，大家一起商量对策。"

甘格林急了，大声地问："你非得要把这件事情公开吗？"

"不公开就没法解决，一刻不解决，法租界就一刻脱离不了危险。"杜月笙斩钉截铁地回答道。

为了法租界的安危，甘格林迫于无奈，只好答应了杜月笙的请求。

第二天，会议在法国总领事馆如期举行。各国驻上海总领事全都来了，中国方面由上海市府秘书长俞鸿钧出席，杜月笙是法租界华界的首脑，当然也有参加会议的资格。

会议开始后，甘格林首先发言，介绍了召开这次会议的原因。甘格林话音刚落，日方代表就抢着发言，认为他们有权在法租界驻军，而中方代表俞鸿钧则奋起反驳，指控日军利用租界作掩护，向中国军队发动攻击。

在双方争论不休的时候，甘格林一针见血地指出："租界可否任由日军驻扎或通过？这个问题必须讨论清楚。"接着，他促请领事团表明态度。

听到甘格林帮着中国说话，日本总领事村井仓松噌地一下站了起来，愤怒地大声咆哮，话语里全是威胁恫吓的语句。

各国领事惊住了，没人敢发一句言。他们心里在打鼓，日军如此丧心病狂，谁敢保证村井仓松的恫吓之语不会变成现实？

眼看着情势急转而下，会议可能会达成一个非常不利于中方的结果。杜月笙情急之下，猛地跃起，一拍桌子，大声吼道："好，日军可以进驻租界，利用租界打中国人，你们尽管通过这个议案。不过，我杜月笙丑话说在前头，一旦议案通过，我发誓在两个小时以内毁掉租界，大家一个也别想走，我们一起同归于尽！"

说完，杜月笙一转身，头也不回地离开了会场，留下目瞪口呆的各国领事在那里不知所措。他们知道，杜月笙这次是动真格的了，而且他完全有能力做到他所说的事情。

最终，当天的会议没有通过任何议案。但是，潜伏在法租界的几千名日军，却在当晚悄悄地从法租界撤了出来，并且从此之后，再也没有驻留法租界。

杜月笙用一句狠话，就喝退了几千日军。他手下的弟子们，无不为此欢呼庆祝。

五月五日，在国际联盟的调停下，中日双方正式签订停战协议，淞沪之战终于宣告结束。

第三十六章
协助宋子文劝募国债

尽管蒋介石一再退让，但日本帝国主义并没有打消入侵中国的野心。终于，一九三七年七月七日，日军发动了震惊世界的卢沟桥事变，拉开了全面侵华的帷幕。中国人民奋起抵抗，抗日战争全面爆发。

当得知第二十九军二百一十九团团长吉星文率军抵抗日军、坚守宛平的消息后，杜月笙一边备受鼓舞，一边摩拳擦掌，希望能为前方将士做点什么。

恰在这时，上海地方协会秘书长黄炎培前来找杜月笙商量，希望重建抗日救援会。之前，因"一·二八"淞沪之战建立的上海市抗敌后援会，在淞沪之战结束后就解散了，由上海地方协会取代。

按照黄炎培的意思，此时战端又起，救援会有了重建的必要。为了节省时间，可利用上海地方协会的原有班底，只要改个名字，然后把它发展壮大就可以了。

杜月笙从心里认同黄炎培的想法，但他担心的是，蒋介石是否还会坚持议和。要重建抗日救援会，最好得到官方的首肯。他告诉黄炎培说："此事非同小可，可先缓一缓，看看政府的态度再说。"

几天之后，上海市党部主任委员吴开先来访。杜月笙猜测，如果不出意外，吴开先肯定是为抗战的事情而来。想到此，他心里不免一阵高兴——看来政府是下定决心抗日了。

杜月笙赶紧把吴开先请进客厅，二人落座后，吴开先没有任何寒暄，而是直入主题——与杜月笙谈起了卢沟桥事变的事情。他告诉杜月笙，日军开始全面侵华，已经没有了和谈的可能，唯有与之决一死战了。

杜月笙点点头。在对日方面，杜月笙一直是个坚决的抗日者。他目睹了日军在上海的暴行，所以对他们恨之入骨。

听完吴开先对当下形势的分析，杜月笙问道："你看我能做点什么，为抗战出一份力。"

吴开先说："当务之急是发动民众，有钱的出钱，有力的出力，全力支援前方将士。但如何才能迅速把他们发动起来？我今天前来，就是想向你请教这个问题。"

这正中杜月笙的下怀。此时，杜月笙正担任中国红十字总会副会长、上海市地方协会会长和上海市临时参议会议员，发动民众支援前线是他愿意做的事情，而且他也有能力把这个事情做好。

杜月笙不假思索，兴奋地说："我觉得此事应该由上海市党部出面，向上海的各民众团体和全体市民发出倡议，组织一个抗敌后援会。而且全上海的力量要拧成一股绳，只许有这一个后援组织。只要市党部发出了倡议，我杜月笙一定全力配合。"

对于杜月笙的建议，吴开先完全赞同。

时间紧迫，不容拖延，二人说干就干，当即在杜公馆的客厅里拟定了一个名单。杜月笙立即派人照着名单写出请帖，分头投送。每份请帖都署着杜月笙和吴开先两人的名字，他们合力邀约上海市有头有脸的人物，于第二天上午来爱多亚路的中汇银行开会，商讨重大问题。

第二天早晨，在中汇银行的会议室里，大佬云集。当杜月笙把吴开先的意思告知大家后，众人一致拥护。经过一番商讨，上海市抗敌后援会筹备会正式成立，杜月笙、潘公展、钱新之、虞洽卿、徐寄顾、黄涵之等六人被当场推举为主席团成员。同时，众人商定，在三天以后召开成立大会。

三天后，大会如期举行。上海各界的几百个代表被请到了会场，大会选出了一百二十一位委员，又从委员们当中选出了三十五位常务委员。接着，又推选陶百川担任秘书长一职。

说来也巧，陶百川曾担任"一·二八"淞沪之战时的抗战后援会秘书长，此时，他刚好学成归国。所以，他的再次当选，可谓是实至名归。

领导层选定后，大会又作出决定，设立筹募、供应、救护、宣传等各委员会，接下来要选出各委员会的负责人。

做委员会负责人是件费心费力的事情，大家并不踊跃。

看着大家七嘴八舌地推举人选，却一直没有拿出一个结果，杜月笙有点儿着急了。的确，前方战事正酣，抗敌后援会早一秒开始工作，前方将士就早一秒获得支援。

想到此，杜月笙霍地站了起来，示意大家静一下，然后大声说："大家说来说去白耽误工夫，这样吧，咱们自告奋勇、毛遂自荐，由我杜月笙开始。各个委员会里，顶难做的要数筹募委员会了，我就做它的负责人。"

杜月笙说完后，众人一个劲儿地鼓掌，但就是没有其他人站出来，主动承担剩余各委员会的负责人一职。

杜月笙忍不住问道："大家不会让我杜某人把其他的委员会也一并负责了吧？"

他的意思很明显，我杜月笙开了头，你们怎么不向我学习呢？

看到众人还在那儿默不作声，杜月笙只好亲自点将了，说："除了筹募委员会，第二难做的就要数供应委员会了，新之兄，这个就由你负责，好不好？"

杜月笙亲自开口，钱新之不好推脱，只好笑着点头，表示同意。

接着，杜月笙又把其他几个委员会的负责人一一指定。

把这一切事宜都搞定后，杜月笙说道："时间宝贵，为了使支援早一刻抵达前线，我们要马上开始工作。至于办公的经费，市党部没有这笔预算，那就由我先垫付。"

有了杜月笙的大力督促，当天，上海市抗敌后援会立即开始办公。

有了上次"一·二八"淞沪之战时的民众基础，这次的募捐活动一开始，上海人民就积极响应，掀起了比上次更为猛烈的捐献热潮。

几天后，募捐的数额已经非常可观。

此时，秘书长陶百川得知杜月笙垫付的办公经费不是个小数目，于是想从募捐来的款项中拨出一部分交还给杜月笙。

没想到，杜月笙却坚决不同意，说："大家捐的款是用来支援前线的，我垫付的款项万万不能从这里面扣除。"

陶百川知道杜月笙的脾气，既然他不同意，那再坚持也于事无补，只好说："那你就白白垫付那么多钱啊？再说了，这笔钱在账上也不便处理。"

杜月笙想了一会儿，答道："这样吧，就把这笔钱也当作捐款吧，不过不要写我的名字。"

"不写杜先生的名字，难道写我陶百川的啊？"陶百川玩笑道。

杜月笙笑了，说道："就写是常务委员会捐的吧。"

看着杜月笙毫不在乎的模样，陶百川以及众人都对他敬佩不已。

事后，蒋介石知道了此事，特地从财政部拨出十万元现款，赔付了杜月笙垫付的款项。

大炮一响，黄金万两。战争的花费是巨大的，单靠民众的捐款根本解决不了问题，因此，南京政府决定发行五亿元救国公债。蒋介石命财政部组建了一个劝募委员会，而且要求办公地点必须设在上海，由他的大舅子、财政部长宋子文全权负责此事。

因为蒋介石的关系，宋子文与杜月笙也有交情。于是，为了顺利完成任务，他找到杜月笙帮忙。

杜月笙首先帮宋子文解决了办公地点的问题。他爽快地把设在杜美路的新宅腾出来给劝募委员会使用，而且不收分文租金。

解决了办公地点后，宋子文又向他问计："你看这公债该如何劝募？"

经过了无数次的招募活动，杜月笙在招募方面可谓经验丰富，因此他侃侃而谈道："这次劝募公债的数额巨大，必须普遍撒网，金融工商界的商贾们是主力军，要想方设法让他们多认购。同时，普通的上海市民也不能忽视，也要发动他们普遍购买。"

杜月笙的想法深得宋子文的赞赏。但杜月笙不仅仅是出主意，他还帮着宋子文去运作此事。于是，在很短的时间里，杜月笙一面忙着上海市抗敌救援会的工作，一面马不停蹄地为宋子文组建了两个劝募队——上海市民劝募队和上海商界劝募队。前者的总队长由他自己兼任，后者的总队长一职则推到了上海总商会会长王晓籁身上。

这两个劝募队工作了一段时间后，成效卓著。但就在此时，王晓籁却推说事务太繁忙，自己有点扛不住了，没办法，杜月笙只好紧急分身，同时兼任了商界劝募队的副总队长，以分担王晓籁的工作。

经过艰苦卓绝的努力，最终，上海共募得资金七千五百多万元，几乎占到了全国总数的六分之一，受到了舆论媒体的大肆赞扬。

这段时间，算是杜月笙一生最忙碌的时候，不过，他并没有怨言，反而越干越起劲，正如他跟友人所说的："只要国家有用得着我的地方，我杜某人必定万死不辞！"

在杜月笙马不停蹄的同时，中国的抗日形势也风起云涌，这让他倍感欣慰。

卢沟桥事变发生十天后，也就是七月十七日，蒋介石在庐山发表声明，正式对日宣战。

一时间民心激奋，士气昂扬，全国人民抱定了抗战到底的决心。

与此同时，日本侵略者也加快了侵略的步伐，他们不仅大量增派军队，还向华北地区发起了狂轰滥炸。

在日军的疯狂进攻下，七月底，北平陷落。

同时，上海的形势也不容乐观。八月九日，日本海军陆战队的一队官兵，欲乘坐汽车，强行冲进虹桥机场，被我军士兵拦截，双方发生枪战。结果，两名日本官兵当场被击毙，而我军有一人牺牲。

日军以此为借口，于八月十一日将二十七艘军舰开进了吴淞口，做出了大战一触即发的姿态，威胁南京政府将驻防上海的保安队撤出。

上海市民惊慌失措，为避战火，纷纷携带箱笼细软，如潮水般涌向租界。可租界根本容不下这么多的难民，他们中的大多数只好露宿街头。杜月笙看到这种景况后，立即组织租界的慈善机构，竭尽一切努力，施以救济。

八月十三日，淞沪大战爆发。

在首日之战中，面对有飞机和大炮支援的日军，国军将士奋勇抵抗，仅靠着手榴弹和刺刀，逼得日军节节败退。

次日，气急败坏的日军派出战机轰炸我空军基地杭州笕桥，但遭到了我方战机的空中抵抗。结果，我军以零伤亡击落了九架日机，大大挫伤了日军的锐气。

捷报传来，上海市民欢呼雀跃，恍如节日。

当天下午，我军战机飞临上海上空，轰炸日军根据地公大纱厂、虹口一带，以及停泊在黄浦江中的日本旗舰出云号，与日机展开了空中对搏。

就在国军战机捷报频传的时候，虹口、闸北的国军也大显神威，将日军团团围了起来。而更让人欢欣鼓舞的是，前来支援的国军第三十六师宋希濂部和第九十八师夏楚部即将抵达上海，一旦他们与正在鏖战的国军会师，那就极有可能将上海的日军团团围住，聚而歼之。

杜公馆的电话一直响个不停，好消息一个个传了过来，杜月笙兴奋得红光满面。

可就在这时，租界里传来了轰隆隆两声巨响，震得杜公馆的玻璃都碎了。响声过后，杜月笙赶紧派人打听刚才发生了什么。万墨林探知，原来是一架中国战机受了伤，失去控制，飞过租界时，所携带的炸弹自动脱落。一共落下了两颗，分别落在大世界和大马路外滩，造成了两千多人伤亡。

上海市民并没有怨恨，他们知道责任并不在飞行员——飞行员是冒着机毁人亡的危险，放弃了跳伞逃生的机会，竭力要把飞机开到远离市区的地方，以免造成更大的伤害。

但不可否认，这个事件还是给当日国军的节节胜利抹上了一丝悲剧色彩。

第三十七章
帮助戴笠创建别动队

八月十五日，淞沪大战进入最激烈的阶段，而杜月笙更加繁忙，几乎是忙得四脚朝天，连休息的时间都没有了。

这天傍晚，他好不容易忙里偷闲，回到华格桌路的杜公馆与四太太姚玉兰一起吃了顿晚饭。饭后，他刚想休息，万墨林前来通报道："有客人来访。"

杜月笙问道："是谁？事情不要紧的话，就明天再说吧。"

的确，这几天杜月笙实在是太累了，他需要好好休息休息。

可当万墨林说出来客姓名的时候，他却再也顾不上休息，赶紧下楼相见。

来客不是别人，正是大名鼎鼎的戴笠。

戴笠，原名戴春风，字雨农，又字征兰，浙江江山仙霞乡人。戴笠出身于农民家庭，一九二二年前后，只身来到上海闯荡。几年间，练就了一身高超的赌技。而戴笠与杜月笙的初次相识，正是源于他的赌技。有一次，戴笠到杜月笙所开的赌场里赌钱，由于赌技高明，没多大会儿工夫，就赢了很多钱。赌场的人看他赢了这么多钱，怀疑他出老千，可却抓不到他的把柄。

戴笠赢钱后，大摇大摆地朝外走，没想到赌场的人把他拦下了，说道："这位先生，借一步说话。"

说话间，戴笠被带到了赌场的一个小房间内。

进入房间后，赌场负责人恶狠狠地问道："这位先生尊姓大名？"

戴笠懒洋洋地反问："怎么，来你们赌场赌钱还要通报姓名？上海滩的赌场好像没这个规矩吧？"

赌场负责人一看，这还是个硬茬儿，一时搞不清他的来历，也不敢贸然动粗，只得搬出杜月笙来，说："别的赌场没这规矩，但你知道这是杜月笙杜先生开的赌场吗？"

戴笠一笑，答道："当然知道。"

"既然知道，你还敢在这里撒野？"

"哈哈哈，"戴笠一阵大笑，"要是杜先生知道你们这样对待我，恐怕不会答应吧？"

赌场负责人一听此话，心里顿时狐疑起来，忙问道："你认识杜先生？"

戴笠没有正面回答，而是巧妙地说道："劳烦你去通报一声，说有位戴先生想要见他。"

赌场负责人害怕戴笠真的是杜月笙的朋友，于是不敢怠慢，赶紧亲自跑到杜公馆向杜月笙汇报此事，同时把戴笠高超的赌技也渲染了一番。

杜月笙听罢，心中也是狐疑：我何时认识这样一位戴先生呢？但他听说此人的赌技了得，于是决定不管是否相识，都要见见他。

他对赌场负责人说："你派车把这位戴先生接到我这里吧。"

不一会儿的工夫，戴笠就出现在了杜月笙面前。

看到戴笠的第一眼，杜月笙就断定此人绝非等闲之辈。因此，尽管之前并不相识，但杜月笙还是与他相谈甚欢。接着，他把戴笠请到会客室，请他表演一下赌技。戴笠也不推辞，立即表演了一把掷骰子的绝技。一时间，骰盅上下翻飞，被戴笠玩得出神入化。

杜月笙本就是好赌之人，对于赌术高超的人向来十分喜爱。戴笠表演完毕，杜月笙对他更加欣赏了。

　　戴笠离开杜公馆的时候，杜月笙通过观察他的衣着，猜到他目前的经济状况肯定不好，于是让管家万墨林去账房支了五十块大洋，交到了戴笠的手里，并告诉他用完后可以再来拿。

　　戴笠也不客气，说声"谢谢"，就把它揣在了兜里。

　　几天后，正当戴笠的五十块大洋就要花光时，杜月笙又派人把他请到了杜公馆。

　　戴笠以为杜月笙又要给他钱，没想到杜月笙交给他的是一封信。

　　看着戴笠莫名其妙的表情，杜月笙诚恳地说道："我看戴先生不是等闲之辈，日后必定是个做大事的人，所以我请金荣哥给黄埔军校校长蒋先生写了封推荐信，你去报考黄埔军校吧。"

　　戴笠拿着信，一时间百感交集。他知道蒋介石与黄金荣的交情，这封信基本上就相当于一封录取通知书了。

　　第二天，杜月笙把五十块大洋放进戴笠手里，作为盘缠，然后派人把他送到了船上。

　　这是戴笠一生的转折点，从黄埔军校毕业后，他很快获得了蒋介石的赏识，被委派专门从事情报工作。

　　北伐军打进上海之时，戴笠已经是一名中层军官。他重返上海滩的第一件事就是去拜访杜月笙和黄金荣，以感谢当年的恩情。也就是在此时，杜月笙与他愈加投机，于是正式结拜为异姓兄弟。

　　之后数年，戴笠青云直上，此时，已是蒋介石的绝对心腹。

　　这次前来拜访杜月笙，是有一件要事请他帮忙。

　　原来，就在大约半个月之前，戴笠为了趁着抗战扩大军统控制的武装力量，电令军统天津站长设法组织一支便衣队，在敌占区从事袭击敌军的行动。令他意想不到的是，由于人们的抗日热情高涨，所以短短数日就拉起了一支两千多人的队伍，拥有长短枪七百多支。

这件事大大激起了戴笠的雄心，于是他想如法炮制，以别动队的名义，在上海成立一支人数更多、战斗力更强的武装力量，协助国军打击日本侵略者。

当戴笠把这个想法告诉杜月笙后，杜月笙问道："大约需要多少人？"

戴笠不假思索地答道："至少要一万人。"

听到戴笠的回答，杜月笙不禁皱起眉头，说道："要是一般的打打杀杀，不用说一万人，十万、二十万我也能给你立即找来。但是，你要建立的是一支正规的军队，是要上战场杀敌的。要让上海滩那些过惯了纸醉金迷的生活、养成了散漫浪荡习气的少年儿郎脱下便服，穿上军装上战场，恐怕很难。你想，他们能舍得下自己的妻儿老小吗？而且他们都没受过专门的军事训练，上了战场也不会有什么战斗力。"

戴笠听完杜月笙的分析，长叹一声，答道："老兄说的都对，但此事事关紧要，不管有多少困难，我都没有退路。"

看到戴笠为难的样子，杜月笙咬牙说道："既然老弟这么坚决，那我肯定全力相助。"

戴笠面露感激，继续说道："不瞒老兄，其实在我离开南京以前，已经跟蒋委员长请示过了。蒋委员长对此事大力支持，他承诺队伍的番号、军械、弹药、粮饷都由中央颁发，我们只管拉起队伍就可以了。"

一听到蒋介石的名字，杜月笙立即两眼放光。自从他决心跟定蒋介石的那天起，"蒋介石"这三个字在他眼里就相当于圣旨。

既然连蒋介石都大力支持此事，那他杜月笙就更是义不容辞了，他当即说道："那我们立即着手，发动所有朋友帮忙，分头行动，坚决要把此事办成。"

戴笠赞同杜月笙的办法，于是，两人立即行动，经过一番商量，先列出了一个筹备委员会的名单。

位列名单的人，都是在政界、军界或者商界大名鼎鼎的人物。除了戴笠和杜月笙之外，还有上海市长俞鸿钧，新任广东省主席吴铁城，工商界大佬贝祖贻、钱新之，以及精通兵法韬略的军长刘志陆和吉章简、蔡劲军等人。

名单拟好后，戴笠为了方便杜月笙往返，就把筹备的地点设在了三极无线电学校。这个学校就在法租界的辣斐德路，距杜月笙的四夫人姚玉兰的住所很近，对杜月笙来说相当方便。

一切筹划妥当后，二人立即行动，把名单上的大佬们请来开会，商谈具体事宜。经过筹备委员会众委员的努力，不到一个月，一支一万多人的队伍宣告成立。九月上旬，蒋介石接连发来两次电令，给这支新军颁发了苏浙行动委员会和苏浙行动委员会别动队的番号。

行动委员会共设十五名委员，除了杜月笙、戴笠和筹备委员会的俞鸿钧、吴铁城、贝祖贻、钱新之、刘志陆、吉章简、蔡劲军，还有新增加的宋子文、俞作柏、张治中、张啸林等人。其中，由戴笠、杜月笙和军长刘志陆三人担任常务委员。此外，戴笠还兼任行动委员会的书记长。

这里需要特别说明的是，张啸林原本没有资格担任委员，是杜月笙硬把他加进去的。因为张啸林在抗战初起时就不断发出悲观的论调，没有为抗战出过半点力，只顾着躲起来享清福，杜月笙记着之前的兄弟情义，为了防止他落水当了汉奸，于是硬把他的名字列入了委员名单。

行动委员会下属的别动队，共分五个支队。

第一支队有两千多人，主要由青、洪两帮的帮众组成，其队长是杜月笙的门生何行健。

第二、三支队共有五千多人，主要由各行各业的工人兄弟组成，其队长分别是陆京士和朱学范，这两人也都是杜月笙的得意门生。

第四、五支队共有三千多人。第四支队由戴笠在京沪一带的一些部下组成，队长由军统干部张业担任；第五支队由之前一直在接受军事训练的高中以上学生军训总队的长官和学生组成，由戴笠的旧部陶一珊担任队长。

别动队的总指挥则由刘志陆担任。

按照中央的命令，别动队的被服装具、武器弹药全部由当地的驻军拨给。但驻军也有自己的困难，因此只拨了一部分，远远不够用。杜月笙等人只得另想办法，先是从民间征用了一批武器，后又发动上海金融工商界的人士捐款，用这些钱又购置了一部分，最后总算是把这支一万多人的队伍给装备起来了。

别动队成立后，为了增强其战斗力，戴笠立即组织训练。但因时间仓促，只组织了短期训练。至于训练的科目，除了基本的作战技能外，还训练了侦探、破坏、突击和暗杀等技能。

当时，淞沪大战正打得如火如荼。整个上海滩，从早到晚都能听到震耳欲聋的枪炮声，空气中也到处弥漫着遮天蔽日的浓烟和火光。面对这种局势，别动队在经过了简短的训练后，立即开赴前线，投入到了战斗当中。

第三十八章
拒绝落水当汉奸

就在杜月笙积极投入到各种支持抗日的活动当中的时候，日本人却一直没有放弃对他的拉拢。他们看中杜月笙在上海各界的威望，希望把他拉下水，帮着他们早日占领上海，然后帮着他们统治上海。

为了达成目的，驻在上海的日本总领事馆和陆军部、海军部的特务机关，每月都付出大量财力、人力专门侦探杜月笙的行踪、整理关于他的资料，以及从事接近、拉拢他的工作。

而日本人对于杜月笙的拉拢手段，可以概括为八个字——先软后硬，先文后武。

早在卢沟桥事变之前，日本海军军令部长永野修身，就曾经在日本驻上海总领事和翻译的陪同下，亲自来到华格桌路的杜公馆拜访杜月笙。

此时，日本人的手段主要是利诱。

永野修身的到访，令杜月笙十分吃惊，因为他们之间从未打过任何交道。杜月笙不禁猜想：他葫芦里卖的到底是什么药？

坐下一谈才知道，这个堂堂的日本海军军令部长竟是来找杜月笙谈生意的——由此可见，日本人拉拢杜月笙的心情是多么急切。

一见到杜月笙，永野修身就不吝赞美道："久闻杜先生的大名，今日一见，三生有幸。"

杜月笙看对方这么客气，只好微笑着应付道："客气，客气。"

接着，永野修身直入主题，说："以杜先生的实力，应该做点更大的事业。"

杜月笙说道："永野先生，过奖了。我有几斤几两，心里清楚得很。杜某才能实在有限，做不了什么大事业。再说，我也没有那么大的本钱。"

"本钱的事情好说。日本海军正准备投资三千万日元，在上海成立一家中日建设银行公司，不知道杜先生有没有兴趣合作？如果有兴趣，你可以出任这家公司的董事长。"永野修身紧跟着杜月笙的话头说道。

当时，上海已经有一家中国建设银行公司，是由宋子文创办的。杜月笙心知肚明，日本人此举一是为了利诱他，二是为了打击中国建设银行公司，从经济上侵略中国。

从一个纯粹的商人角度来说，杜月笙明白，这绝对是个非常好的合作项目。但放在民族大义的层面上，与日本人合作，就相当于帮着日本人造枪炮子弹来打中国人。

"我杜月笙即使被杀头也不会做汉奸！"杜月笙在心里喊道。

但他嘴上却虚与委蛇地应付道："永野先生抬举我了，杜某恐怕是难以胜任。"

听到杜月笙的委婉拒绝，永野修身并没有放弃，而是继续游说道："杜先生自谦了，咱们若是合作，肯定是难遇对手。不瞒你说，日本陆军的势力主要在东北和华北，而华中、华南则是属于日本海军的，以我们的舰船与陆战队为后盾，加上我们掌控的侨商和浪人，再配合杜先生在上海滩的崇高声望，中日建设银行公司必定是如日中天，天下无敌。"

这样优厚的条件，真是千载难逢啊。但早就打定主意的杜月笙一点都不动心，他只是微笑着听永野修身说完，然后摇着头说："永野先生说得很有道理，但我一介平民，与外国政府机关合作开办公司，去打击本国的公司，这恐怕有点不合体制吧？"

　　本来，杜月笙是不想再打太极了，于是放出这句话，希望永野修身知难而退。但意外的是，永野修身依然没有放弃，并且立即提出了第二个合作方案——这家公司由杜月笙自己出面创建，公司名字里不再含有日本元素，但资金全部由日本提供。其他的，都和之前说的一样。

　　话已至此，杜月笙实在没有理由直接拒绝了，只好采用了他的拿手好戏——缓兵之计。他说："对我来说，这是件大事情，所以请永野先生容我考虑考虑，再作答复。"

　　既然杜月笙这么说，永野修身也不好强求，只好失望而归。

　　几天后，杜月笙派人拜访日本海军驻上海武官，请他转告永野修身说："前次所谈，极感盛意，唯碍于国家民族之义，未敢从命，歉仄之处，伏祈鉴谅。"

　　面对这个结果，永野修身只好坦然承认本次利诱计划的失败。

　　永野修身铩羽而归后，没过多久，杜公馆里又来了一个人。

　　他叫板西利八郎，此人曾经当过奉系军阀张作霖的顾问，此时已是日本关东军的重要角色。他接连数次拜访杜月笙，彬彬有礼，耐心十足，并代替日本政府许下承诺：一旦日军占领上海，只要杜月笙肯跟日本人合作，那他将获得比现在更高的政治地位和更丰厚的经济利益。

　　但杜月笙却跟他玩起了太极，既不答应，也不一口回绝。但从他的神情、语气以及"八一三"淞沪大战之后的实际表现中，板西利八郎明白了杜月笙的立场。

　　在一连数次利诱、劝说都毫无效果后，板西利八郎也终于失去了耐心，从杜公馆拂袖而去。

　　眼看着来软的不行，日本人改变了策略，决定来硬的。于是，土肥原贤二出场了。

　　土肥原贤二可是个狠角色，他心狠手辣、杀人如麻，是日本特务的开山鼻祖，被称为亚洲的劳伦斯。但凡他出现的地方，用不了多久，必有血灾。尤其在我国华北一带，要是小孩子夜间啼哭，只要大人说出"土肥原"这三个字，啼哭立即停止——由此可见土肥原的威力。

土肥原当过日本驻东北特务机关长、第五师团旅团长，卢沟桥事变后，更是扶摇直上，升任日本大本营特务部长，获授中将军衔。

那天，他身着便装，杀气腾腾地来到杜公馆，一见到杜月笙，他就盛气凌人地说道："你不会离开上海。"

土肥原的这句话里有两个意思。第一层意思，杜月笙发迹于上海，他的事业、他的势力都在上海，如果离开上海，他就成了无源之水、无本之木，不可能再像以往那样叱咤风云，而且还可能"龙游浅水遭虾戏，虎落平阳被犬欺"。正是鉴于这些原因，所以日本人一直断定杜月笙不可能放弃这一切离开上海。

另一层意思是说，即使杜月笙什么都不在乎，毅然决定离开上海，那日本人也不会让他顺利出走，而是要竭尽一切努力，截断杜月笙离开上海的出路。

对于这两层意思，杜月笙都心知肚明，但他只是笑笑，不置可否。

土肥原看到杜月笙毫无惧意，又进一步威胁道："你既然失去了离开上海的所有希望，那就只剩下一条路——跟皇军合作。"

看到土肥原这副傲慢的模样，杜月笙非常气愤。但他知道，他奈何不了眼前这个日本人，只能暂时地忍气吞声、委曲求全。

但他的立场却没有半点动摇，他平静地答道："土肥原先生，即使我杜月笙被你们困在上海，我也不会跟你们合作。"

杜月笙掷地有声的话语，让土肥原吃了一惊，他没想到杜月笙竟有如此气节。接着，他又哇啦哇啦地吼道："你不要忘了，为了抵抗皇军，你出钱出力、四处奔走、煽动民众支持你们的政府与皇军对敌，造成皇军的重大伤亡。如果你不肯跟皇军合作，我就要把你对皇军的敌视行为一条条列举出来，然后施以严惩。到时候，你不要后悔莫及。"

在土肥原的口中，一个公民支持本国政府抵抗入侵者，竟成了罪行，要受到严惩，简直是岂有此理。

杜月笙听罢，简直是啼笑皆非。他朗声大笑，再次重申了自己的立场。

土肥原看杜月笙油盐不进，气得哇哇大叫，悻悻地离开了杜公馆。在起身之前，他还不忘再威胁杜月笙一把，说："我向你保证，跟皇军作对，你会后悔的。"

土肥原说到做到。

第二天下午，杜月笙正在四夫人姚玉兰的公馆里与学生徐懋棠商量事情，但一阵阵的隆隆声让他们的谈话大受干扰。

烦躁之下，杜月笙喊来姚玉兰，问道："外边是怎么回事，哪来的隆隆声？"

姚玉兰答道："是架飞机，在咱们的屋顶上转悠半天了，我正奇怪呢。"

姚玉兰的话，令杜月笙一下子想到了土肥原的威胁之语，他急忙起身，来到天井里，朝房顶上方的天空仰望。

突然，他的脸色大变。因为他看到的正是一架日本军机，机身上红色的膏药旗醒目可见。这架飞机就在杜公馆的屋顶周围盘旋，绕了一圈又一圈。

"难道土肥原真的要动手？"杜月笙心中暗想。

他一边想着，一边忧心忡忡地回到客厅，坐在沙发上，两眼直直地发呆。

前一天上午土肥原来杜公馆撒野的时候，徐懋棠恰好在场，土肥原发出威胁时的嚣张模样，他历历在目。现在，听说有日本军机在杜公馆头顶盘旋，又看到杜月笙心神不宁的表情，他便有了一个主意。

他先是轻声地安慰道："先生，也许土肥原不过是逞逞威风，吓一吓我们。"

"啊？"杜月笙仿佛已经入睡的人被唤醒，茫然地答了一句。

"我是说，料他土肥原也不敢来真格的，最多是吓唬吓唬我们，这里毕竟是法租界。"徐懋棠重复了一遍自己的意思。

姚玉兰也说："也许他们就是来侦察的，自从上海开战，咱们大门口天天人来人往的，小日本大概想看看都是哪些人来找你。"

杜月笙无力地"哦"了一声，看得出他心中还是很担忧。

"不怕一万，就怕万一。我看先生和娘娘最好先避一避。正好我最近在蒲石路新买了一幢公寓，是十八层楼的洋房，先生和娘娘要是不嫌弃，就先到那里暂住一段时间吧。"徐懋棠终于说出了自己的主意。

杜月笙觉得这个主意挺好，而姚玉兰也不反对。于是，几天以后，姚玉兰便从辣斐德路的杜公馆搬到了蒲石路的公寓。由于是住在第十八层，时间一长，人们便称她为"十八层楼太太"。

第三十九章
与张啸林分道扬镳

随着日本人在上海的节节胜利，杜月笙开始安排离开上海的事宜。但在他离开前，还有两个老兄弟让他挂念——一个是黄金荣，另一个就是张啸林。

黄金荣已经年迈，不可能跟他一块儿离开上海，也不大可能帮着日本人助纣为虐，最让他不放心的是正年富力强的张啸林。

张啸林向来认为抗战的前途比较悲观，在杜月笙忙得热火朝天时，他没有为抗战出过半分力。

他曾在浙江的避暑胜地莫干山盖了一幢别墅，四周是一片如海般的碧绿竹林，号称"竹海"。"八一三"淞沪大战爆发之后，张啸林就带着家人搬进这座别墅，两耳不闻窗外事，只顾安心享清福，对于战火滔天的上海滩，丝毫不关心。

淞沪大战一连打了三个多月，日军势在必得，出动了大量精锐部队，又有海军和空军的支援，因此，国军渐渐不支。

眼看着占领上海在即，日本人在拉拢杜月笙进展并不顺利的情况下，开始把希望放在了另外两个大亨身上。黄金荣已经年老，很少再过问世事。他们就劝黄金荣留在上海，并承诺保证他的生命和财产安全。

对于张啸林，他们则寄予厚望，派人去莫干山的别墅与他密谈。

张啸林看到日本人如此重视自己，心中大喜，急忙下山，回到了华格臬路的张公馆。

杜月笙一听说张啸林回来了，不顾诸事缠身，立即前来拜访。

杜月笙走进张公馆客厅的时候，张啸林正在那儿抽大烟。看到杜月笙进来，他理都没理，而是扭过头，猛吸着他的大烟。

自从杜月笙成了蒋介石的大红人后，张啸林就跟他慢慢疏远了，心里甚至还有一些愤恨。因为张啸林只希望做好他的烟、赌两档生意，但国民政府却在上海严禁烟、赌，而杜月笙也不再热心于这个，他更加希望获得名望。因为这，两人其实在很早前就开始分道扬镳了。只是从此次会面后，两人彻底绝交。

杜月笙一进门就热情地跟张啸林打招呼道："啸林哥，你回来了？"

张啸林"哼"了一声，继续摆弄他的大烟枪。一股股青烟在客厅里弥漫，使气氛显得十分诡异。

杜月笙看张啸林不搭理他，尴尬地笑了笑，走过去，与张啸林隔着一盏烟灯，坐了下去。

此时，张啸林开始发话道："听说你这段时间忙得很，怎么有空到我这儿来？"

杜月笙从这话里听出了一丝生分，但也没太在意，微笑着答道："啸林哥回来了，我再忙也得过来看看。"

张啸林又"哼"了一声，接下来就没了话。

如此干耗了片刻，杜月笙忍不住开口说道："啸林哥，最近前线的状况不太好，你知道吗？"

"好不好关我屁事。"张啸林满嘴的火药味。

杜月笙吃了一惊，继续说道："如果日本人把上海占领了，你走不走？"

"我为什么要走？难道日本人还能把法租界怎么样？"张啸林不以为

然地说道。

"一时间倒不会，但没法保证日后不会。"杜月笙答道。

"日后的事情谁知道呢，先管好眼前吧。"张啸林猛吸了几口大烟。

杜月笙叹了口气，说："即使日本人打不进法租界，难道你就想一辈子窝在法租界这个弹丸之地？"

"就算我出了法租界，难道日本人会杀了我不成？"

"难说。"

张啸林有点激动了，提高声调问道："你为什么这么怕日本人？日本人把你怎么了？他们有什么不好？"

"日本人没把我怎么样，但他们杀了大量的中国同胞。他们扛着枪炮，来到我们的土地上，大开杀戒，我倒要问问你，日本人到底好在哪儿？"

张啸林被问得哑口无言，只好蛮不讲理地说："他们杀别人我不管，我只知道，他们没杀到我头上。"

对于张啸林的这番话，杜月笙彻底失望了，但他还想做最后的努力，于是说道："啸林哥，你听我一句劝，咱们一块儿走吧。"

"走？走到哪里去？"

"香港。"

"你有没有想过，到了香港，你能算老几？那里没有你的徒弟，没有你的工厂，也没有你的银行，你什么都没有。"

"开始没有，但慢慢会有的。"杜月笙倔强地说。

张啸林摆摆手，不以为然地说道："我们走到今天容易吗？你想要从头开始？我比你大十岁，我没那心气了。"

"我们兄弟联手，我不信不能从头开始。"

张啸林摇着头说道："咱们兄弟不可能联手了。你喜欢名声，当什么议长、会长、董事长，我不反对。我呢，就喜欢钱，就做我的烟、赌两档买卖。后来国民党来了，华界不让做了，我就在租界做，赚多赚少，反正饿不死我。咱还是大路朝天各走一边吧，谁也别管谁。"

这番话说得杜月笙心里非常难受，曾经同生共死的兄弟，如今竟走到了这步田地。

张啸林也似乎被杜月笙的情绪打动，于是继续说道："月笙，尽管以后各走各的路，但有些话，作为朋友，我不得不跟你说一说。"

杜月笙点点头，示意他说下去。

"你一直喜欢声望啊、地位啊这些表面上的东西，你也得到了。这是你的本事，为兄我也佩服你。但你有没有想过，这些年来，除了那些不能当饭吃的虚名，你杜月笙得到了什么实际好处？你挂名的那些银行、工厂，哪家真正是你的财产？你担任的那些社会公职，哪个为你挣来哪怕一块银圆？倒贴的事倒是常有。当年，我陪着你帮助蒋介石清党，你一年就负债三百多万元，后来替你还清债务的还是烟、赌生意。到如今，十年过去了，你又得欠下了三五百万的债吧？你人在上海，靠着你的人脉关系，这些都还是小事情。一旦你离开了上海，谁认识你是谁？到时候你拿什么还债？"

张啸林说的这些倒是肺腑之言，也都是实情，杜月笙无话可驳。

"反正该说的我都说了。我再问你一句，你是打定主意离开上海了？"

杜月笙答道："嗯。"

"你有没有想过，日本人打进来，也许对我们无害，反而有利。"

"这不可能。"

"完全有可能。"张啸林斩钉截铁地说，"只要不招惹他们，也许我们老兄弟几个可以开一家比三鑫公司大十倍、百倍的公司。"

"就算我们开了一家这样的公司又如何？我们还是亡国奴。我杜月笙决不当亡国奴。"

两人又陷入了沉默之中。

张啸林看杜月笙铁了心肠，于是不再劝他，只是说道："既然如此，人各有志，各不强求。你什么时候走，我给你饯行，也不枉兄弟一场。"

杜月笙笑了笑，答道："八字还没有一撇呢，估计还得过段时间吧。"

张啸林点了点头，伤感地说道："那以后各安天命吧，今天该说的话都说了，也算彼此无愧了。"

杜月笙又是一阵伤感。

两人重新陷入沉默。

两人就这么静坐了一会儿，张啸林说道："月笙，忙你的去吧。"

杜月笙起身告辞。

这也是两人最后一次见面。

从张公馆出来，杜月笙又径直来到黄公馆。

他知道，已经年迈的黄金荣不可能随他去香港，他只是想来看一眼这个老大哥，也许到时候走得匆忙，就来不及告别了。

果然不出杜月笙所料，黄金荣没有离开上海的意思，但他也没有劝杜月笙留下，反而催促他说："要走就早些动身，免得夜长梦多，被日本人拦住，走不了。"

杜月笙使劲地点点头。

从黄公馆里出来，杜月笙想起从前与黄金荣、张啸林一起打江山的日子，又想到如今的分道扬镳，不禁黯然神伤。

第四十章
远赴香港避难

　　随着国军渐渐撤出前线，杜月笙知道，离日本人全面占领上海的那一天越来越近了。这也意味着，离他离开上海的日子也越来越近了。

　　临近离开上海前的一个晚上，杜月笙把自己的心腹智囊陆京士、朱学范和徐采丞三人叫到杜公馆，一块儿商量离沪事宜。

　　大家都认为，要趁早走，免得夜长梦多。

　　徐采丞一直跟日本人有生意往来，因此和日本财阀三井、三菱等都有关系，而日本驻沪特务机关长川本大作也与他很熟。

　　徐采丞通过自己的日方关系，为杜月笙带来了三个消息。

　　"第一个，"徐采丞不紧不慢地说，"日本人占领杜先生的老家高桥以后，会立即派一队宪兵去保护杜家祠堂，以免它遭到破坏。"

　　杜月笙听罢，"哼"了一声，说道："日本人能有这么好心？我看是他们的诡计罢了。他们以为我离沪前肯定会去祠堂与祖宗告别，所以先布下士兵，以待把我活捉。"

　　其他几人点点头，表示认同杜月笙的猜测。

　　"另外两个呢？"杜月笙催问道。

　　"第二个，"徐采丞继续说道，"据我探知的消息，为了防止杜先生离沪，日本人已经在十六铺和杨树浦两边布下了重兵把守。据日本人讲，如果得知你要登船离沪，他们不惜得罪法国人，也要闯入法租界抓你。"

杜月笙哈哈大笑，不屑地说道："日本人想要把我困死在上海，但我看他们没这个本事。我杜月笙真要走的时候，自然有办法甩掉日本特务，不让他们得知我离沪的消息。"

徐采丞朝着他点点头，又说道："第三个消息最重要，我听说日本人要在下个月成立上海市民协会，协会领导的名单已经列好了，由杜先生你出任会长，由王晓籁、陆伯鸿、荣宗敬、姚慕莲、顾馨一等人担任委员。"

"想得倒美，"杜月笙骂道："我倒要看看，这些人中他们能留下几个？别人不说，至少王得天在今天早上就上了船，这会儿恐怕已经抵港了。"

杜月笙所说的王得天，就是王晓籁，得天是他的号。

徐采丞把三个消息说完后，陆京士问道："先生走的时候，有哪些人随行？"

杜月笙答道："你们这些人我就不带了。你们都有自己的事情，或留在上海与日本人周旋，或去重庆为政府做事。我的那几个老兄弟，黄老板年纪大了，不想走。那个张大帅，更是一门心思跟着日本人，更不会走。金廷荪想先留下来陪着黄老板，看看形势再说。最后算来，也就顾嘉棠和叶焯山他们几个人，愿意放弃在上海的事业和财产，跟着我离开上海。"

陆京士点了点头。

之后，四个人又商量着对留在上海的那些杜氏门人分别作了安排。然后，杜月笙就静等离沪的最佳时机了。

本来，他以为戴笠会安排他离沪的事情。不曾想到，十一月二十五日晚间，却是宋子文打来了电话，他告诉杜月笙说："乘坐法国的阿拉密司号离沪，从法租界的公和祥码头上船，明晚就登船起航。"

接完电话后，杜月笙一边命人收拾行李，一边开始安排离沪前的一些事情。

为了不引起日本特务的注意，杜公馆里只有杜月笙一人先行，而他的家人和其他跟随他赴港的人员，都是在日后陆续离开。而万墨林等人则要留下，一来看守杜公馆，二来负责杜月笙与留在上海的杜氏门生之间的联络，以使杜月笙可以遥控上海的局势。

　　第二天，杜月笙跟自己的家人告别后，又把万墨林叫到跟前，嘱咐道："墨林，我之前关照你的那些事情，你可要记牢了，不能出什么岔子。"

　　万墨林答道："放心吧，爷叔，我都记牢了。"

　　"好，"杜月笙欣慰地说道，"若遇上我没有交代的大事情，你就设法跟我联络。"

　　"要是联络不上呢？"万墨林问道。

　　"要是联络不上，"杜月笙略作沉思，"那你就随机应变，一切由你自行做主。"

　　"嗯，知道了。"万墨林点头答道。

　　当天晚上，杜月笙轻装简从，只带了一名随从，坐上小汽车，从华格臬路的杜公馆出发了。

　　由于杜月笙看起来与往日并无区别，负责监视他的日本特务以为他像往常一样，又是去四太太姚玉兰处过夜。因此，跟了他一段时间，看到小汽车确实是朝着姚玉兰所在的蒲石路行驶后，就放弃了跟踪。

　　杜月笙看到甩掉了日本特务的跟踪，立即命司机调转车头，一路疾驰，朝着法租界的公和祥码头狂奔。

　　由于日本人的大意，汽车竟安然抵达公和祥码头，未遇半点阻碍。

　　远远望去，灯火辉煌的阿拉密司号客轮正靠在码头边，杜月笙赶紧朝着灯光走去，登上了客轮。然后，在洋茶房的引导下，杜月笙来到了大餐间。大餐间里早就坐满了和他一样即将离沪的上海滩大佬，其中就有宋子文、钱新之、徐新六等人。

　　他们看杜月笙来了，赶紧过来打招呼。

于是，杜月笙与众人纷纷握手，然后落座，开始高谈阔论起来，仿佛是一次旅行前的朋友聚会，而不像是逃难的模样。

不一会儿，上海市长俞鸿钧也来了，众人一片欢呼。杜月笙把俞鸿钧拉到自己身边落座，继续谈笑起来。

一直到深夜，众大佬都感觉到疲倦了，于是分别归房就寝。

而此时，在十六铺、杨树浦一带，众多荷枪实弹的日本兵正沿着黄浦江两岸紧密布防，随时准备着拦截出行的上海滩大佬们。

但他们不知道，这些大佬们其实已经登上了离沪的轮船。

第二天早上，天刚蒙蒙亮，"阿拉密司"便起航了，就在成千上万个日本兵的眼皮子底下，它安全驶离吴淞口，进入东海，朝着远方的香港一路进发。

初到香港后，杜月笙住在九龙半岛饭店。

在上海时，杜月笙从来都是前呼后拥，热闹非凡，而此时在香港，他却只是孤身一人，渐渐地，种种不习惯的地方就显现了出来。

尤其是夜里睡觉时，更是辗转难眠。因为杜月笙有个习惯，晚上睡觉时，房间里必须有人。即使不是夫人相陪，至少也要有个男伴，不然，稍有风吹草动，他就疑神疑鬼，难以入睡。此外，他还有个习惯，睡前必须让人为他捶背捶腿，一直要捶到他入睡为止。

在上海的时候，他的这些要求都不难满足，但到了香港后，却没人服侍他了。孤独难忍的杜月笙开始与杜公馆的管家万墨林联络，让他尽快派人把自己的家眷护送到香港来团聚。

可是，杜月笙的家人们却产生了分歧。

大太太沈月英一直沉迷于鸦片，身体已是虚弱不堪，精神也很萎靡，因此拒绝长途跋涉，宁肯留在上海。

二太太陈帼英也自作主张，说是看看局势变化再作决定，暂时也不想去香港。

而三太太孙佩豪很早就带着杜维屏、杜维新两个儿子去了英国留学，此刻更不会来到香港。

这样一来，杜月笙左盼右盼、左等右等，最后只等来了四太太姚玉兰，还有长子杜维藩、长女杜美如以及几个小儿女。

但不管怎么说，有了四太太和儿女们的陪伴，杜月笙总算是不那么寂寞了。

没多久，杜月笙的好朋友张骥先、吴家元也来到了香港，与杜月笙同住在九龙半岛饭店。之后，好兄弟顾嘉棠、芮庆荣和叶焯山，以及杜公馆秘书翁左青和徐采丞推荐的胡叙五等人也陆续来港。此外，杜月笙又把沈楚宝、林啸谷、朱学范、郭兰馨、张子廉等能干的弟子召了过来。渐渐地，杜月笙身边又热闹了起来。

人马陆续到齐，仿佛又有了旧日杜公馆的模样。于是，杜月笙开始安排各人的工作，他派翁左青管文电和账房，胡叙五则专任记室，其他的弟子则随伴左右，帮着他与香港本地的帮派建立联系。

这些新来的人员，统统跟随杜月笙住在九龙半岛饭店。但随着来的人越来越多，住在饭店已经不太合适了。于是，杜月笙便派人找房子。

没多久，房子找好了，就在九龙柯士甸道一百一十三号到一百一十五号，是一个双开间门面，三层楼，香港的杜公馆就在这里诞生了。

众人就随着杜月笙一起搬到了这里。

初步安顿下之后，杜月笙开始考虑如何早日在这里打开局面。他知道，要想站住脚，必须跟当地的势力建立交情。

但人生地不熟，杜月笙有点一筹莫展。香港是英国人的天下，杜月笙只与上海滩的几个法国大佬相熟，与英国人却没有半点交情。因此，来到香港后，从总督到一般的警察，杜月笙一点交情都攀不上。在帮会方面，香港主要是洪门的天下，杜月笙一时也难以拉上关系。

但他知道，自古青洪不分家，只要与当地青帮兄弟迅速建立交情，那洪帮的兄弟就不会为难自己。

好在，香港还真有一个青帮大佬，与杜月笙能扯上关系。他叫李裁法，被人们称为"香港杜月笙"和"夜总会皇帝"。此时，李裁法刚刚二十八岁，来到香港也只有三四年，但就在这三四年间，李裁法打下了一片江山，并且正处于势力扩张的阶段。

值得一提的是，李裁法自幼对杜月笙十分敬仰。在上海，他曾拜"通"字辈的王妙纪为老头子，并在戏院老板夏连良的介绍下，与"小八股党"之一的芮庆荣相识，且一见如故，交情颇深。

通过芮庆荣的关系，杜月笙很快与李裁法亲如一家。而且，由于李裁法向来仰慕杜月笙，所以甘愿受杜月笙调派。如此一来，李裁法成了杜月笙在香港的一支重要力量。随着杜月笙的到来，香港的青帮势力开始壮大。渐渐地，杜月笙在香港的洪门兄弟中也开始有了威望。

一九三八年一月二十日，许世英自驻日大使任内下旗归国后，也来到香港，住进了杜公馆。接着，和于右任一起办过《民吁报》的前监察使杨千里也被杜月笙接到了香港。不久后，秦待时、江倬云、庞京周、毛和源等老朋友也在他的劝说下，陆续来到香港，这些人也成了杜公馆的常客。

而杜月笙的两位重要的智囊——杨志雄和杨管北，则奔波于上海和香港之间。由于留在上海的事务很多，两人中至少要有一人留在上海处理。如果杨志雄留在上海，杨管北就来香港；如果杨管北留在上海，杨志雄就来香港。总之，他们中至少有一个人要留在杜月笙身边做参谋。

这个时候，杜月笙主要有两个头衔，分别是中国红十字会总会副会长和赈济委员会常务委员。此时，中国红十字会总会的会长王正廷远在菲律宾，于是就把一切业务都交给杜月笙处理，杜月笙则让他的得意门生，同时也担任红十字总会秘书的郭兰馨具体负责。杜月笙给郭兰馨在杜公馆三楼右首安排了一个房间，作为办公室，供他长驻办公。

而在赈济委员会方面，杜月笙主要负责第九救济区的日常事务。第九救济区包括福建、广东、广西三省。这块工作，杜月笙交由他的另一得意门生林啸谷具体负责，杜月笙也在杜公馆楼下为他安排了一间办公室，林啸谷每天都要来此办公。

在林啸谷的办公室对面，住的是芮庆荣和吴家元，后来芮庆荣的家眷都来了，再住在杜公馆有点不方便。于是，芮庆荣就举家搬到了德承街去自立门户，之前来港的叶焯山就搬进了他空出的那个房间，负责保卫杜月笙的安全。

芮庆荣和顾嘉棠尽管不住在杜公馆，但每天中午之前，还会按照老习惯，准时来到杜公馆，向杜月笙报到。每日共进午餐时，有事情就商量事情，无事就一起闲聊。

这在无意间仿效了曾国藩的会食制度，每天中午，照例开一桌饭，人多时则加开。吃饭时，除了杜月笙的太太和女儿们在二楼进餐，其他人，不管是家人父子、亲戚朋友、老弟兄，还是师爷、秘书、徒子徒孙，统统聚在一楼进餐，边吃边聊，不亦快哉。

饭桌上的菜色不多，但却都是佳肴。当时在香港市场买不到的许多江南菜肴，都会通过港沪之间的轮船、飞机运输过来，然后送到杜公馆。

于是，众人一边大快朵颐，一边交流信息、商议事情，无意间在愉快的气氛中，略略缓解了那份思乡之情。

第四十一章
坏了日本人的"好事"

在香港逐渐安顿下来，杜月笙渐渐有了得心应手的感觉。

这个时候，他接受了南京政府的一项特殊使命——先下手为强，瓦解日本人在中国建立傀儡政权的构想，将日本人选定的傀儡政权领导人选"解救"到香港。

当时的首都南京沦陷后，日本人想要快速结束在中国的战争，以将兵力投入到东南亚的其他国家，于是授意德国驻华大使陶德曼向中国政府提出议和，但面对日本人苛刻的议和条件，南京政府断然拒绝。

日本人恼羞成怒，内阁总理近卫文麿于一九三八年一月十六日发表声明：

> 今后，日本政府不再以国民政府为谈判对象，期望由日本提携之"新政府"成立且发展，而日方拟与此"新政府"调整两国邦交。

之后，日本人开始着手在中国建立傀儡政权，以贯彻其"以华灭华、以华制华、以战养战"的狼子野心。一九二六年，段祺瑞垮台后，分布于平津沪一带做了寓公的皖系人物，即所谓的安福派人，成了日本人争取的主要对象。这些人多半亲日，而且大都很有官瘾，因此，要说服他们放弃汉奸"官位"，远逃香港，是一件十分棘手的事情。

而杜月笙接受的，正是这个棘手的任务。

当时，戴笠已升任军事委员会调查统计局副局长，而且实际上主持着军统的事务。杜月笙此次任务的经费，正是由戴笠所拨。

杜月笙接到任务后，经过一番谋划，决定请吴家元出面，帮他完成戴笠托付的使命。

吴家元曾是北洋军阀张宗昌帐下的谋士，因此与北洋遗老十分相熟。而且吴家元的两个朋友——李泽一和何益三，是日本在华三大特务机关之一的"松"机关首领和知鹰二的手下，凭着与这两人的关系，吴家元可以自由出入沦陷区，并且不会有任何生命危险。

而且李泽一既是安福旧人，又算是杜月笙的朋友，可以为此事出力。

另外，为了保险起见，杜月笙还请出"松"机关中的两位朋友朱秀峰与陈兰帮忙，暗中穿梭于港沪、港津的路上，对于那些被日本人相中的"汉奸名单"上的昔日大佬，不遗余力地分头拜访、诚心劝说、拍胸承诺，并充分安排。最终，居然在敌伪特务的眼皮子底下，把名列"汉奸名单"的大部分北洋大佬给"解救"了出来。

如此一来，日本人处心积虑拼凑起来的傀儡政权领导人阵容，竟然一瞬间土崩瓦解，只剩下一些不入流的人物，在那里勉力支撑。

这段时间内，由杜月笙"解救"到香港的北洋遗老主要有段祺瑞政府的司法总长章士钊、外交总长颜惠庆、交通总长曾毓隽、财政总长贺德霖、陆军总长吴光新、临时参政院副议长汤漪等等。

这些曾经显赫一时的皖系大佬，刚到香港时，都被杜月笙安排住在了杜公馆。每次酒宴，放眼望去，恍然有时空穿越之感，仿佛是段祺瑞政府的内阁复活，聚在一块儿商讨国家大事。因为这些人再加上早就来港的、曾经担任过段祺瑞任临时执政的北京政府第二十八任国务总理的许世英，在杜公馆凑在一起的段祺瑞内阁成员竟然有六七名。而当时的段祺瑞内阁成员，总数才不过十名。

除了"解救"皖系大佬，坏了日本人组建傀儡政权的"好事"，杜月笙还顺便搅和了日本人在上海组织的市民协会。协会中的二十一名委员，在杜月笙的动员和安排下，要么逃到了香港，要么在租界藏了起来。反正，日本人苦心拉拢的二十一名市民协会的委员，忽然之间都不见了踪影，所谓"市民协会"也处于了名存实亡的状态。

此外，杜月笙还把上海滩另外一些有头有脸的人物劝到了香港，这些人中有前清遗老、北洋遗老、文人学者等等。那些选择暂时留在上海的，杜月笙也派留在上海的杜氏门人好生照顾，按月送钱，尽最大力量避免他们落水当汉奸。

经过杜月笙的不懈努力，日本人于一九三八年三月二十七日在南京成立傀儡政权维新政府时，只能矬子里拔将军，靠一些没什么名望的小角色勉力支撑。

比如，维新政府为首的竟只是段祺瑞临时执政府的秘书长梁鸿志，由此可见这个傀儡政权的班底之差。

而之所以能出现这种情况，杜月笙可谓功不可没。

杜月笙帮助蒋介石摆平了最容易成为汉奸的皖系大佬，蒋介石自己却没有搞定他身边的国民党副总裁、国民参政议会长汪精卫。

一九三八年十二月二十九日，汪精卫从重庆出走，经昆明抵达河内，在那里发表了通敌求和通电，主张停止抗日、对日谋和，实际上是甘心做日本人的傀儡。

第二年的五月三日，在日本人的严密保护下，汪精卫抵达上海，住进了极司斐尔路七十六号，然后在日本人的资助下，招兵买马，召开了伪国民党全国代表大会，通过了所谓"和平大计"的决议，"改选总裁及中央委员案"。

这年十月，经常往返于沪港之间、替杜月笙从事秘密工作的徐采丞，从上海带回了一张纸条。纸条上只有八个字，但这区区八个字足以石破天惊。这八个字是："高决反正，速向渝洽。"

杜月笙一看纸条，马上意识到这是一件天大的事情。

"快说说，到底是怎么一回事？"杜月笙催促道。

徐采丞整理了一下思绪，开始娓娓道来，将整个事情的来龙去脉告诉了杜月笙。

原来纸条上的"高"字，指的是高宗武。高宗武曾以外交部亚洲司长的身份，在香港从事情报工作，他一向主张"和平救国"，于是，高宗武上了汪精卫"和平大计"的当，开始追随汪精卫。又因高宗武与日本前首相犬养毅的儿子犬养健是同学，而犬养健是日本在华特务机关——"梅"机关的中坚人物，于是，高宗武便担任了汪精卫与日本人之间的联络工作，深得汪精卫信任，因此是深知汪精卫与日本人交易内幕的少数人之一。

后来，高宗武到了东京，看到了日本首相提出的"中日密约"，仔细一瞧，发现这"密约"比当年与袁世凯签订的"二十一条"还要苛刻。如果签订了这个"密约"，那就相当于把整个中国出卖给了日本人。

这与他"和平救国"的理想完全相悖，他开始对自己也对汪精卫产生了怀疑。就在他内心十分苦闷的时候，他跑到长崎晓滨村，拜访了他十分敬重的长辈黄溯初，向他倾诉。

黄溯初是老一代的日本留学生，曾担任梁启超在财政经济方面的顾问，也曾担任过国会议员，抗战之前还做过生意，因为经商失败，又加上对于中国的时局心灰意冷，于是跑到日本隐居了起来。他是高宗武的忘年交，高宗武从读书到做官，黄溯初都给过他许多帮助。

经过黄溯初的点拨，高宗武恍然大悟，决定反正，揭露汪精卫的卖国行径。

黄溯初当即答应帮他与重庆的国民党政府接洽此事。不久，黄溯初来到上海，找到自己的同乡好友徐寄顾商量，如何促成此事，而且既能保证高宗武安全逃离上海，又能保证国民政府准许其将功补过，对之前的汉奸行为既往不咎。

徐寄顾听罢，立即推荐了杜月笙，信誓旦旦地说："要将此事做周全，非找杜月笙不可。"

黄溯初虽然与杜月笙并不相识，但也听过杜月笙的大名，并知道他为人仗义豪爽。于是，他同意找杜月笙促成此事，并委托徐寄顾帮忙。

徐寄顾满口答应。

他与徐采丞是朋友，而且知道徐采丞正往返于沪港之间替杜月笙办事。于是，听说徐采丞回到上海的时候，他立即登门拜访，将高宗武意欲反正的事情告诉了徐采丞，并写下了那张纸条，请他转交杜月笙。

徐采丞将事情的来龙去脉讲清楚后，杜月笙点点头，片刻后脸上露出兴奋的表情，急忙问道："高宗武既然是替汪精卫办理与日方交涉事宜的人，那他反正后，岂不是可以把日、汪所订的密约内容带出来，然后让报纸公之于世？"

徐采丞同样兴奋地答道："绝对没问题。"

"那就太好了。如此一来，国人就可以看清汪精卫的卖国嘴脸了。"杜月笙搓着手，激动地说道，"此事关系到国家前途，拖延不得，我得马上乘飞机去重庆见蒋委员长，当面向他报告。你暂且留在香港，等候我的消息。"

十一月五日，杜月笙飞往重庆，拜见蒋介石。蒋介石给他的答复是："从速返港，秘密进行。"

杜月笙得到蒋介石的应允后，立即坐上中国航空公司的飞机，返回香港。

但就在返港的途中，飞机却遇到了意外——一架日本军机突然出现，对它进行堵截。

幸好中国航空公司的飞行员技术高超，通过不断的高空爬升和闪躲腾挪，终于把敌机摆脱了。但杜月笙却因此患上了哮喘的毛病。从此之后，这个病跟随了杜月笙十二年，时时发作，严重损害了杜月笙的健康，而他最终也正是死于哮喘病。

还在飞机上时，杜月笙已是痛苦难忍，不得不改坐为躺，而飞机抵达香港启德机场后，他被担架抬下来。

回到杜公馆后，经过医生的及时医治，病情总算有所缓解。这时，他屏退病榻旁的家人和朋友，单独把徐采丞留下来，硬挺着虚弱的身体向他交代道："采丞，有两件顶要紧的事情需要你立即回上海办一下，一是把黄溯初先生接到香港来，我要跟他面谈。二是转告万墨林，在征得高宗武同意的前提下，不惜一切代价，务必把他和他的家眷平安护送到香港。"

徐采丞领命，第二天便去了上海。

几天后，黄溯初安全抵港，杜月笙拖着病体，亲自把他接到了杜公馆。

经过一番详谈，黄溯初又写了一份有关高宗武反正的报告要略，交到了杜月笙的手里。

杜月笙当即决定，带上这份报告，去重庆面呈蒋介石。

蒋介石看到报告后，心中大喜，立即写了一封亲笔信交给杜月笙，请他设法转交到高宗武手中。

拿到了蒋介石的亲笔信，杜月笙暗想此事算是成了八九分了。接下来，最要紧的就是如何把高宗武安全护送到香港了。

事不宜迟，他马上飞回香港，然后把蒋介石的密信交给一个十分信任的弟子，由他秘密带到香港，交给高宗武。

剩下的事情，就是待在杜公馆静候佳音了。

高宗武收到蒋介石的密信后，心中有了底，开始与徐采丞谋划出逃的事情。但由于日、汪之间的《日支新关系调整要纲》的签字仪式要在一九三九年十二月三十一日才举行，所以高宗武决定暂时不露声色，等到密约签订之后，盗出原本，再带着它逃离上海。

更棘手的是，高宗武不仅要自己离沪，还要带上自己的好友——同样有反正意愿，并已经引起汪伪政府特务部门注意的陶希圣。

当时，陶希圣正担任汪伪政府的宣传部长。

跟高宗武一样，他也是被汪精卫的"和平救国"主张所蒙骗，但到《日支新关系调整要纲》谈判的时候，陶希圣被日本人提出的条件彻底震惊了。他们居然要把中国划分为满洲国、蒙疆自治政府、华北、华中和华南五个地带，而台湾和海南岛则被列为日本的军事基地。陶希圣直到这时才发现，日本人口中说的是和平，但却用实际行动在瓜分中国。

于是，他拒绝在这个密约上签字，表面上称病不出，实际上却在暗中谋划着如何逃离汪精卫的魔掌。

陶希圣的反常行为引起了汪精卫和警卫主任周佛海的警觉，他们开始派出汪伪特务机关极司斐尔路七十六号的特务严密监视陶希圣。面对如此严酷的现实，陶希圣与夫人商定：能逃就逃，实在逃不了，宁可自杀，也不继续助纣为虐。

恰在此时，高宗武前来探望。陶希圣并不知道高宗武的计划，但他知道汪精卫和周佛海已经将高宗武列入怀疑名单了。

于是，他告诉高宗武说："我听闻汪精卫他们正在谋划着如何害你，你打算怎么应对？"

高宗武神秘一笑，答道："三十六计，走为上策。"同时问道："陶兄也跟我一起走吧，我知道你也在名单之上。"

陶希圣当然愿意，但他心有疑虑，问道："如何走？"

高宗武便把与杜月笙接洽的事情告诉了陶希圣，并极有信心地说："有杜先生的人保护，我想我们一定可以安全离开上海。"

陶希圣想了一下，当即决定跟高宗武一起走。

此时，徐采丞、万墨林已经为高宗武买好了船票，同时制定了严密的计划，派出大量人马，以保证高宗武能安全离沪。

此时又加上一个陶希圣，万墨林赶紧又派人买了一张船票，同时又加派人马，保证将陶希圣也安全护送到船上。

一九四〇年一月四日上午，高宗武按照预定计划登上了美国"胡佛总统号"轮船，而陶希圣也在杜氏门人的帮助下，成功甩掉了监视他的特务，顺利上了船。

经过一天一夜的海上颠簸，在第二天下午，高宗武、陶希圣顺利抵达香港。直到此时，早就翘首以盼的杜月笙，心中那块石头算是终于落地了。

但让杜月笙意外的是，高宗武并没有把《日支新关系调整要纲》的原本带来香港。其实，高宗武已经把《日支新关系调整要纲》的原本摄成了底片，为了防止离沪时发生意外，落到汪精卫的手里，于是交给自己的夫人秘密收藏。

几天后，高宗武的夫人和孩子们也被杜月笙的人解救到香港。当然，底片也一起带来了。

然后，由高宗武的妻弟沈惟泰将底片冲洗了两份，一份送到重庆，面呈蒋介石；一份由高宗武夫妇共同署名，由杜月笙转交给中央通讯社发表。

但就在这个过程中，发生了一个小插曲。

起因是高宗武在《日支新关系调整要纲》正文的前面加了几百字的前言，说明当时的经过。但中央通讯社认为这样做有点不妥，于是便以高宗武未在上面盖章为由，拒绝发表。对此，高宗武夫妇的解释是：离开上海时太过仓促，未把印章带到香港。

眼看事情僵在了这里，杜月笙心急如焚。他灵机一动，决定略施小计，以打破僵局。

于是，他叫来一个手下，悄悄地面授机宜："我马上要到吴铁老公馆去，你不要跟着我。等到大约十一点的时候，你假装到吴家来找我。一见我面，你就这么说：'我受高宗武先生所托，前来问你，到底是全文刊登，还是非删去前言不可？要是不能全文刊登话，高先生要立即收回所有的文件。'剩下的事情就不用你管了。"

手下点头，表示已经记牢了杜月笙的话。

杜月笙所说的吴铁老，即吴铁城。此时，他刚刚从广东省主席的位子上卸任，住到了香港，是重庆国民党中央驻在香港的最高级别官员。

按照计划，十一点的时候，好戏上演。高宗武先生的代表态度十分强硬，把杜月笙搞得十分尴尬，不知所措，吴铁城在旁边冷眼旁观，沉默不语。但当来人说"要是不能全文刊登话，高先生要立即收回所有的文件"的时候，吴铁城坐不住了。如果真是这样，那就前功尽弃了。

他赶紧好言好语地把来者稳住，然后一个电话打到中央通讯社，吩咐那边全文刊发，不得有误。

杜月笙面无表情，但心里早就乐开了花。

一九四〇年一月二十日，高宗武摄制的《日支新关系调整要纲》原本照片及其前言全文发表。这如同一枚重磅炸弹，一经发表，便引起了全世界的关注。汪精卫一直宣扬的"和平救国"主张在国人心中彻底破产，他的汉奸形象也开始逐渐深入人心。

至此，杜月笙一手导演的"高陶事件"终于圆满结束。后来，高宗武想出国留美，继续深造，杜月笙亲自帮他办好了护照，并到机场送行。陶希圣则暂时住在九龙，由杜月笙派人严密保护。

"高陶事件"的第一主角高宗武出国了，汪精卫把所有的仇恨都放到了杜月笙身上。他命令汪伪政府的特务头子李士群专程坐镇广州指挥，派出大量特务潜到香港去刺杀杜月笙。好在杜月笙身边好手如云，保护措施非常严密，特务们一直没有找到下手的机会，刺杀计划最终以失败告终。

第四十二章
张啸林之死

　　上海沦陷后，国民党在那里的地下力量十分庞杂，有军统、中统，有三青团，还有一些其他派系派去的地下工作人员。这些力量山头林立，极不团结。各有各的主意，各有各的行动，不仅很少互相配合，反而经常相互掣肘。再加上杜月笙留在那里的杜门弟子，这所有的力量搅在一起，很难协调。

　　后来，在杜月笙和吴开先的建议下，一九三八年年底，重庆的国民党政府决定在上海成立一个领导、调度上海滩各方力量的上海统一委员会。委员会共设常务委员五名，包括杜月笙、吴开先、戴笠、吴绍澍、蒋伯诚；设委员七名，分别是陆京士、钱新之、俞鸿钧等。

　　蒋介石为了更好地利用杜月笙留在上海的杜门力量，任命杜月笙担任主任委员，而吴开先则担任书记长。后来，为了联络方便，又在上海设立无线电台，分别与香港和重庆方面联系，而万墨林则被任命为总交通员，负责各方联络。徐采丞则被任命为直属通信员，专门负责与重庆方面联络，并在他住的地方安设了秘密电台。

　　上海统一委员会成立后，各委员立即投入到工作中。被汪伪政权瞄上的许多商界名流，正是在上海统一委员会的努力下，才没有走上汉奸之路。

这些人有的被护送到了香港，不愿意离开上海的，也拒绝与汪伪政权合作。

但毕竟还有些漏网之鱼，他们不顾民族大义，只顾眼前的短暂利益，落水当了汉奸。

对于这些人，唯有一个办法——杀掉。

于是，戴笠决定在上海成立一个专门刺杀汉奸的"行动小组"，这个小组的成员必须精明干练、身手不凡，要让上海滩的汉奸们闻之色变。

戴笠把这个想法告诉了杜月笙。杜月笙本来就是上海统一委员会的主任委员，又与戴笠是结拜兄弟，有着情同手足的交情，当然没有不支持的道理。

他知道戴笠需要精干人手，于是推荐自己的得意门生陈默担任了"行动小组"的组长。

陈默曾接受过正规的军事训练，而且有勇有谋，是个不可多得的人才。抗战前曾担任上海警备司令部稽查处经济组组长，抗战中则担任过戴笠组织的别动队第二支队的大队长。另外，杜月笙告诉戴笠说："上海的杜门力量，'行动小组'可以随时调用。"

而戴笠需要的正是这个。

这也正是他找杜月笙商量此事的主要原因。他知道，杜月笙留在上海的力量十分强大，可谓有人、有钱、有枪，有了这支力量的全力配合，那"行动小组"绝对可以威震上海滩。

"行动小组"成立后，立即展开侦查，锁定目标，开始了振奋人心的锄奸行动。

一九三七年十二月三十日，正准备加入汪伪上海市民协会的儒商陆伯鸿在寓所门口被杀，杀他的正是一名化装成水果摊贩的行动队队员。

次年一月十四日，上海滩享誉十多年的著名律师范罟，在位于威海卫路一百五十五弄二十号的家门口被杀，令他毙命的是一颗迎面飞来的子弹。范罟是上海滩有名的"强盗律师"，专替强盗开脱，被杀时，他正在为上海两特区法院院长的职务而四处活动。由于范罄的知名度非常高，他被杀后，第二天各报纸纷纷刊登消息，轰动上海滩。这算是让"行动小组"扬名立万的一次完美的暗杀。

接着，伪上海市民协会负责人尤菊荪、伪上海市民协会委员杨福源、伪上海市政督办公署秘书长任保安、伪上海市民协会常务委员会主席顾馨一、伪上海市政督办公署检查处处长范耆生，还有伪绥靖第三区特派员日本人中本达雄及杜月笙的老朋友陆连奎、曹炳生、俞叶封、傅筱庵等人，都先后被"行动小组"成功除掉。

除了惩处汉奸，日本人也是"行动小组"的暗杀目标。

宪兵补充队长高荚三郎生病住院，被人下毒，毒发身亡。

担任汪伪上海市政府顾问的两名日本间谍——喜多昭次和池田正治，在四马路望平里散步时被枪杀。

"行动小组"的锄奸行动，让上海市民大快人心，同时让上海的敌伪胆战心惊。从一九三八年一月到一九三九年年底，在不到两年的时间里，陈默领导的行动小组刺杀的大汉奸和日本人竟达六十二人。一时间，上海滩风声鹤唳、草木皆兵。

除了杀人，行动小组还炸仓库、烧机房，即使是戒备森严的日本军舰，队员们也敢摸上去实施破坏。停在杨树浦瑞熔造船厂修理的日本运输舰卢山丸号，刚刚修好，还没来得及起航，就被"行动小组"一把火给烧掉了。接着，顺丸号、沅江丸号、南通丸号、音户丸号，都遭到了和卢山丸号同样的命运。连作为水上运输工具的军用小汽艇，也被烧毁了二十余艘。

神出鬼没的刺杀，防不胜防的破坏，让上海敌伪遭受了巨大的损失。更重要的是，它对敌人产生了巨大的震慑作用，使得他们一天到晚坐卧不宁。而上海市民却受到了巨大鼓舞，抗日热情持续高涨。

上海滩的锄奸行动正在火热地进行中，但让杜月笙难过的是，张啸林也落水当了汉奸。虽然这也在杜月笙的意料之中，但当它真变成事实的时候，作为一起搏杀许多年的老兄弟，杜月笙还是一时难以接受，并且为他担心不已。

其实，张啸林自从被日本人由莫干山上请下来之后，就打定了当汉奸的主意。当时，他的目标是上海市长或浙江省主席，但日本人设在上海的特务机关——"梅"机关的头子土肥原贤二却没把他当回事，只是想把他稳在上海，根本没有委以重任的意思。

张啸林左等右等都没有等到市长或省主席的委任状，心中一急，干脆跑去拜见土肥原贤二。可土肥原贤二闭口不提封官的事，净说一些吹捧的客套话，诸如"张先生是识时务的俊杰""张先生是日本人的好朋友""我们必会对张先生委以重任"等等。

听着这些不咸不淡的废话，张啸林心里凉了半截。

更让他无法忍受的是，谈话结束前，土肥原贤二竟然让他去杭州组织一个维持会，让他做维持会会长。

这是个连弼马温都不如的芝麻小官，对于自视甚高的张啸林来说，不啻一种侮辱。他当时就想骂娘，但看着土肥原贤二那张阴森可怖的脸，他把一堆脏话硬给憋了回去。

直到回到华格臬路的张公馆，他才破口大骂道："他妈的，竟然让我当什么狗屁维持会会长，把我张啸林当什么人了？以为我是臭要饭的？别把老子惹急了，惹急了老子不伺候了，管你是不是天王老子。"

可是骂归骂，日本人交代的任务他还是不敢怠慢。他立马派出自己的弟子赶赴杭州，组织维持会，帮着日本人维持秩序。说白了，就是帮着日本人镇压反抗的中国人。

这件事过后，张啸林汉奸的名声算是坐实了。

消息传到香港后，杜月笙为了尽最后的努力，急忙派弟子赶赴上海，带去杜月笙的亲笔书信一封。杜月笙在信中泣血相劝，劝他悬崖勒马，不要成为民族的罪人，遭后人唾弃。

没想到，张啸林看完信后，把信撕得粉碎，并当着杜月笙徒弟的面，把杜月笙骂了个狗血喷头，什么难听的话都出来了，愣是连着骂了一个多小时。

杜月笙的徒弟回到香港后，如实汇报。杜月笙听罢，长叹一声，默默无语。

之后不久，一直没当上官的张啸林却等来了一桩赚钱的大买卖。

当时，共产党领导的游击队控制了乡村，他们不断袭击敌伪的物资运输，使上海的物资供应陷入了困境。这时候，日本人想到了张啸林，于是让他想办法从外地采购物资，供敌伪使用。

本来，张啸林正在为没能当上上海市长或浙江省主席而闹情绪，但日本人的命令下达后，他转念一想，捞不着官当，能发财也不错。于是他乐颠颠地组织了一个新亚和平促进会，把自己的弟子召集在一块儿，专门到乡下去给日本人办货，还把老朋友俞叶封拉了过来，由他专门负责采购棉花，而自家则负责搜购大米、煤炭等物资。

由于日本人的需求越来越大，张啸林的生意也就越做越大。比如，他从越南买煤，运到上海后再转销华中一带，从上海运煤到华中的全部贸易几乎由他一人包办。后来，他发现越南河内特有的交通工具——三轮车很好玩，就叫人带了一辆来上海，随后被黄包车行老板顾竹轩借去照着仿制，结果三轮车在中国渐渐盛行了起来。

随着张啸林的生意越做越大，"行动小组"的锄奸行动也进行得如火如荼。张啸林看着自己的汉奸朋友一个个倒下，心中变得惊恐起来。尤其是一九三九年夏末的时候，他从莫干山避暑回来没多久，汪伪上海市财政局长周文瑞便在四马路望平街遇刺，身负重伤，侥幸捡了一条命。仅仅两周之后，汪伪和平运动促进会委员长李金标也遇刺，同样是侥幸逃命。而这两人，都是张啸林的好朋友。

惊恐归惊恐，但张啸林并没有停止为日本人搜刮军需物资的步伐，反而愈演愈烈，给国民党政府的物资供应造成了很大困难。这让戴笠十分愤恨，他已经开始考虑下达刺杀张啸林的命令了。

到了年底，张啸林靠着为日本人忠心卖命，终于得到了土肥原贤二的承诺——伪浙江省主席的位子将由他去坐。这让张啸林欣喜若狂，接着，他开始与日本特务机关一起，积极谋划汪伪浙江省政府的成立工作。

对于张啸林来说，这本是件天大的好事。但他不会想到，正是这顶伪浙江省主席的官帽，促使戴笠做出决定，下达了除掉他的命令。

风声越来越紧，张啸林的防备措施也愈发严密。一般情况下，他轻易不迈出张公馆半步。如果非要外出不可，那也是前呼后拥、保镖成群。

而老朋友俞叶封的遇刺，更是让他几乎成了惊弓之鸟。

一九四〇年一月十五日，评剧名家新艳秋在更新舞台演唱名剧《玉堂春》，当时，俞叶封正在力捧新艳秋，所以非要拉着张啸林去捧场。张啸林碍于老朋友的面子，不得不去。

俞叶封包了几个位置绝佳的包厢，专等着好戏开场。

"行动小组"探听到这个消息后，早早地派人潜伏到戏院，专等着张啸林和俞叶封来到包厢，以便一网打尽。

可遗憾的是，碰巧那晚张啸林有事，没去更新舞台。

《玉堂春》开唱大半截后，张啸林仍不现身。"行动小组"的队员猜测，他恐怕是临时改变计划，不会来了。好在还有一个俞叶封，他们决定动手。

就在台上唱得正热闹，俞叶封听得正陶醉的时候，突然枪声大作，俞叶封应声倒地，立时毙命。

俞叶封遇刺的消息传来后，张啸林惊得半天说不出话来。他不知是害怕还是在庆幸。

从此之后，他更是加倍谨慎，不仅新雇了二十多个身手不俗的神枪手当保镖，在华格臬路的张公馆周围也安排了大批日本宪兵护卫。

但即使这样，"行动小组"依然能寻觅到机会。

一次，张啸林要到新亚大酒店宴请各界名流，以庆祝新亚和平促进会的新章程出台。

"行动小组"得到消息后，立即在张啸林车队的必经之路上埋伏下了枪手，专等着张啸林自投罗网。

天快黑的时候，张啸林的车队从张公馆鱼贯而出，朝着新亚大酒店开去。就在汽车即将到达福熙路十字路口的时候，恰好遇到了红灯，张啸林的司机阿四刚踩下刹车，车还未停住的时候，突然传来一声枪响，接着子弹如蝗虫般朝着车队飞来。阿四一看遇到了袭击，并没有慌张，而是赶紧松开刹车，猛踩油门，载着张啸林的小汽车如离弦之箭一般朝前冲去，冲出了刺客的火力范围。

张啸林有惊无险，又逃过一劫。而他之所以能逃脱，得感谢那个提前开枪的人。如果等到他的汽车停住再开枪，那他可能就生死难料了。

事后，"行动小组"经过调查，提前开枪的正是杜月笙的徒弟于松乔。于松乔说是自己一时失手，走火了。但人们都猜测，于松乔是碍于师父与张啸林的情谊，不忍心杀他，所以故意提前开枪，放走了张啸林。

经过这次惊吓，张啸林更是不敢轻易出门了。

不过，这并没有让张啸林悬崖勒马。一九四〇年八月，张啸林正式接到伪浙江省主席的委任状，他踌躇满志，时刻准备着去浙江上任，过过他的官瘾。

八月十四日下午，张啸林的学生、时任伪杭州锡箔局局长的吴静观前来华格臬路的张公馆拜访。二人在三楼的密室里，商议了一些张啸林去浙江赴任的事情。

突然，楼下的院子里传来了一阵吵闹声。张啸林以为发生了什么大事，赶紧打开窗户伸头张望，但他看到的却是他那二十几个保镖，正分成两派，互相指着鼻子对骂。

原来，张啸林手下的保镖在暗地里一直分为两派，老的一派和新来的一派，每派都有领头的。这天，由于赌钱的时候一个老保镖输了不认账，双方便吵了起来，最后演变成了两派的争吵，动静越来越大，于是便惊动了张啸林。

本来，因为上次差点被枪杀的事，张啸林对这群保镖就心怀不满，此刻，看他们一副泼妇骂街的模样，火气腾的一下蹿了上来，对着他们破口大骂道："他妈的，吵什么吵？看看你们的样子，一群酒囊饭袋，除了会吵还会干什么？别把老子惹急了，惹急了老子多弄点日本宪兵过来，让你们统统滚蛋。"

其实，保镖们都知道张啸林的脾气，平日里也没少挨他骂。一般情况，骂完了也就过去了，没人跟他计较。

但今天，有个叫林怀部的保镖却不干了。没等张啸林骂完，他唰地掏出手枪，对着张啸林的脑袋就是一枪。一边开枪，一边回骂道："让你骂，让你骂，老子送你上西天。"

林怀部是有名的神枪手，只用一颗子弹，就结果了张啸林的性命。这年，张啸林刚刚六十五岁。

射中张啸林后，林怀部一边大声喊着"张啸林是汉奸，我要为国除害"，一边飞似的蹿上三楼，来到张啸林所在的房间。此刻，吴静观刚刚从震惊中恢复正常，正要拨电话喊日本宪兵。由于惊吓过度，他的手一直在哆嗦，手指头甚至插不进号码盘上的圆孔。

说时迟，那时快，林怀部以迅雷不及掩耳之势举起手枪，只听"砰"的一声，一颗子弹穿过了吴静观的后脑勺，他应声倒地。

而此时，楼下的保镖全部愣在那里，根本没有抓住林怀部的意思。

接连杀掉两个汉奸后，林怀部从容地走下楼，对着楼下目瞪口呆的保镖们说："好汉做事好汉当，我不会拖累你们。"说完，他一边大喊着"大汉奸被我杀了！大汉奸被我杀了"，一边冲出张公馆的大门，朝着华格桌路跑去。在华格桌路上，林怀部面对赶过来的法国巡捕，未作任何反抗，把手枪交出来后，束手受擒。

下午四点多，张啸林遇刺身亡的消息传到香港。杜月笙拿着报告此事的电报，脸色苍白，双手发抖，掩面而泣。杜月笙一边哭泣，一边喃喃自语："你陷得太深，我拉不住你啊。"

林怀部被抓后，土肥原贤二立即向法租界巡捕房提出交涉，以张啸林是日本人的朋友为由，要求将林怀部交由他的"梅"机关处置。但法租界巡捕房却以案件发生在法租界为由，拒绝了土肥原贤二的无理要求。

没多久，林怀部就被放了出来。没等土肥原贤二来得及采取行动，他就逃离了上海，远遁他乡。

第四十三章
从特工总部救出万墨林

张啸林遇刺四个月后，杜月笙又收到了一个坏消息——管家万墨林被抓进了汪伪政权的特工总部极司斐尔路七十六号。

当时，杜月笙正在重庆，为人民行动委员会的事情忙得不可开交。

人民行动委员会是由海内外的帮派大佬组成的一个抗日组织，目的是团结一切帮派兄弟，一致抗日。人民行动委员会采用集体领导制，杜月笙、杨虎、杨庆山、张树声、向海潜、韦以黻、田得胜等人被推举为常务委员，戴笠则担任幕后策划。

正因人民行动委员会的成立而欣喜不已的杜月笙，收到万墨林被抓的消息后，顿时如五雷轰顶，直冒冷汗。

汪伪政权的特工总部极司斐尔路七十六号，被人们简称为"七十六号"。别看这只是简单的几个字，但人们提到它无不色变。因为被抓进"七十六号"的人，很少能活着出来。而且那里酷刑林立、惨绝人寰，是一座名副其实的魔窟。

而万墨林是上海统一委员会的总交通员，手里握着国民党在沪地下工作者的名单。如果他经受不住酷刑，把这些人说出来，那麻烦可就大了。

杜月笙一时心急如焚。

其实，"七十六号"抓万墨林，是汪精卫亲自下的命令。而汪精卫这么做，很大一部分原因是出于对杜月笙的报复。他无法抓到杜月笙，也无法干掉他，只好拿他留在上海的亲信、管家万墨林开刀。

自从"高陶事件"后，汪精卫就对杜月笙恨之入骨。更严重的是，旧恨未除，又添新恨。

新恨是什么呢？

一九四〇年十一月二十九日，日本发表了日、"满"、"华"共同宣言，正式承认汪精卫伪政权。

汪精卫认为，这应该是普天同庆的一天。于是，他从上海邀请了大批轴心国的外交官和日军高级军官，乘"天马号"专车前来南京参加签字典礼，算是给他捧场。

戴笠获知此消息后，认为是大干一场的好机会。他当即决定，派人把"天马号"专车给炸了，灭灭汪精卫的威风。执行炸车任务的是上海忠义救国军地下工作人员和军统局苏州站，而参与此次任务的上海忠义救国军地下工作人员，全是杜门弟子。

二十九日上午九时，当"天马号"行驶至苏州城外京沪铁路线上的李王庙路段时，忽然一声巨响，早就埋藏在铁轨中间的地雷爆炸了。一时间，车毁人亡，血流成河。

由于所埋地雷的威力巨大，数量又充足，"天马号"上的人非死即伤，损失惨重。除了两名日军大佐、两名日本内阁的庆贺专员和多名情报员当场毙命外，德国和意大利的多名外交官也或死或伤。最后一统计，死伤者竟达一百多人。

爆炸消息传到南京后，汪精卫颜面大失、狼狈不堪。他对杜月笙的恨也更加咬牙切齿。

于是，便出现了万墨林被抓进"七十六号"的事。

万墨林被抓后，立即被施以酷刑，先是剥光衣服毒打，接着又是辣椒水、雪里红（雪中拷打，鲜血四溅）、老虎凳，反正能用的酷刑全部用上了。直至万墨林被折磨得死去活来、体无完肤。

但万墨林确实是条汉子，咬紧牙关，就是不开口。他知道，只要他能挺住，杜月笙肯定有办法把他救出去。

果然，自从十二月二十二日得到消息后，杜月笙一方面立即电告吴开先等人搬离住所、改变联络方式，一方面开始动用各方力量，全力解救万墨林。

他先是通知留在上海的杜门力量，要不惜一切代价营救万墨林，又电告徐采丞，让他利用自己与日本人的良好关系，请日本人出面，对"七十六号"施压，迫使他们放人。

接着，他紧急返回香港，亲自部署营救计划。

杜月笙与"七十六号"的特务头子李士群没有半点交情，于是他只得走迂回路线，从汪伪政权的三号人物周佛海身上下手。

正好，杜月笙的好朋友周作民有一个叫李北涛的下属与周佛海交情颇深。于是杜月笙便请李北涛出面，带上一份厚礼，去南京拜访周佛海，请周佛海看在旧日交情的分上，保全万墨林，并且予以优待。

李北涛见到周佛海后，除了委婉转达了杜月笙的请托，还软中带硬地劝道："做事情要落槛一点，也算给自己留条后路。你应该知道，杜月笙的势力在上海乃至全国到底有多大。如果这件事你不帮他，必然会影响日后的见面之情。"

李北涛的话，句句中肯，不得不引起周佛海的重视。

好在周佛海是个心思活泛的人，甚至有点活泛过度了。他一辈子只忠于自己，只认利益。

周佛海曾经是中国共产党的创始人之一，但在一九二七年被陈群抓捕后，立即反水，投靠了国民党。等日本人打过来了，他又跟着汪精卫投靠日本人，当了汉奸。

当年，周佛海经常到上海吃喝玩乐，也曾是杜公馆的座上宾。他对杜月笙的为人和实力还是很了解的。再经过老朋友李北涛的一番劝说，他意识到即使放弃通过万墨林摧毁重庆国民政府在沪地下工作人员这个大功劳，也不能不给杜月笙面子。

他当即决定，帮杜月笙这个忙。

于是，一封紧急电报发到了"七十六号"，电报上只有十一个字：万墨林性命保全，并予优待。

有了周佛海的命令，李士群再也不敢放肆。

三天后，万墨林被从阴森恐怖的"七十六号"魔窟移转到四马路总巡捕房收押。这里的督察长刘绍奎不仅与杜月笙私交甚笃，而且归戴笠直接指挥，因此对万墨林自然是百般照顾。同时，李北涛正在上海积极活动，欲暗中买通日本人，把万墨林给放出来。

但遗憾的是，此事未逃过周佛海的耳目。他得知李北涛的行动后，立即派人将万墨林押解到了南京。见面后，周佛海轻松地说道："万墨林，你应该知道，'七十六号'可不是说来就来、说走就走的地方，要释放你，不是一件简单的事情。但碍着杜先生的面子，一旦关节打通，我立即就放你。但你得向我保证，今后不要再到处托人私下活动，打乱我的计划。"

此刻，"人为刀俎，我为鱼肉"，万墨林只好点头答应。

关押到南京后，万墨林没再吃什么苦头，但就是释放之日遥遥无期。

杜月笙一琢磨，周佛海大约只能做到现在这个程度了。因为人是汪精卫让抓的，汪精卫不发话，身为汪伪政权三号人物的周佛海自然不敢自作主张把人给放了。

怎么才能让汪精卫放人呢？杜月笙想到了日本人。日本人就是汪精卫的太上皇，只要他们一施压，汪精卫肯定会乖乖放人。事不宜迟，杜月笙电令徐采丞抓紧行动，争取早日请日本人出面。

徐采丞通过一番打探，得知东北籍的国会议员金鼎勋与日本人颇有渊源。于是，徐采丞拉上顾南群与朱东山，一起去恳请金鼎勋帮忙。金鼎勋倒是个爽快人，一听是杜月笙的管家被抓了，二话没说，就大包大揽了下来。

金鼎勋走的是日本决策机构兴亚院这条高级路线，他说服兴亚院的高等参谋冈田，又说服了一名叫坂田的巨商，然后由这两人向日本军方施压："皇军若要彻底统治上海，杜月笙有无法估量的利用价值，在这多方争取杜氏之际，汪政府特工羁押其亲戚及亲信万墨林，实为愚蠢之举。"

日本军方认同了冈田和坂田的观点，于是向汪精卫施压。

日本人发话了，汪精卫自然不敢怠慢。不久之后，万墨林终于被放了出来。

得知万墨林获释的消息后，杜月笙百感交集，接连给他发来了三封电报，表达慰问之情，也对他在"七十六号"的表现表示了感谢。

第四十四章

撤离香港

随着第二次世界大战进入白热化阶段，日本人的野心日益膨胀。一九四一年十二月八日，日军在毫无征兆的情况下，突袭珍珠港，造成了美国海军的巨大损失，从而把一直自保的美国人拖进了战争，太平洋战争就此爆发。

接着，马尼拉、香港、新加坡也都遭到日军袭击，泰国抵抗不住，率先选择了投降。同时，驻守在北平、上海、天津的英美军队也被日军解除了武装。

此时，杜月笙并没有在香港，而是身在重庆。早在几天前，他就预感到香港可能会沦陷，于是亲自飞赴重庆，与戴笠商量如何赶在香港沦陷前，把待在那里的社会名流们送出来，当然，也包括杜公馆的人。

可就在二人还在紧急磋商的时候，香港受到攻击的消息就传到了重庆。听到消息后，杜月笙一阵发蒙，他没想到日军的动作居然这么快。香港有日本人急需拉拢的各界名流，还有他杜月笙的家人和弟子，一旦这些人落入日军之手，那后果简直不堪设想。

他赶紧找到戴笠，说："驻守香港的英军只有两三个营，剩下的都是些没什么战斗力的印度兵，依我看，不出几日，香港必然沦陷。"

戴笠也和他一样心急如焚，急速答道："我看他们挺不过三天。"

"当务之急是赶紧把待在香港的各界大佬抢救出来，万万不能让他们落入日本人之手。"杜月笙焦急地说道。

"嗯，据可靠情报，香港启德机场还未被日军占领，咱们可以派飞机过去。"戴笠答道。

打定主意后，两人连夜拟定出了需要营救的人员名单。

接下来，就是找飞机了。军机都派上前线了，而且容量也太小，戴笠只能找民航客机。

飞机找到后，由谁来驾驶却成了大问题。军方的飞行员都在前线鏖战，根本无暇顾及。而民航客机的驾驶员知道香港正遭受日军战机的轰炸，根本不敢去。

戴笠被飞行员的问题急得团团转。

正在这紧要关头，一个叫阿伍的人主动请缨，为戴笠解了燃眉之急。

阿伍是香港华侨，家境颇丰，也是戴笠的好朋友。前几天，他刚刚受戴笠所邀，来到重庆玩耍。太平洋战争爆发后，阿伍跟杜月笙、戴笠一样，也是焦急万分。因为他的庞大家产全在香港，如果不赶回去，那家产肯定会落入日军之手，自己大半辈子的心血就付之东流了。

于是，阿伍请求戴笠一定要设法让他回到香港。

可戴笠直摇头，无可奈何地说道："现在要回香港，只有一条路——坐飞机直抵未被日军占领的启德机场。飞机我是找好了，可没有飞行员敢驾驶前往啊。"

阿伍一听，立即面露喜色，说道："由我来驾驶。我学过航空，驾驶技术还算高明。"

戴笠大喜所望，但还是略有疑虑地问道："你真能行？"

"绝对没问题。"阿伍重重地点点头。

"好。不过我要事先跟你讲清楚，飞机落地后，你要立即把飞机交给中国航空公司，我会请他们派驾驶员飞回重庆。这架飞机我要用来接运待在香港的各界名流，这些人对于党国非常重要。所以，你和你的家眷都不能乘此飞机返回。"

阿伍回港心切，立即答应了戴笠的要求。

但还有一个问题：由于只有一架飞机，因此之前拟定的名单人数太多，根本无法一次接来，必须筛选，再次拟定一个合适的名单。

这个时候，戴笠左右为难了。

一边是党国要人，一边是杜月笙的家眷。前者是必须要接回来的，而杜月笙的家眷也不能不管啊。但两者显然不能兼顾。

这个时候，杜月笙一咬牙，告诉戴笠说："党国大事要紧，我的人暂时不用考虑。"

戴笠抬起头，感激而敬佩地看着杜月笙，杜月笙则面色苍白。

但即使不管杜月笙的家人和弟子，也无法把所有要人一趟接回来。十二月八日晚，两人经过一番权衡，终于拟定了最终名单。名单上，陶希圣、颜惠庆、许崇智、陈济棠、李福林、王新衡等要人中的要人，被列在了最前面。

名单既已确定，戴笠立即派人电告中国航空公司，请他们马上分头通知名单上的人，务必在十二月九日中午以前到机场集合，等阿伍驾驶的民航客机一到，立马换上中国航空公司的驾驶员，即刻返航。

一切安排妥当后，杜月笙和戴笠毫无睡意，苦苦等待着飞机返航的消息。九日傍晚，飞机安全抵达重庆，但让他们大失所望的是，飞机接回来的，并不是名单上的那些人，而是一些相对来说次要一点的名流。

香港的中国民航公司来电告知，之所以出现这种情况，是因为名单上所列的要人全都下落不明，根本联系不到。

眼看着一番辛苦几乎白费，杜月笙十分懊恼。但事情必须得解决，杜月笙必须从懊恼的情绪中走出来，继续想办法。

忽然，他想到了之前组织的人民行动委员会，便向戴笠献计道："如今，要想搜救那些失联的大佬，必须请帮会的弟兄们帮忙了。"

"好主意，正好咱们有个'人民行动委员会'，可以统一组织此事。"戴笠兴奋地说道。

"对，我也是这么想的。"

二人一拍即合，马上开始行动。

经过一番努力，从重庆到香港，包括两地之间的贵阳、桂林、韶关、龙川、沙鱼涌、大埔等地的帮会弟兄们全部行动了一来，硬是开辟出了一条黄金通道，他们一边搜救，一边把搜救到的要人们通过这条黄金通道护送到重庆。

不过，这条通道的路程遥远，营救效率太低，而且中间也是杀机四伏，经常会与日军碰个正着。

杜月笙不得不另想办法，开辟第二条通道，与第一条通道同时使用。

一个几乎是与虎谋皮的大胆计划在他心里慢慢形成了。他告诉戴笠，他想利用徐采丞与日本人的良好关系，说服日本人，同意让徐采丞从上海派一艘轮船，驶往香港，把他杜月笙滞留在香港的朋友们接回上海，住进还未被日本人控制的法租界。

听完杜月笙的想法，戴笠觉得这简直不可思议。但他细一琢磨，才发现这并不是完全不可能的事。因为日本有一部分人一直对在上海工商界拥有至尊地位的杜月笙"为我所用"的幻想仍未破灭。另外一个有利条件是，徐采丞与日本驻上海陆军部部长川本等高级军官私交甚好。

想到这两点，戴笠当即表示支持，让杜月笙不妨去试一试。

第二天，杜月笙就给徐采丞发了一封电报，把自己的想法告诉了他，让他立即行动，尽快促成此事。

徐采丞利用日本人内部各派系的矛盾分歧，再加上自己与日本人的良好关系，经过积极斡旋，纵横捭阖，奇迹发生了——日本人居然同意了杜月笙的要求，更不可思议的是，连不可一世的"梅"机关也暗中提供支持。

一九四二年二月，徐采丞包好一艘轮船，立即派往香港。同时，他还于二月三日搞到一架日本军机，由上海直飞香港。他随身携带了大量现金，一到香港就代表杜月笙慰问那些尚在香港的杜氏友人和弟子、家眷。

滞留香港的杜门亲友们听到这个消息后，欢欣鼓舞，仿佛到鬼门关走了一趟又被送回了人间。

由于飞机在途中发生故障，在台北耽搁了三天，直到二月六日，徐采丞才在众人的望穿秋水中姗姗而至。

一下飞机，徐采丞立即分头拜访各位杜氏亲友，他请众人做好准备，一旦轮船抵港，立即登船返沪。

二月八日，徐采丞所包的轮船终于抵达香港。三百多人登上轮船，顺利回到了上海。这些人中，既包括颜惠庆、陈友仁、曾毓隽、李思浩、唐寿民、林康侯、刘放园、潘仰尧等耆宿名流，也有部分杜门亲友和苏浙同乡。

但此时，还有部分要人失散在外，下落不明。于是，杜月笙令姚玉兰、杜维蕃暂时留在香港的杜公馆，作为联络中心，直到这些要人离港后，他们才能离开。

这批人是由帮派兄弟开辟的黄金通道，最后离开香港的。他们包括陶希圣、蒋伯诚、陈策、顾嘉棠、芮庆荣、杨克天、姚玉兰、杜维藩、胡叙五等人。

其中，姚玉兰又是这批人中最后离港的。她扮作乡下女人，一路吃尽苦头，直到大年初三那天才终于到达重庆。

见到杜月笙后，夫妻二人执手相对，竟无语凝噎。

第四十五章
遭到弟子打击

一九四五年八月十五日，日本宣布投降，中国八年抗战胜利结束。

杜月笙听到这个好消息时，正奉蒋介石之命，和戴笠一起待在浙江淳安，一方面在东南沿海运送棉纱，一方面筹备接应盟军登陆的事宜。

当晚，很少喝酒的杜月笙与顾嘉棠等人喝得酩酊大醉。

接下来，他开始谋划着重返令他梦牵魂绕的上海滩。

杜月笙觉得，凭着这几年紧跟蒋介石，鞍前马后，不辞辛劳，上海光复后，上海市长一职肯定是非他莫属了。

他的弟子们私下也这么认为。

于是，得知杜月笙即将返沪的消息后，杜月笙留在上海的弟子们摩拳擦掌，开始积极筹备欢迎仪式。而上海市商会等百余家单位，也准备了盛大的欢迎仪式。

这些消息很快传到了杜月笙耳朵里，他甘之如饴，精神焕发，仿佛上海市长一职已经是他的囊中之物。

但就在他返沪的途中，却有一个消息如五雷轰顶一般把他震蒙了——蒋介石已任命钱大钧为上海市长，吴绍澍为副市长兼社会局长，宣铁吾为警察局长。

这意味着杜月笙之前的所有期望都化成了泡影，不仅市长不是他的，甚至连副市长都没捞着。

杜月笙的心顿时凉了半截，他想到自己从北伐战争时就押宝蒋介石，之后亦步亦趋，不敢有半点违逆，"四一二"反革命政变时甘做马前卒，八年抗战中更是忠心耿耿、鞠躬尽瘁，没想到最后还是被当成了夜壶，用完就塞到了床底下。

杜月笙一阵伤感，之前那份对上海滩翘首期待的心情早已跑得无影无踪。

专车一路前行，但就在抵达梅陇镇时，居然停了下来。杜月笙正在纳闷时，车厢里上来两个他留在上海的杜门弟子。来者带给杜月笙一个更坏的消息：所有欢迎杜月笙的仪式都被迫取消，而且还有人在他原定的下车地点——上海北站，贴出了大量反对杜月笙的标语。

"标语上都写些什么？"杜月笙问道。

两个弟子支支吾吾，最后在杜月笙的逼问下，才不得不说道："有'打倒黑恶势力''杜月笙是黑恶势力代表'，还有'打倒杜月笙'。"

杜月笙听完这些标语后，气得浑身直哆嗦。他满以为通过这些年的努力，自己的黑帮出身即使没有完全洗白，也至少不会引人注意了。可没想到，在这紧要关头，它却又被人大张旗鼓地重新提起。

"一定有人在暗地里搞我，"杜月笙咬着牙说道，"知不知道是谁？"

事到如今，两名弟子再也无法隐瞒，只好如实奉告说："吴绍澍。"

"谁？吴绍澍？"杜月笙简直不敢相信自己的耳朵，眼神中充满了疑惑，身子颓废地陷进了座椅中。

杜月笙之所以反应如此强烈，因为吴绍澍是他的弟子，正儿八经地投过门生帖，磕过拜师的响头。如今却……

为了避免尴尬，杜月笙在弟子们的建议下，决定改在上海西站下车。

专车抵达西站后，没了任何欢迎仪式，场面冷冷清清。虽然有不少亲友前来接站，但他们也都是强颜欢笑。

杜月笙下车后，为了防止进一步遭到吴绍澍的暗算，他既没有回华格臬路的杜公馆，也没有去四太太姚玉兰所在的蒲石路十八层楼，而是暂时住到了顾嘉棠在爱文义路的住所。

吴绍澍对杜月笙的打击太大了，他安心待在顾嘉棠的家里，足不出户，开始仔细地揣摩吴绍澍的心理——为什么会这样对待他呢？

经过一番细细的琢磨，杜月笙渐渐回过味来了。

原来，在抗战前，国民党在上海的党务大权一直掌控在吴开先的手里，但在抗战时期，抱紧了国民党中央组织部长朱家骅大腿的吴绍澍野心不断膨胀，开始培植自己的亲信，欲抢夺吴开先的大权。吴开先虽不是杜月笙的弟子，却是杜门密友，与杜月笙交情颇深。当得知二人相争后，杜月笙就托人给吴绍澍捎话，让他收敛收敛，不要太过分。

而正是杜月笙的这个举动，让吴绍澍觉得杜月笙胳膊肘往外扭，不但不支持自己，还站在了自己的对手吴开先一边，于是在心里埋下了不满的种子。

另外，此时的吴绍澍身兼上海副市长和社会局局长两职，正是上海滩炙手可热的人物，可杜月笙的归来，让他意识到了威胁，他怕自己被杜月笙取而代之，因此先下手为强，给了杜月笙一个下马威。

杜月笙想到这些，略微释然了。毕竟，吴绍澍之所以如此对他，也有他自己的关系。同是杜门中人，若是内斗起来，难免让外人看笑话。因此，杜月笙想找一个机会，与吴绍澍好好谈谈，尽释前嫌。

杜月笙住在顾嘉棠家里的这段日子，尽管十分低调、闭门不出，但他毕竟八年没回来了，而之前在上海的朋友又多，因此，许多老朋旧友纷纷前来看望他，一时间，爱文义路的顾公馆门前冠盖云集，人来人往。

杜月笙虽然心中一直不快，但面对这些老朋友，他还是强颜欢笑，与他们交谈叙旧。

朋友一茬茬地来了又走了，但杜月笙心中还是有点失落。此时，他多么希望这些人中能有吴绍澍。只要他亲自登门略作解释，杜月笙就会原谅他。

可左盼右盼，就是不见吴绍澍的身影。

几天过后，杜月笙实在忍不住了，就亲自给吴绍澍打了个电话，请他到顾公馆来一趟。

看着杜月笙委曲求全的样子，杜门弟子们一个个义愤填膺，恨不得把吴绍澍的皮给扒了。

这次，吴绍澍倒是很给杜月笙面子，接到电话的第二天，他还真来了。

一听到外间来报吴绍澍来了，杜月笙大喜，当即起身迎接。

但迎接他的，却又是一盆冷水。只见吴绍澍大模大样地迈进客厅，一脸的倨傲，根本没把杜月笙放在眼里。落座后，随随便便与杜月笙打了几句官腔后，就迫不及待地起身，口称有公事等着他处理，然后头也不回地走了。

留下杜月笙一脸茫然地愣在那里。

这下把旁边的杜门弟子彻底激怒了，他们破口大骂道："吴绍澍这个欺师灭祖的东西，实在是欺人太甚，不能轻饶了他。"

顾嘉棠更是怒发冲冠，对杜月笙说："月笙哥，只要你一声令下，我立即宰了这个狗东西。"

杜月笙疲惫地摆了摆手，说："这不用你们管，我自有办法对付他。"

杜月笙嘴里这么说，却迟迟没有采取什么措施。

他对付吴绍澍的办法就是韬光养晦。吴绍澍进一步，他就退一步；吴绍澍再进一步，他又退一步。

但杜月笙越是退让，吴绍澍越是步步紧逼。他知道杜月笙不是容易认输的人，以为他正在谋划什么报复计划。因此，吴绍澍决定彻底撕破脸皮，对杜月笙实施狠狠打击，直到置他于死地。

为了控制舆论，吴绍澍创办了《正言报》，然后以《正言报》为阵地，发动舆论，对杜月笙展开猛烈的、连绵不绝的批判。以"打倒黑恶势力""打倒黑恶势力代表杜月笙"为主题的社论，开始在报纸上铺天盖地地泛滥开来。

关于杜月笙出道初期的一些不良记录，被重新翻出来，成了吴绍澍打击他的重要武器。即便这样，杜月笙仍然是稳坐钓鱼船，不急不慌。也许，他心中早就有了惩治吴绍澍的计策，只是时机未到罢了。

顾嘉棠却坐不住了，他万分不解地逼问杜月笙说："月笙哥，难道你怕他吴绍澍不成？"

杜月笙摇摇头。

顾嘉棠继续问："既然不怕他，那为什么一让再让，任由他骑在咱们脖子上拉屎呢？"

"毕竟他是我的徒弟，真要争斗起来，难免两败俱伤，外人会看笑话的。吴绍澍如此狂妄，自然会有人收拾他，只是时机未到。"杜月笙长叹一声。

听到"徒弟"两个字，顾嘉棠好像忽然想起了什么，急忙说道："对了，既然他是你的徒弟，那何不把他的拜师帖找出来，由我拿着去质问他。拜师帖上可是写着'永遵训诲'的誓言的。"

杜月笙觉得这个主意不错，既不会把事情闹大，又能让吴绍澍有所反省。

他即刻令人回到华格臬路的杜公馆，打开存放拜师帖的保险箱，将一包包的大红帖子取来。可奇怪的是，找来找去，却找不到吴绍澍的那张。

"怎么会没他的呢？"杜月笙不禁默默自语。

顾嘉棠却早就猜到原因了，他气得满脸通红，大吼道："肯定是那狗东西买通内线，把帖子偷出去了。"

听到顾嘉棠这么说，杜月笙也猛然醒悟——没错，肯定是偷走了。杜月笙被气得浑身颤抖，哮喘的毛病也因此发作了。

顾嘉棠见状，急忙令人取来杜月笙常备的药物。那种药是粉状的，要烧成淡淡的白烟，由鼻孔吸入。

用完药后，杜月笙的呼吸终于稍稍平顺了。

这时候，顾嘉棠说道："月笙哥，杜公馆里肯定是出内奸了。你给我三天时间，我一定把他找出来。"

杜月笙无力地点了点头。

但在第二天，杜月笙看到杜公馆的众人因内奸的事而人人自危、神情紧张，立即改变了主意。他把顾嘉棠叫来，吩咐道："嘉棠，俗话说'家丑不可外扬'，算了吧，不要查了。"

顾嘉棠看到杜月笙坚定的表情，也不好再说什么。

于是，此事告一段落，杜公馆里又恢复了往日的平静。

就在杜月笙忍气吞声、吴绍澍不可一世的时候，戴笠来到了上海。

此时，戴笠正受蒋介石所命，负责全国的肃奸、清查逆产等工作。他来到上海，正是为了此事。

戴笠来上海后，立即去顾嘉棠的家里拜访杜月笙。看到自己的好弟兄来了，杜月笙一扫之前的阴霾心情，神采奕奕地与戴笠把酒言欢。

但在宴席上，杜月笙却只字不提吴绍澍的事。其实，戴笠早就听说了，这次来上海前，他也憋着劲，一定要为杜月笙出口气。但此时杜月笙不提，他也就假装不知道此事。

席间，他请杜月笙帮忙，道："月笙哥，眼看着军统局本部、中美合作所都要进驻上海，但我还没找着合适的办公场所。敌伪的房产倒是不少，但在清查之前，为了避嫌，还不能用。你能不能帮我这个忙？"

杜月笙当即痛快地答道："这个事情好办。我在杜美路的房子正好空着，房子挺大，里面的各种设备、家具也很齐全，你就去那里办公吧。"

于是，戴笠便把进驻上海的军统局总部和中美合作所搬进了杜美路七十号。他自己也住了进去。杜美路七十号，俨然成了戴笠设在上海的总部。

戴笠来上海后，上海的各军政要人都前来拜访，唯有吴绍澍十分嚣张，根本没把戴笠放在眼里。平日里外出，需要路过杜美路七十号时，他都让司机绕道。总之，坚决不与戴笠打照面。同时，他继续令人在《正言报》上对杜月笙进行大肆批判。

这让戴笠大为恼火，他命人全方位调查吴绍澍，看能不能抓住他什么把柄。

结果，吴绍澍贪污汉奸逆产的事情被揭了出来。

汪伪政权控制上海的时候，有个叫邵式军的汉奸曾担任汪伪上海统税局长。抗战胜利后，邵式军竟然成功出逃，通过严密的封锁跑到苏北，投靠了新四军。而邵式军在爱棠路的那幢豪宅正是由吴绍澍负责接收的。接着，它就摇身一变，成了国民党上海市特别执行委员会的办公楼，而吴绍澍正是这个委员会的主任委员。

这些事情尚在合法的范围内。但问题是邵式军为什么能够顺利出逃？而且邵式军是仓皇出逃，不可能携带家产，那他的万贯家财哪里去了？

吴绍澍身上有重大嫌疑。

带着这些疑问，戴笠立即发动军统在各地的力量，经过千辛万苦，终于找到了邵式军的发妻。

通过讯问，一切都水落石出。

据邵式军的发妻交代，邵家有四个满载金银财宝和各种钞票的巨型保险箱。第一个放着若干的金条，第二个则有数不清的美钞，第三个装着价值几亿的钻石珠宝，第四个装的则是如今几同废纸的日本国家债券。

邵式军之所以能够顺利出逃，正是用这些家产换来的。接收当日，吴绍澍按照之前的约定，他从正门进入邵宅接收，却把邵式军从后门悄悄放走了。

掌握了人证后，戴笠当夜立即派出大批忠义救国军，封锁爱棠路，并令亲信毛森等彻底搜查上海市特别执行委员会。

结果，毛森在那里搜出了四个巨型保险箱，与邵式军的发妻描述的一模一样。但其中的三个箱子已被破坏，里面已空无一物。只有第四个保险箱还完好无损地立在那里。

毛森猜测，完好无损的那个肯定是装着日本国家债券的，因为在抗战胜利后，这些债券已如同废纸，因此才被扔在了那里无人问津。

毛森先是向众人出示了邵式军发妻所开的存在于第四个保险箱里的物品单，然后命人接通电流，炸开了保险箱门，而里面的东西仍完好无损。

取出来一看，果然不出所料，正是一摞摞的日本国家债券。经过清点，与物品单上所列的数目也完全吻合。

这充分证明，这四个箱子正是邵式军家的。而那三个被破坏的保险箱里所装的亿万财物，肯定是被吴绍澍私吞了。

有了人证物证，这已是一件铁案。戴笠一刻也不耽误，马上将证据一一列出，派人呈报蒋介石。

直到此时，吴绍澍才彻底地认识到，杜月笙真不是好惹的。他的朋友太多了，你永远不知道会栽在哪个手里。此时的吴绍澍早就没了之前的嚣张，他就像一只落败的公鸡一样，垂头丧气，追悔莫及。为了保命，他的汽车再也不像之前那样绕着杜美路而过，而是一趟趟地来到杜美路七十号，想要求见戴笠，请他高抬贵手。

可戴笠根本不见他，连杜美路七十号的大门都不让他进。直到听说吴绍澍要飞往重庆走关系，戴笠才忍着恶心在客厅里接见了他。

一进门，吴绍澍满脸谄笑，奴颜婢膝，就差给戴笠跪下了。看到他这副模样，戴笠忍不住一阵恶心。

但吴绍澍根本不在乎戴笠的反应，他像个可怜虫一样，苦苦哀求道："务必请戴先生高抬贵手，放我一马。大恩大德，我一定没齿难忘。"

"是吗？当初杜先生也算是你的恩人吧？你对他的报答可是让人称奇啊！"戴笠讽刺道。

吴绍澍被戳到痛处，顿时满脸通红，不知说什么好。

接着，戴笠怒斥道："像你这种欺师灭祖、贪赃枉法的祸害，我若是放过你，那我戴笠今后还如何做人？"

吴绍澍被骂得哑口无言，但过了一会儿，他还是继续厚颜无耻地哀求道："既然戴先生不打算帮我，那就请允许我飞往重庆，向我的上峰自行请罪。"

戴笠冷笑一声，不屑地答道："那就看你有没有本事离开上海了。"

看到戴笠一点通融的余地都没有，吴绍澍只好沮丧地退下。

他前脚刚走，戴笠就对手下命令道："立即去通知各航空公司，谁也不准卖票给吴绍澍。"

一切退路都被堵死了，吴绍澍只好听天由命，等着中央的处置。

不久，重庆的国民党中央做出决定，先是撤销了吴绍澍的副市长一职，接着，又把他从社会局局长的位子上拉了下来。而接任他的，正是他之前的对手吴开先。

至此，吴绍澍只保留了国民党上海市党部主任委员和三青团上海支团部主任两个职位，势力大不如从前。杜门弟子闻讯后纷纷乐不可支，而杜月笙也放下了压在心头的一块巨石，终于可以重新扬眉吐气了。

他知道，这一切都是戴笠的功劳，因此心中对他充满了感激。

但他想不到的是，这竟是戴笠帮他的最后一个大忙。一九四六年三月十七日，载着戴笠的飞机在南京东郊爆炸，包括戴笠在内的十七名乘客全部遇难。

噩耗传来，杜月笙呆若木鸡，愣在椅子上一动不动。片刻之后，他才号啕大哭，眼泪横飞，身边的人看到此情此景，无不为之动容。

这一年，杜月笙五十八岁。在这五十八年里，从来没有一件事让他哭得像今天这样悲切。

哭过以后，杜月笙的哮喘病复发，日夜咳喘，咳得满脸青紫。直到连续用药几日之后，病情才略微平复，但整个人已瘦得不成样子。

杜月笙与戴笠的感情之深，由此可以窥见一斑。而从他之后说的一句话里，我们可以找到这份深情的原因——他说："我与雨农兄不但是好友、拜把子兄弟、并肩作战的伙伴，尤其是平生唯一知己……"

第四十六章

主动辞职，再次远遁香港

经过吴绍澍的欺师灭祖和戴笠去世两件事的打击，杜月笙好像一下子苍老了许多。再加上哮喘病不时发作带来的折磨，有一段时间，杜月笙有点心灰意懒了。他甚至想效仿黄金荣，来个全面退休，不再过问外间事，在家安享天年。

但杜门弟子成千上万，杜月笙是他们可供乘凉的大树，如果这棵大树倒了，那他们就成了无树可依的猕猴。因此，他们想方设法给杜月笙打气，想把杜月笙隐退的想法扼杀在摇篮之中。

有了这群弟子的忠心效力，再加上他慢慢从之前的打击中缓了过来，于是，隐退的想法昙花一现后，就消失得无影无踪了。

经过一年多的休养，杜月笙蠢蠢欲动，时刻准备着东山再起。

一九四六年，上海市临时参议会要升级为上海市参议会，参议员和参议长要通过民主选举产生。

早在一九四五年年底，上海市长钱大钧就委派上海市政府民政处长张晓崧筹划实施地方自治。于是，张晓崧将上海全市划分为三十一个行政区，各区分别设立自己的区公所。由于杜月笙提前作了部署，结果，经过投票选举，杜系的人马在三十一个区长中占了一大半。由此可见，杜月笙在民众中的号召力。

一九四六年三月，首先举行参议员的选举，杜月笙以最高票数当选，另外，当选的杜系人马达三十多人，万墨林等人都位列其中。这样一来，杜月笙坐在市参议会里，都有亲信心腹相随。

接下来的重头戏，就是选举参议长。

就在不久前，杜月笙刚刚当选为全国棉纺织业公会理事长。这次当选让他的信心大增，尽管参议长并没有什么实权，他还是决定参与议长一职的角逐。

此时，上海市市长钱大钧已被吴国桢取而代之，而吴国桢与杜月笙关系非常好。有了这层关系，再加上杜系人马在参议会中的势力，杜月笙觉得自己当选参议长应该是水到渠成的事。于是，杜门的弟子们开始全体出动，奔走宣传，联络拉票，忙得热火朝天，专等着杜月笙当选，自己跟着分享荣光。

但就在选举大会召开之前，又是蒋介石给杜月笙泼了一盆冷水。他公开表示，支持潘公展当选上海市参议长。

杜月笙的心彻底凉了。

但此时，宣传的声势已经造了起来，全上海人都知道杜月笙想当参议长。如果最终不能当选，那杜月笙的台就塌大了。

可没了蒋介石的支持，他当上这个参议长又有什么用呢？

最终，他想出了一个两全其美的办法——必须当选，但当选后再以身体不佳为由主动辞职。这样一来，既保全了自己的脸面，又不会得罪蒋介石。

听到这个消息，杜系人马都替杜月笙鸣不平——明明说是公平选举，为什么蒋委员长却横加干涉？他们甚至在报纸上大造舆论，声称杜月笙当选是众望所归。

杜月笙知道，这一切都于事无补，因此坚持自己的做法。

弟子们看到杜月笙此意已决，只好作罢。但他们并没有停止拉票，他们想让杜月笙全票当选，风光一把，然后再辞职。

不过，杜月笙的弟子们担心，这个美好的计划可能会被一个人破坏，他就是之前曾让杜月笙十分难堪的吴绍澍。

此时的吴绍澍虽然已不是副市长和社会部部长，但仍是国民党上海市党部主任委员和三青团上海支团部主任，还保留着一定的势力。尽管他控制的选票数不可能左右大局，但却完全可以破坏杜月笙全票当选的愿望。

为了消除吴绍澍这个隐患，杜月笙的弟子王先青决定前去游说。

王先青是杜门弟子中与吴绍澍关系最为亲近的，他曾帮过吴绍澍的大忙。就仗着这一点，王先青觉得吴绍澍应该会给他这个面子。

见到吴绍澍，王先青就开门见山地问道："市参议会就要选议长了，你打算把票投给谁？"

吴绍澍早就猜到王先青是来替杜月笙做说客的，因此假意答道："我看这个议长的位子非杜先生莫属。"

这个答案让王先青十分意外，于是追问道："你的意思是说，你会把票投给杜先生？"

"当然，不仅我自己，我吴某人能掌握的那部分选票，都会投给杜先生。"吴绍澍信誓旦旦地说道。

听到吴绍澍这么说，王先青兴奋不已，高兴地说道："这样的话太好了。其实跟你说句实话，杜先生不会做这个议长，我们只是想让他全票当选，风光风光。"

吴绍澍笑道："哦，那就更应该投他了。"

王先青自以为大功告成，起身告辞，赶着去向杜月笙报喜。当他把吴绍澍的话转告给杜月笙后，杜月笙微微一笑，说道："先青，别看他打了包票，但未必会真的投票给我。"

王先青不同意杜月笙的说法，替吴绍澍争辩道："肯定会的，他当面跟我说的，不会有假。"

杜月笙笑着说道："你大概还不了解他的为人。咱俩不要争了，等着看结果吧。"

一九四六年十二月，上海市参议会成立大会在正始中学大礼堂正式召开。那天，大雪纷飞，北风怒号，天气极其寒冷。杜月笙身着狐裘来到会场。

大会开始，先是举行当选市议员宣誓就职典礼，接着由市长吴国桢报告参议会的筹备经过，正、副议长选举在最后举行。

当天，会场里一共来了一百八十位参议员。唱票开始后，这些人屏住呼吸，仔细倾听。他们本以为，唱票员会把"杜月笙"的名字一路唱到底。可没想到，一开始便是接连的"空白！空白"之声。

人们面面相觑，不知所以。

而杜月笙虽然有点尴尬，但好在他早就预料到了可能会是这种结果，因此，他一脸的沉静，并没有愤怒之色。

但杜系的其他人却没有这么好的修养，他们知道这肯定是吴绍澍搞的鬼，目的就是要杜月笙难堪。因此他们一个个朝着吴绍澍怒目圆睁。尤其是被骗的王先青，更是怒不可遏，恨不得冲上去把这个伪君子暴打一顿。

好在接下来唱票员口中"杜月笙"的名字不绝于耳，也算替他挽回了一点颜面。

最后的计票结果是，总票数一百八十张，除掉空白票四十多张，剩下的全部投给了杜月笙。

吴国桢宣布，杜月笙当选为上海市第一任参议会议长。

这时掌声雷动，杜月笙起立向众人致意。接着，因为受到吴绍澍的影响，他把事先准备好的演讲稿抛在一边，简单地说道，因身体欠佳，请求大会批准他辞职，另选贤能。

说完后，他的表弟朱文德参议员马上起立，代他将预先拟就的辞呈递交给吴国桢。

当吴国桢当众宣读完杜月笙的辞呈后，杜系的参议员纷纷起立，集体挽留杜月笙。

杜月笙谢过众人的好意，但同时表示自己心意已决，不会反悔。

最终，鉴于"杜先生态度谦冲自抑，辞意坚决恳协"，大会通过了杜月笙的辞职申请。

接下来重新投票，结果，潘公展、徐寄庼分别当选为正、副议长。选举结束后，两人拉着杜月笙一起合影，并对他十分礼敬。这也算是对杜月笙的一丝安慰吧。

一九四八年年底，国共战事进入最激烈的阶段。人民解放军摧枯拉朽、势如破竹，国民党军队节节败退。到一九四九年年初，随着三大战役的尘埃落定，全国解放已指日可待。

之后，蒋介石的处境一日不如一日。一九四九年一月二十一日，在各方压力下，他不得不宣布第三次下野，由李宗仁暂时担任代总统一职。

看到蒋介石大势已去，杜月笙不得不懊恼地承认当初押宝蒋介石，是一个错误的决定。如今，只得愿赌服输。

从这一天起，杜月笙就开始为离开上海做准备了。但在表面上，他装作举棋不定的样子，为的就是同时迷惑国共两党，让他们以为自己还是可以拉拢的对象，以免触怒其中任何一方，遭遇什么不测。

他的这个策略十分管用，国共两党果然都派人找他交涉，希望他倒向自己这一方。

一次，王先青来看望他，杜月笙告诉他说："黄任之来过三次了，邀我到一个秘密地点，跟周恩来见一面。他说只是见见面，不讨论任何实质问题。但我还是觉得不妥，你觉得呢？"

杜月笙所说的黄任之，即黄炎培。

王先青听后，立即严肃地答道："先生，这个的确不妥。双方只要一碰面，许多事情就说不清了。现在外边已经流传着你跟共产党接触的消息，你不得不防啊。"

杜月笙一笑，不紧不慢地说："嗯，京士也是这么个看法，所以我已经拒绝了。至于外边的谣言，就让它传着好了。"

直到这时，王先青才恍然大悟，原来杜月笙是在试探他，看他有没有向共产党靠拢。

听到杜月笙与共产党接触的谣言后，国民党方面十分紧张，生怕他倒向了共产党。

一九四九年一月底，即将调任广州的吴开先特意到姚玉兰的住处与杜月笙道别。但他此行还有另外一个目的，那就是刺探杜月笙今后到底如何打算。

他以老朋友的姿态，关心地说道："杜兄，你不要忘了'四一二'的时候你杀了多少共产党，他们不会放过你的。你即使不去台湾，也得去香港，就是不能留在上海。"

杜月笙早就猜到了吴开先的来意，于是附和道："'四一二'的事情我怎会忘了呢？放心，我绝不会留在上海坐以待毙，让共产党捧着我的头颅和心肝去祭奠他们的烈士。"

继吴开先之后，蒋介石又亲自在上海召见杜月笙，想说服他一块儿去台湾。和吴开先一样，蒋介石也提到了杜月笙在"四一二"政变中立下的赫赫"功劳"，看似是夸奖，其实是威胁。他尤其提到了杜月笙诱杀汪寿华的事情，这里的意思很明显，你双手沾满了共产党的鲜血，投靠他们不会有好下场。

这些事情，杜月笙心知肚明。他从一开始就没有向共产党靠拢的想法，但也不会跟着蒋介石去台湾。

通过之前的种种事情，杜月笙早就看透蒋介石了——你有用的时候，他就会对你百般恩宠；一旦你失去利用价值，他就把你当臭狗屎一样搁在一边。此时，他之所以亲自出面，邀请杜月笙共赴台湾，不过是怕杜月笙倒向了共产党，让他丢脸。

杜月笙知道，如果他真跟着蒋介石去了台湾，一到台湾，他的利用价值就会立即消失，之后的日子那便可想而知了。

想到这些，杜月笙便以台湾气候潮湿，不利于他的哮喘病为由，谢绝了蒋介石的邀请。但同时，他也向蒋介石保证绝不会留在上海。

这下，蒋介石就彻底放心了。

一九四九年四月二十一日，人民解放军百万雄师渡过长江，对长江以南地区发动全面进攻。二十三日，南京解放。二十八日，几十万解放军同时向上海四周进发，上海解放已指日可待。这样一来，杜月笙不得不随时准备离沪了。

但在离开上海前，他还有些事情需要处理。首先，他要准备好大量资金，以供日后生活所用。其次，他要把他所创办的中汇银行的账目理清楚，尤其是尽量把欠别人的账还清，以保住他重信义的名声。

这两件事处理完毕后，他又托人在香港买下一处房产。

一九四九年五月一日，就在上海解放前夕，杜月笙终于动身了。

由于身体欠佳，杜月笙接受医生的建议，没有乘飞机，而是搭乘荷兰渣华公司的客轮宝树云号，由水路前往香港。

与杜月笙一起登船的，除了他的家眷外，还有金廷荪、顾嘉棠、万墨林等打定主意与杜月笙同生死、共进退的兄弟、亲友，另外还有黄金荣的儿媳李志清一家。

而黄金荣选择了留在上海，一来他已是八十二岁高龄，经不起颠沛流离。二来他已与共产党方面接洽，确信共产党不会处置他。但他怕自己的产业被共产党没收，于是将万贯家财都交给李志清带走了。

尽管这样，他还是不完全放心，于是拍了登记照片，并在照面背面写好姓名、年龄、籍贯、住址等信息，由儿媳李志清带去香港，替他申请台湾入境证，以备不时之需。

经过两天两夜的颠簸，五月三日，轮船抵达香港。杜月笙一家直接住进了事先买好的房子——坚尼地台十八号。

这幢房子是一楼一底的格局，楼上住着杜月笙的同乡好友陆根泉一家，杜月笙一家则住在楼下。与上海的杜公馆相比，这所房子显得十分寒碜。不仅不够气派，连房间也少得可怜。此时，杜月笙的家眷一共有二十多人，还有司机、秘书、仆人等十余人，要是都住在这里，根本塞不下。

没办法，只好让三太太孙佩豪领着儿子住在外面。大儿子杜维藩也在外面买了一幢房子，与他的妻儿住在那里。其余已经成家的三个儿子也都住在了外面。而仆人中也仅留一两个住在灶披间，其他的都住在外边，每天按时来坚尼地台十八号上班。

不久后，二太太陈帼英也由台湾来到香港，可在坚尼地台十八号实在住不下，只好住进招待所。后来，陈帼英想说服杜月笙到台湾定居，但杜月笙坚决不同意，于是她一气之下，带着自己的两个儿子去了上海，再也没有回来。

在初到香港的这段时间，坚尼地台十八号的来往亲友虽少，但每天中午饭厅里仍然准备两桌饭。除了自己的家人外，顾嘉棠、金廷荪、万墨林等人都经常来吃午饭，顺便陪杜月笙聊聊天、玩玩牌。

另外，杜月笙还保留了听书的习惯。他请来张建国、张建亭、蒋月泉和王伯英四位说书先生，轮流到坚尼地台十八号来给他说书。

每次，他都听得津津有味。也许只有沉浸在这些久远的故事中，他才能暂时忘却漂泊在外的痛楚。

第四十七章
娶了孟小冬

　　跟着杜月笙来港的家眷中，除了他的妻儿，还有一位没有任何名分的情人——她就是一代名伶孟小冬。

　　孟小冬出身于梨园世家，她的祖父、父亲、伯父、叔父都是京剧演员，孟小冬自小耳濡目染，对京剧也是非常喜爱。她从五岁起开始学艺，十二岁在无锡首次登台演出，十四岁便与露兰春、姚玉兰等名角同台演出。她以扮演老生而闻名天下，被称为"冬皇"。

　　杜月笙与孟小冬的情谊早在一九二五年就开始了。这年，孟小冬只身前往北平寻求发展，没多久，就名动京城，与"双胜班"（由京剧大师余叔岩、杨小楼、荀慧生等人组建）和伶王梅兰芳形成三足鼎立之势。杜月笙对孟小冬仰慕不已，于是专程前往北平拜访，互相留下了不错的印象。

　　但不久后，孟小冬就嫁给梅兰芳，杜月笙也在一九二九年娶了名伶姚玉兰。

　　后来，梅兰芳与孟小冬闹离婚，差点闹到法院，幸由杜月笙出面调解，事情才以梅兰芳付给孟小冬四万元生活费而宣告结束。

　　通过这件事，两人的关系更进了一层。

　　一九三四年五月，修葺一新的黄金大剧院重新开业，杜月笙邀请孟小冬前来参加剪彩仪式。孟小冬与杜月笙的四太太姚玉兰是发小，长大后又情同手足，十分亲密。因此，孟小冬一到上海，就被接到了辣斐德路的十八层楼，与姚玉兰同住。

姚玉兰知道杜月笙钟情孟小冬，而她也想充实自己在杜家的力量，与杜月笙的另外三房太太分庭抗礼。因此，在她的积极撮合下，孟小冬就做了杜月笙的情人。

但孟小冬还有艺术上的追求，因此不愿就此下嫁杜月笙，专心做杜太太。在上海住了一段时间后，她再次返回北平，一边演出，一边继续学艺。

孟小冬一直想拜余叔岩为师，但余叔岩轻易不肯收徒，因此她屡屡被拒。经过漫长的等待，几经周折，直到一九三八年，余叔岩才被孟小冬的精诚所动，正式收她为徒。于是，孟小冬成了余叔岩的关门弟子，也是唯一的女弟子。此时的余叔岩已是体弱多病，早就不再登台。孟小冬守在师父的病床边，心无旁骛，精心照料。

这让余叔岩大为感动，他倾囊相授，一招一式务求完美。最终，孟小冬得了余叔岩的真传，艺术水平大为提高，与当时专扮老生的京剧名伶马连良、谭富英、杨宝森等人相比，完全不处于下风，于是被尊称为"冬皇"。

一九四三年，余叔岩病逝。当时，北平正处于日军的铁蹄之下，孟小冬不愿为日本人演出，就以"为师新丧三年"为借口，闭门隐居。此时，杜月笙正避难香港，但对孟小冬念念不忘，经常托人多方辗转，对她进行资助。

一九四五年抗战胜利后，杜月笙一回到上海，就迫不及待地把孟小冬接了过来，两人开始了半公开的同居生活。

有了孟小冬之后，杜月笙对姚玉兰再也没有了昔日的热情，受到冷落的姚玉兰十分伤心，与孟小冬的关系也渐渐疏远。

孟小冬向来孤傲如霜，根本不屑于争风吃醋，此情此景让她伤心不已。于是，她辞别杜月笙，又回到了北平。

直到一九四七年九月，杜氏门人为杜月笙的六十大寿举行"祝寿义演"，孟小冬才再次来到上海。

这次义演可谓盛况空前，全中国的京剧名家几乎都被请了过来。原定五天的演出，在观众的强烈要求下，不得不延期到十天。

孟小冬在这次演出中获得了巨大成功，尤其是两场余派名剧《搜孤救孤》的演出，可谓完美无瑕，把观众彻底征服了，被一致誉为空前绝后的"广陵绝响"。

在这次义演中，还有一个小插曲，被上海的大小报纸炒得火热。那就是孟小冬拒绝与梅兰芳同台演出，不仅拒绝同台，只要有梅兰芳出现的地方，她就避着。

结果，在十天的演出时间里，孟小冬与梅兰芳竟连个照面也没打过。由此可见，在孟小冬的心里，与梅兰芳已是情断义绝。

义演结束后，杜月笙非常希望孟小冬能就此留在上海，哪怕不能长时间停留，至少也要在上海待一段时间。可在演出结束后的第二天，她就向杜月笙和姚玉兰告辞，打算回北平。

这让杜月笙大感意外，甚至连一度因她而醋意大发的姚玉兰也忍不住劝道："留下来吧，至少别这么急着走。"

孟小冬心里想着上次与姚玉兰发生的龃龉，却无法启齿。姚玉兰毕竟是她的闺中密友，有着几十年的情谊，冷傲的她不希望再出现那种情况。于是，她言不由衷地答道："思念高堂，不得不归。"

就这样，孟小冬又离开了杜月笙。

直到平津战役爆发后，杜月笙担心孟小冬的安危，于是让姚玉兰以好姐妹的名义修书一封，劝她来上海。

此时的孟小冬正惶惶不可终日，接到姚玉兰的信后，她考虑再三，终于决定去上海与杜月笙、姚玉兰团聚。

此时，孟小冬已经四十多岁，她不想再过那种孤苦无依的生活了，她的感情需要找个归宿。

从此之后，她一直守在杜月笙身旁，再也没有离开过。

来到香港后，杜月笙的身体每况愈下，哮喘病时有发作，于是孟小冬便担任起了照顾杜月笙的重任。她就像当年照顾师父余叔岩一样，无微不至，任劳任怨，令杜月笙十分感动。

杜月笙身体略好的时候，就会在坚尼地台十八号举行清唱小聚，每当这时，孟小冬都会与姚玉兰清唱几段，为大家助兴。因为孟小冬在，那些旅居香港的名票名伶都纷纷前来参加聚会，如马连良、赵培鑫、吴必彰、钱培荣等人都是常客。

清唱小聚的时候，大概算是孟小冬来港后为数不多的开心时光。其他的大多数时候，她都是闷闷不乐的。

家中的一应交际应酬、家务事项，都由姚玉兰负责，轮不到她去管。她所做的，就是照看病中的杜月笙。常年陪伴在病床旁，她的心情之压抑可想而知。

另外，还有一件让她无法释怀的事情加深了这种压抑——她在杜月笙家中没有任何名分。

但杜月笙不提此事，她也不好贸然开口，只能在心中憋着。

直到一九五〇年年底，港人谣传，共产党要武力收复香港。于是，在顾嘉棠、万墨林等人的不断劝说下，杜月笙有意举家迁到法国去。

有一天，大家聚在杜月笙的房间里，扳着指头计算，看看连同顾嘉棠和万墨林两家，一共需要多少张护照。当时，顾嘉棠和万墨林等人都在场。

当杜月笙说"一共要二十七张"的时候，孟小冬当着大家的面淡淡地说了一句："我跟着去，算丫头呢还是算女朋友呀？"

全屋子的人都被这句看似不经意的话给惊住了，尤其是杜月笙。他忽然意识到，这些年让孟小冬受委屈了。

于是，他当即决定尽快与孟小冬举行婚礼。

此时，姚玉兰与孟小冬的关系早就不再亲密，甚至可以说是敌视。杜月笙放出要与孟小冬结婚的话后，姚玉兰立即发动杜月笙的亲友们进行劝阻。

杜月笙一概不予理睬，令万墨林立刻筹备。

由于杜月笙抱病在身，出不了门，婚宴只好在家中举行，邀请的也只是杜月笙的至亲好友。

尽管场面比较简朴，但杜月笙坚持要叫最好的酒席。于是，万墨林便在九龙饭店点了九百元港币一桌的菜。

婚宴之上，四十三岁的孟小冬身穿崭新的旗袍，依偎在六十二岁的老新郎身旁，脸上露出了久违的笑容。

此后，杜月笙的子女们一律改口，喊孟小冬为"妈咪"，并一一给妈咪施跪拜礼。而作为改口费，孟小冬送给儿子、女婿每人一套西装衣料，送给女儿、媳妇每人一只手表。

第四十八章

殒命香江

与孟小冬结婚后，有一小段时间，在喜气的笼罩下，杜月笙的身体状况似乎有所好转，但没过多久就恢复原状，此后一直是时好时坏。

一九五一年六月，杜月笙的病情逐渐加重，到了七月，他的两脚开始麻痹。此时，杜月笙开始有了朝不保夕之感。再加上之前他曾瞒着家人找人算命，算命先生说他"六十四岁，岁在辛卯，天克地冲，绝难度过"，这更让他觉得自己死期将至——这一年他虚龄六十四岁。

有时候，人的健康状况与心理作用息息相关。杜月笙认定自己活不了多久了，因此变得极其敏感。这种心理与疾病一块儿推波助澜，严重伤害了他的健康。

七月，吴开先从台北抵达香港，前来看望杜月笙。杜月笙心情极好，在家中设宴，为吴开先接风洗尘。酒宴过半，杜月笙的老朋友秦连奎律师恰好赶来，于是参与其中，与大家一块儿畅饮。

就在秦连奎落座的时候，他忽然发现杜月笙今天的脸色非常好，便说道："月笙哥，你今天脸色不错，也好像胖了许多。"本来，这只是秦连奎的一句安慰话，但他不该说最后那句"也好像胖了许多"。

杜月笙听秦连奎说自己胖了，立即狐疑起来，喃喃地说："怕是浮肿吧？"说完，他立即让人取来镜子。对着镜子一看，杜月笙脸色大变，再也不说话。片刻后，便推说自己有点疲倦，撇下众人，神情落寞地回到了自己的房间。进门后，居然蹑手蹑脚地把门关上了。

看着他的反常举动，众人心里都冒出一丝不祥的预感。

第二天上午，杜月笙依然无精打采。但他却把表弟朱文德悄悄地叫到了自己的房间，对他说："我曾给了宋子良十万美金，让他在美国替我买股票。你写封信寄给他的手下席德懋，请他把股票的经营情况列一张单子，尽快寄到香港来。"

朱文德出来后，越想越不对劲，于是把杜月笙的话告诉了守在外边的杜氏家人。众人皆脸色大变，他们知道，这是杜月笙在交代后事了。

当天晚上，晚饭吃到一半，杜月笙忽然说自己不舒服。家人想把他搀回房间，杜月笙的腿却不听使唤了，怎么也站不起来。

他的脸色顿时变得死灰，嘴里自言自语道："这次怕是真不行了。"

家人赶紧把他抱回房间，同时派人去请医生。

医生赶来后，经过一番紧张的检查，却没查出什么大问题，告诉守在外边的焦急的家人、亲友道："不用担心，没什么大问题。"

听医生这么说，众人总算松了一口气。

但杜月笙自己却含混地说道："不行了，我知道不行了。"

众人皆愕然，不知说什么好。

更奇怪的事情还在后边。当天半夜的时候，杜月笙忽然喊朱文德的名字。朱文德急忙进去，杜月笙急促地吩咐道："快，快去给陆京士发电报，让他火速来港。"

此时，陆京士正在台北。

电报发出后，杜月笙一直催问："陆京士回电了没？"可整整一天，都没收到陆京士的回电。

三十日早上，杜月笙再次令朱文德给陆京士发电报，并亲自拟定了电文，只有四个字——病危速来。众人再一次惊呆了，因为此时杜月笙的病情并没有恶化，根本谈不上病危。

陆京士很快回电，暂定八月一日飞港。

收到陆京士的回电后，杜月笙的神色略微平静了一些。接着，他用神秘的语气告诉床边的人说："若是京士能在八月一日赶到，那说明我还有救。否则，就凶多吉少了。"

可八月一日却天气突变，香港刮起了台风，机场关闭。没办法，陆京士只好将行程改到了八月二日。

知道消息后，杜月笙一下子颓然了。

八月二日，陆京士终于赶来了。在病榻上，杜月笙紧紧抓住陆京士的手，问道："你怎么才来啊？"说着，眼泪已经汹涌而出。

看到此情此景，陆京士也是潸然泪下，众人都跟着啜泣。

八月四日这天，杜月笙的身体状况突然神奇般地有了好转，精神状态也不错。大家非常高兴，都宽慰他说："这就是要好了。"

不承想，杜月笙这时却说："这大概就是回光返照了，我得交代交代后事了。"

听到杜月笙这么说，房间里的孟小冬等人一下子哭出了声，但接着又强迫自己压制住哭声。

杜月笙抓住陆京士的手，缓缓说道："京士，我要跟你交代一下我的后事。"

陆京士含泪点头。

杜月笙接着说道："丧事要从简，我只有三个要求：第一，要用一口好棺材；第二，入殓时我要穿长袍马褂；第三，尸骨暂且葬在台湾，将来若有机会，一定要送回上海，葬在我父母旁边。"

接着，他又断断续续地口述了三份遗嘱，一份是写给国家社会的，一份是训勉子女的，还有一份是关于财产分配的。

众人最关心的是财产的分配方案，但他们不知道，其实此时的杜月笙并没有多少财产可供分配。按照他的意思，杜月笙的四位太太平分一半遗产，剩下的一半，由八子三女平均分配，但未成家的要比已成家的多分二分之一。

八月六日，钱新之、金廷荪、顾嘉棠、吴开先、徐采丞、陆京士六人一起将遗嘱拟定完毕，交给杜月笙过目、签字，然后，他们六人作为遗嘱执行人，也在上面一一签字。

一切办妥后，杜月笙才对着病床前的家人说："我只有一笔钱，留给你们做生活费用，这笔钱的数目是十万美金，我是托宋子良先生保管的。因为宋先生代我用这笔钱买了股票，多少赚了一点，总共大约有十一万美金。"说着，他伸手从枕头底下摸出席德懋寄来的那张清单，交到了陆京士手里。

这时，在场的人无不感到震惊。他们万万不会想到，一辈子在金山银海里打滚的杜月笙，最终手里却只剩下区区十一万美金，折合成港币，也不过六十多万。

但杜月笙并不理会他们的震惊，也再也不多说半句。

八月十日，杜月笙好像又忽然来了精神，和一直守在病床边的陆京士频频交谈，说着说着，他突然从枕头底下摸出一个手巾包，快速地塞进陆京士手里，说道："京士，这是七千美金，你帮我分一分。"

"先生，分给谁呢？"陆京士问道。

杜月笙想了一会儿，答道："说起来，只有妈咪最苦，三楼手里也没有钱。"

杜月笙所说的妈咪是指孟小冬，三楼即三太太孙佩豪。

陆京士顺从杜月笙的心意，分给孟小冬三千美金，分给三太太孙佩豪和长子杜维藩各两千美金。

分完后，陆京士如实向杜月笙汇报。他听完后动了动脑袋，表示满意。

之后便如老僧入定一般，合上双眼，陷入了昏迷之中。

八月十六日下午两点多，在台湾求学的杜维善收到陆京士的急电，急忙飞回香港。

他看到杜月笙后，立即泪如雨下。

陆京士忍着无尽的悲痛，对着杜月笙喊道："先生，你睁开眼看看，维善回来了。"

杜月笙勉强睁开了眼睛，看了杜维善一眼，又慢慢合上了双眼。此时，他已是气若游丝。

大约十五分钟后，时任台湾国民大会秘书长的洪兰友来了。他在众人的簇拥下，快步走到杜月笙床前，大声地在杜月笙耳边喊道："杜先生，总统对你的病十分关心，希望你安心静养，早日康复。目前，台湾一切都有进步，国家前途一片光明，我们还是有希望的！"

听了洪兰友的话，杜月笙竟奋力睁开双眼，同时将那只颤抖不已的手吃力地向洪兰友伸去，说出了临终的最后一句话："好，好，大家有希望！"

洪兰友一阵怆然，但紧接着又凑过去大声说："杜先生的心事，我都明白，杜先生所没有说出来的，此间友好可以转告我，我回台北以后，一定代为上达。"

此时的杜月笙已经处于弥留之际了，但眼角分明溢出了两行泪珠。

看着杜月笙最后的眼泪，站在一旁的钱新之不禁跟着泪如泉涌，一边流泪一边喃喃自语："大家都有希望，可就是他没有希望了啊！"

这时候，有人将手伸进被窝去摸了摸杜月笙的脚，失口惊呼道："哎呀，脚已经凉了。"

一九五一年八月十六日下午四点五十分，杜月笙停止了呼吸，撒手尘寰，走完了人生的最后一程。